北京市犯罪学研究会2022年度学术会议暨"新型敏感犯罪治理理论与实践研讨会"征文

北京市犯罪学研究会
Beijing society of criminology

犯罪学研究

Research in Criminology

（第一辑）

北京市犯罪学研究会 主编

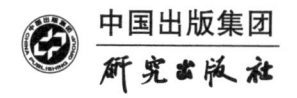

中国出版集团
研究出版社

图书在版编目 (CIP) 数据

犯罪学研究 . 第一辑 / 北京市犯罪学研究会主编 . -- 北京：研究出版社，2022.11
　ISBN 978-7-5199-1390-8

Ⅰ.①犯… Ⅱ.①北… Ⅲ.①犯罪学 – 学术会议 – 中国 – 文集 Ⅳ.① D917-53

中国版本图书馆 CIP 数据核字 (2022) 第 220424 号

出 品 人：赵卜慧
出版统筹：张高里　丁　波
策划编辑：张立明
责任编辑：张立明

犯罪学研究（第一辑）
FANZUIXUE YANJIU（DI-YI JI）
北京市犯罪学研究会　主编

研究出版社 出版发行
（100006　北京市东城区灯市口大街100号华腾商务楼）
凯德印刷（天津）有限公司印刷　新华书店经销
2022年11月第1版　2022年11月第1次印刷
开本：710mm×1000mm　1/16　印张：21.25
字数：340千字
ISBN 978-7-5199-1390-8　定价：76.00元
电话（010）64217619　64217612（发行部）

版权所有·侵权必究
凡购买本社图书，如有印制质量问题，我社负责调换。

编委会

主　　任　李春雷

副主任　车　浩　王志华　常俊峰
　　　　　王九川　陈　涛

委　　员　张伟珂　董　坤　徐学义
　　　　　赵春雨　姚　东　张　兵
　　　　　付继存　薛永奎

支持单位　北京市盈科律师事务所
　　　　　北京德和衡律师事务所
　　　　　北京周泰律师事务所

犯罪学视野下我国现阶段的犯罪治理与研究

（发刊词）

当下中国，随着经济社会发展，各种传统与现代的越轨现象交织，行政违法与刑事犯罪攀高不下，对国家、社会及生活在其间的不同个体与群体，造成了诸多危害。由此，认识犯罪、研究犯罪，进而推动更有效地治理犯罪，便成为实践部门与学界的必然使命与长久任务。

一、中国现阶段犯罪形势

纵深审视中国历史，绵亘久远，古今穿透性、联结性极强；横向比较华夏"四至"，经济文化等多方面的不平衡的特点又十分突出。为此，传统与现代交织，成为当代中国的鲜明特色。这种特殊的历史交错场景，有着一种独特的时代魅力，但也带来了诸多矛盾与困惑，伴随其间的各种越轨行为、犯罪行为，也折射出斑驳陆离的传统与现代"同框"的复杂影像。中华人民共和国成立后，以改革开放伊始的1980年为界，我国的犯罪状况大体可分为两大阶段：改革开放前的传统社会，总体平稳、自然犯为主、线下单一路径；改革开放后的转型社会，持续上升、行政犯为主、线上线下一体。在此社会背景下，我国改革开放后的犯罪走势呈"一降一升"的"反向双柱"现象，即杀人、抢劫、强奸、暴力伤害等传统的刑事犯罪持续下降，涉网犯罪、电信诈骗犯罪、食品药品与环境犯罪等新型行政犯、公害犯罪则呈多发高发态势，这也与世界大多数发达国家曾经历的发展阶段和犯罪规律相似。虽然在各种新型犯罪的"哄抬"下，全国的刑事案件逐年趋升，但因严重危及民众人身安全的"自然犯罪"大幅下降，多年来，全国社会安全总体稳定,社会治安秩序平稳可控,群众的安全感、社会治安满意度都较高。[1]中国成为世界上社会安全指数最高的国家之一。[2]

然而,改革开放至今的几十年间,我国总体上处于"摸着石头过河"、持续艰辛探索的历史阶段。在国家安全领导体制和法治体系、战略体系、政策体系不断完善,平安中国建设不断迈向更高水平的同时,随着经济社会的深度转型和快速发展,我国发展也随之进入了战略机遇和风险挑战并存、不确定难预料因素明显增多、与传统社会差别巨大的社会转型期、利益调整期、矛盾多发期。正如亨廷顿所论,"在欧洲和美国,现代化进程已经持续了几个世纪,在一个时期内只解决一个问题或应付一项危机。然而,在非西方国家的现代化进程中,中央集权化、国家整合、社会动员、经济发展、政治参与以及社会福利等诸项问题,不会依次、而是同时出现在这些国家面前"。[3]公共安全与社会治安方面,在传统刑事犯罪稳步下降的同时,各类非传统犯罪、新型案、事件连年攀升,各种"黑天鹅""灰犀牛"事件随时可能发生,且境内因素与境外因素交织、传统安全因素与非传统安全因素交织、虚拟社会与现实社会交织、敌我矛盾与人民内部矛盾交织,总体呈现刑事犯罪高发、犯罪手段升级、对敌斗争复杂的局面。犯罪特征方面,犯罪主体由自然个体向组织单位转变、犯罪方式由体能型向智能型转变、犯罪手段由单纯线下向线下线上复合型转变、犯罪类型由自然犯罪向行政犯罪转变、犯罪区域由一地作案向跨区域犯罪转变等多重变化明显。由此,社会管理的难度、难以预料的风险、网上斗争的激烈程度、执法工作面临的压力,都前所未有,犯罪防控形势不容乐观。

二、中国犯罪治理的探索

历史悠久、绵亘不断的传统中国,在兴亡迭代中沉淀形成了独具特色的犯

---

[1] 多年来,在政法机关与社会多方力量的共同努力下,中国成为命案发案率最低、刑事犯罪率最低、枪爆案件最少的国家之一,每10万人口的命案是0.5起。10年来,刑事案件、安全事故等"五项指数"大幅下降。2021年,杀人、强奸等八类主要刑事犯罪、毒品犯罪、抢劫抢夺案件、盗窃案件的立案数和一次死亡3人以上较大的交通事故数,较2012年分别下降了64.4%、56.8%、96.1%、62.6%和59.3%(参见《新京报》,2022年10月19日)。

[2] 2021年,据国家统计局调查,人民群众的安全感达到了98.6%,较2012年提升11个百分点。

[3] [美]塞缪尔·亨廷顿:《变化社会中的政治秩序》,王冠华、刘为等译,上海人民出版社2008年版。

罪治理理念与制度。在百家诸论基础上，儒学历经"先秦子学—汉唐经学—宋明理学—明清实学"之后，渐至独尊。其所尊崇的天人合一、礼仁一体、内圣外王、崇尚中和的特质，自然衍生出"外儒内法"的治国方略，形成了应然层面的"德主刑辅""预防为主""综合为治"的犯罪治理思想，影响深远。部分做法，甚至绵延至今。

中华人民共和国成立后，自二十世纪八十年代初，伴随艰难探索的改革开放，我国经济社会快速发展的同时，各种治安案件与刑事案件也日渐攀高。为了强化犯罪治理，1983年，全国人大常委会通过并施行《关于严惩严重危害社会治安的犯罪分子的决定》《关于迅速审判严重危害社会治安的犯罪分子的程序的决定》。1983—2001年间，全国集中进行了三次"严打"[1]、多次专项整治活动，一定程度上遏制了犯罪持续蔓延、恶性发展的局面，保证了社会治安秩序的相对稳定。但其产生的负面效应及对法治的冲击，不容小觑。第一次严打后犯罪的回潮，亦使决策者开始充分重视犯罪的综合治理，重视打击、改造、预防的一体化。在深入总结经验的基础上，1991年，全国人大常委会通过并施行《关于加强社会治安综合治理的决定》，初步搭建了一个综治的战略框架，随后开始进行了行动层面的治理实践，"打防结合、预防为主"的指导思想逐渐形成。"党委统一领导、政府主要负责、社会适度参与"的中国犯罪治理模式——"社会治安综合治理"，成为多年来维护中国社会治安持续稳定的一项巨大系统工程。[2]

从历史传承而言，以政府力量为主、调度各种社会力量参与犯罪防控，一直是传统中国控制犯罪、控制社会的经典方式。而现代犯罪治理，是国家正式力量和社会非正式力量协同解决犯罪问题的诸多方式的总和，是各方针对犯罪问题采取联合行动的过程，目的在于限制、消除产生犯罪的原因、条件，有效防控犯罪。[3] 为此，将现代治理理论引入我国当下的犯罪治理实践，似乎并不明显违和。但现代治理的实质在于建立在市场原则、公共利益和高度认同之上的合作。它所拥有的管理机制主要不是依靠政府的威权，而是合作网络的权威。从

---

[1] 第一次严打，打击重点为抢劫、强奸、杀人、盗窃等犯罪；第二次严打，打击重点是青少年犯罪、人口拐卖犯罪、毒品犯罪；第三次严打，主要打击黑恶势力犯罪。

[2] 2018年3月，根据中共中央印发的《深化党和国家机构改革方案》，不再设立中央社会治安综合治理委员会及其办公室，有关职责交由中央政法委员会承担。

[3] 师索：《犯罪治理：一种基础理论的解构》，载《中国刑事法杂志》2014年第5期。

而,其权力向度是多元的、相互的、发散的,而非一元的、单向的、集中的。目前,具有中国特色的社会治安综合治理工作,在取得巨大成就的同时,尚存在诸多有待与时俱进、提升改善之处:

其一,犯罪治理的战略设计层面,有待进一步丰实、完善。其中,随着经济社会的发展,综治模式亦须逐步升级,明确并大力推进社会治安综合治理的社会化、市场化、信息化、法治化的发展方向。同时,迄今为止,各层级的政法机关,尚未建立专门的犯罪预防机构,而在很多发达国家,早已有专司犯罪事前预防的国家层面的"犯罪预防委员会"或"犯罪预防局"且有专门的经费支撑。其二,犯罪治理的制度建设层面,重"硬"法轻"软"法、相关行政立法与刑事立法衔接不畅的局面尚未根本改观。其三,犯罪治理的参与主体层面,在社会治安的面上控制和各种类罪的点位打击中,整体上仍然以政府层面的正规控制为主、社会层面的非正式控制为辅,以致作为国家正式力量代表的警察系统等防控有余、作为社会非正式力量的保安公司及社会自治组织等参与不足。犯罪控制主体上的多元化和网络化亟待加强。其四,犯罪治理的方式方法层面,"运动型"执法情形依然较为普遍,常态常效工作、个案处理工作尚待细密、扎实。国家正式力量系统内的行政命令方式与社会领域的自治协商方式以及国家正式力量同社会非正式力量之间的平等磋商等协同治理机制,尚待探索完善,从而持续推动我国犯罪控制方法上的多元化和社会化。其五,犯罪治理的科学评估层面,涉及罪前预防、罪中控制、罪后矫正的各种犯罪治理决策与治理行动的科学评估制度及适格的第三方评估机构,亦相当缺乏。为此,犯罪控制效果评价上的客观数据与主观感受相结合、官方评价与社会评价相结合、结果评价与过程评价相结合的多元化与立体化评估制度亟待建设。

由上种种观之,在现实建构层面,若想使根源于极端自由主义和公共选择理论的治理理论在我国犯罪控制领域发挥其实然作用,远非短期之功,需要我们躬耕深植、下大力气、表里偕行,智慧解决好其本土化问题。

三、中国犯罪学的时代应对

党的二十大报告强调,要提高公共安全治理水平、完善社会治理体系,"强化社会治安整体防控,推进扫黑除恶常态化,依法严惩群众反映强烈的各类违法犯罪活动"。犯罪学是以犯罪为研究对象的科学。为此,发挥犯罪学的实证研究、综合交叉研究、全链条多维度研究的优势,加强对中国现阶段犯罪问题全面深入的专项研究,促进公共安全体系的完善、社会治安整体防控体系的强化,健全共建共治共享的犯罪治理体系,进而显著提升犯罪治理效能、完善重大风险防范化解体系、助力社会大局稳定,为新时代的国家发展提供良好的社会治安环境,十分紧迫和必要。

(一)犯罪学基础研究的夯实

历经一百多年的发展,无论是在国外还是国内,犯罪学都已成长为一门独立的学科。[①] 但与欧美国家犯罪学的深厚积淀相比,我国的犯罪学研究还较为薄弱,基础性研究更是较为匮乏。同时,因法学、社会学、心理学为其三大支撑学科,犯罪学自身内在的综合交叉性特点就非常明显。若研究深入、融合恰切,就会产生很好的成果,较好地阐释清楚一些犯罪问题。但若研究浅薄、东挪西借,就会非牛非马四不像,遑论产生有价值的成果了。《易经》云,"形而上者谓之道,形而下者谓之器"。在对犯罪现象、犯罪原因、犯罪对策的研究中,一些形而上层面的基本概念辨析、犯罪原因理论阐释、学科专业体系架构以及形而下层面的分类数据库建设等,目前在学界虽已初有建树,但总体上还都较为稚嫩、匮乏。其中,概念、理论方面,多以洋学中用的"搬运"为主,本土产出尚待发力;[②]而典型案例数据库、类型犯罪数据库、旨在补充犯罪明数的被害人调查数据库、涉案物品危害评估数据库、各种连续多年跟踪研究的数据库等犯罪学研究的基石,亦支离破碎,亟待研究机构、实战部门、科技公司等的联手开发与体系化建构。否则,我国的犯罪学发展,将会累积方向性不明、话语权不强、依附性明显等问题。对近缘学科和立法执法实践有强力影响的学术成果更是难以

[①] 我国的犯罪学因起步较晚、影响较小,在众多院校被长期视为刑法学的研究方向之一,远逊于国外的显学地位。2005 年,中国人民公安大学犯罪学系(目前升格为犯罪学学院)开办犯罪学专业本科,授予法学学士学位。在《普通高等学校本科专业目录(2012 年)》特设专业中,"犯罪学"归属于法学学科门类下的"公安学类"一级学科之下,"犯罪学"首次提升为独立的二级学科。

[②] 目前,国内教材的犯罪学理论,几乎皆为生发于国外的犯罪生物学理论、犯罪心理学理论、犯罪社会学理论。国内储槐植教授提出的"犯罪场"理论,对犯罪预防有所丰富,但更多是对国外环境犯罪学、犯罪情境预防理论的补充与完善;谓为我国犯罪治理国家模式的"社会治安综合治理",有其理论层面的古为今用的新发展,但总体上,其政策性、实践性色彩更为浓厚。本土性、原创性的犯罪学理论,亟待实证研究基础上的艰苦探寻。

产生。

(二)犯罪学实证研究的强化

犯罪学的知识体系形成与刑法学的发展有着密切关联,至今仍呈现一定的依附性。但总体上,学界普遍认为,犯罪学知识体系应与立法现实和司法实践保有必要的张力、持有独立的审视性甚至批判性。不过,若实现上述目标,犯罪学研究者需要切实发挥并用好与其他社会科学的思辨研究、经验研究等研究方法相区别的实证研究方法,做到对犯罪现象的分析、对犯罪原因的探寻,都能有扎实的数据支撑;在此基础上,再进一步加强思辨研究与实证研究的结合、定性分析与定量分析的结合,并借助各种新型软件分析工具,显著提高研究成果的科学性、精准性;进而,超越分门别类的、"片面深刻"的传统研究方式,经由方法交叉、理论借鉴、问题驱动、文化交融等不同层次的交汇融合研究,实现对犯罪问题进行整体性、综合性、立体性的跨学科研究。若此,研究者对犯罪现状中的犯罪特点、犯罪规律等的总结与提炼,对各类犯罪原因的发掘与阐释,才会更具科学性与说服力。但环顾目前我国犯罪学界,有影响力的实证研究成果尚不多见。现有的实证研究中,不同程度存在数据采集的"实证性"不足、研究方法的规范性不足、实证与思辨的互补性不足、研究主体的知识面不足、研究结论的科学性不足等问题。[①] 综观本次研究会征文中的投稿,有不少视角独特、言之有物的好文章,但基本上都是刑事法学的思辨性研究方法引导下的规范性研究,具有犯罪学特色的实证研究,成文寥寥。为此,与犯罪学研究会的研究宗旨相对应,以后历年的年会征文活动中,希冀各位作者能够继续积极参与,并结合各自的法律工作,加大实证研究力度,共同推动我国犯罪学的实证研究,走向深入、形成风气。

(三)法秩序统一视角下犯罪治理规则的探讨与厘定

经济社会的发展阶段和发展状况,直接影响着犯罪的演变与形态。随着现代中国社会的不断改革、快速发展,犯罪也在不断"变身""变脸"。传统的直接

[①] 李春雷等:《食品药品与环境资源犯罪分析报告》,中国人民公安大学出版社2021年版,第22页。

危害人身安全的自然犯罪逐渐式微,而直接或间接危及财产安全、社会秩序的法定犯罪则不断盘旋上升。学界所称的经济犯罪、行政犯罪、技术犯罪、公害犯罪等,亦为学者对此阶段不同形态犯罪的多维度解读与贴标。随着犯罪的复杂化、跨界化,无论是执法司法部门、立法修法机构,还是理论研究人员,单纯用某一个部门法来应对犯罪,都已捉襟见肘、踯躅难行。由此,"法秩序的统一性",凸显其对越轨行为治理中知与行的统领价值。"所谓法秩序的统一性,是指由宪法、刑法、民法等多个法领域构成的法秩序之间互不矛盾,更为准确地说,在这些个别的法领域之间不应作出相互矛盾、冲突的解释。"①在此情势下,以"法秩序的统一性"为观照,立足于某一部门法,同时"左顾右盼"、兼顾近缘的民事法和行政法,一定程度上还要注意实体法与程序法的互鉴与互嵌,以致古为今用、洋为中用的横向纵向的比较研究与往返穿梭,甚至于为了实现表层的"案结事了"或深层的天理、国法和人情的内在允谐而自然不自然的"伸缩适用"现有法条,已然成为部分部门法研究者和执法司法人员自觉不自觉的常态做法。在此境况下,"法学"门类之下天然具有跨学科、跨专业性且超然于各个部门法的犯罪学,就有了极好的用武之地。犯罪现象实际上是一种特殊的"黑色产业",通过犯罪学研究来挖掘各类灰色黑色产业链、找寻犯罪原因及规律,进而从"问题"角度而非"部门"或"领域"角度,提出科学地应对和解决之道,具有一定的犯罪经济学意义和公共政策学价值。由此,犯罪治理实践中大量的立法执法问题,亦增添了一个新的观察视角与解决进路。比如,针对大量刑民交叉案件中的"刑民协同"原则的选择、行政处罚与刑事处罚并用中的处罚衔接、"法秩序的统一性"视角下行政政策与刑事政策的协同、刑事法律的制度构建和理论研究中的事后打击为主的自由秩序型与事前预防为主的风险规制型的抉择等问题,以及犯罪治理中正规主体的角色定位、非正规主体的合法性、具体事务的边界、参与主体之间的合作机制等问题,都可充分发挥犯罪学研究者实证研究、综合研究的优势,协同相关部门和领域的研究者与实践人,对上述疑难问题做出深度研判与较为妥当的处置。2018年中国犯罪学学会闭幕辞曾对与会学者的研讨进行了精到总结:"要在刑事法之前研究犯罪,聚焦犯罪现象;要在刑事法之上研究犯罪,归纳犯罪趋势;要在刑事法之中研究犯罪,总结犯罪特点;还要在

---

① 王骏:《违法性判断必须一元吗?——以刑民实体关系为视角》,载《法学家》2013年第5期。

刑事法之后研究犯罪,评估刑罚效果。简而言之,要坚持一体化、全方位、多学科、综合性地对犯罪特别是现代新型犯罪展开研究。"在很大程度上,这也是我们所有犯罪学人在今后的民事违约、行政违法、刑事犯罪的研究工作中,所应一体坚持的理念与方向。

北京市犯罪学研究会会长
中国人民公安大学教授

目录 contents

犯罪学视野下我国现阶段的犯罪治理与研究(发刊词) / I

北京市犯罪学研究会年度发展综述 / 1

企业合规

企业合规视角下单位意志的认定逻辑　　　　　　　　张伟珂 / 17
检察机关涉案企业合规问题研究万其明　　　　　　　计金娣 / 29
刑事合规:企业犯罪预防与辩护转型　　　　　　　　何志伟 / 37
检察视域下企业合规研究邢雅丽　　　　　庞良文　尹鑫淼 / 46
美国企业合规的基本内涵制度价值及对我国的启示　刘广宇　储陈城 / 54
企业合规刑事激励机制本土化构建研究　庞良文　邢雅丽　连晶晶 / 66
完善第三方监管评估机制推动企业合规改革的
　　实践探索　　　　　　　　　　　　　　　　奚　玮　平　静 / 73
网络爬虫行为刑事合规边界研究　　　　　　　徐学义　陈礼毅 / 78
涉案企业合规行刑衔接之机制完善　　　谢平锐　于嘉仪　刘　慧 / 87
企业合规不起诉实践发展与检察职能发挥　　　薛莉萍　陈　静 / 99
完善我国企业合规改革的路径探讨　　　万其明　平　静　储陈城 / 108

金融犯罪

涉私募非法集资犯罪刑事司法政策的观察、批判与建构　　常秀娇 / 117
金融犯罪概念的解析　　　　　　　　　　　　　　　　姚　东 / 133
打击和预防跨国金融犯罪的银行管控研究　　　　　　　姚　红 / 142

"河南村镇银行"事件启示:防范村镇银行金融风险研究　　　　　　　赵永平 / 149
金融诈骗犯罪中非法占有目的的证明路径研究　　　　　　　　　　刘柳明 / 160
期货经营机构与从业人员涉刑事风险问题
　研究　　　　　　　　　　　　　　　陈礼毅　邹　樱　王　超 / 171

食药环知犯罪

危害药品安全犯罪案件中的认定意见初探　　　　　　　　　　　　陈　涛 / 191
危险废物型污染环境罪刑事判决样态分析及问题出路　　卿亚宁　孙文苑 / 202
知识产权犯罪中违法所得的认定　　　　　　　　　　　　　　　　付继存 / 215
指示交付下成品油交易案件的定性分析　　　　　　　　　　　　　艾利行 / 220

网络犯罪

"电信网络诈骗犯罪"的概念争议与界定　　　　　　　　　薛莉萍　吴加明 / 229
电信网络诈骗犯罪综合治理对策研究　　　　　　　　　　吴加明　薛莉萍 / 241
当前网络犯罪的新趋势　　　　　　　　　　　　　　　　　　　　孟永恒 / 257
论非法控制计算机信息系统罪的控制行为　　　　　　　　　　　　李诗蓓 / 265
帮助信息网络犯罪活动罪与近似罪名介分　　　　　　　　　　　　韩卓然 / 271

各科专论

重罪案件落实认罪认罚从宽的路径与完善　　　　　　　　　　　　贺　卫 / 281
高空抛物行为定性及法律适用问题研究　　　　　　　　　　　　　曹艳梅 / 294
讯问录音录像审查、质证若干实务问题研究　　　　　　　　　　　薛永奎 / 302
浅谈民营企业职务犯罪及治理路径　　　　　　　　白超男　王　超　邹　樱 / 313

后记　　　　　　　　　　　　　　　　　　　　　　　　　　　　　　/ 322

北京市犯罪学研究会年度发展综述

北京市犯罪学研究会是依照《社会团体登记管理条例》经北京市社会团体登记管理机关核准登记,北京市法学会主管的一级社团法人。北京市犯罪学研究会成立于2021年5月29日,并于2021年10月28日正式取得社团法人证。

研究会始终坚持以习近平新时代中国特色社会主义思想为指导,团结和组织全市从事犯罪治理的公安、检察、审判、刑辩等实务人员,以及从事犯罪学理论研究的专家学者,推动犯罪预防、治理研究,积极开展学术交流活动,探索各类犯罪的特点和规律,提高犯罪学科研究、教学和首都犯罪预防与治理工作的理论应用和执法司法实践水平。研究会的主要工作包括研究首都刑事犯罪新规律,开拓犯罪学研究新领域,促进犯罪学研究成果转化,提升犯罪预防、治理水平。主要开展的业务包括:与犯罪学相关的政策宣传、理论研究、学术交流、专业培训、会议会展、信息咨询、承办委托等。

第一部分:研究会发展建设总体情况

研究会自成立以来,在各级领导的大力支持下,始终秉承政治引领,坚持依法治会的原则,严格依法推动研究会发展与建设。经过一年多以来的发展,研究会建设取得长足进步,得到市法学会领导和广大会员的充分认同。目前研究会发展正式会员262人,发展单位会员5个,设立专业委员会3个,研究会会员涵盖刑事司法实务、高校、研究机构的犯罪学和刑事法学的研究者、实践者。

一、坚持政治引领,规范研究会专业发展

在发展过程中,研究会严格遵守《北京市犯罪学研究会章程》关于"坚持中

国共产党的全面领导"的要求,始终把政治建设放在研究会发展的第一位。严格落实上级政治引领、政治建会的要求。在市法学会领导下成立会长为组长的党建工作小组,规范"三会一课"。在研究会举办的理事会、常务理事会等各类会议,以及专业讲座、培训中,第一项内容就是由研究会领导带领全体参会/训人员进行政治学习,达到良好的效果。研究会始终坚持政治学习的风气,第一时间把党的最新精神、文件、政策借助公众号、微信群等方式向全体会员传达学习。

二、依法治会,构建完善的制度体系

北京市犯罪学研究会在发展和组织建设过程中,始终坚持制度建设和规范发展。为此在成立之初,经过会长办公会多次研讨后,决定由秘书处依据《北京市法学会关于加强研究会党的建设的实施意见》《北京市法学会关于进一步推进研究会发展的实施办法》《北京市法学会会员管理办法》和研究会章程等规定推动研究会制度体系建设。目前,研究会秘书处依据上级文件及章程规定,先后起草制定了《北京市犯罪学研究会会费管理办法》《北京市犯罪学研究会档案管理制度》《北京市犯罪学研究会工作人员聘用制度》《北京市犯罪学研究会民主决策制度》《北京市犯罪学研究会重大事项报告制度》《北京市犯罪学研究会专业委员会管理办法》等,这些规章制度已经规定程序批准实行,为依法治会提供了制度体系保障。

三、专业建设为本,全力做好会员服务

研究会始终把提升会员专业能力作为研究会会员服务的中心工作。为进一步满足会员专业素质提升的实际需要,研究会结合社会发展和专业需求,通过举办专业讲座、研讨会和开展业务培训等方式为会员做好专业知识的提升。目前研究会已经先后举办"私募基金刑事风险防范与治理研讨会""金融学与金融法研究"专题讲座,"企业职务犯罪治理讲堂"系列讲座,"商·谈"系列讲座,"电子数据讲堂",以及"电子数据取证与应用"培训班等,各类讲座和研讨会对全体会员免费开放,得到全体会员的高度评价。

四、加强学术研究与交流,全面提升学术影响力

建会伊始,研究会就把自身定位为服务广大会员和社会的"学术组织",从推动学术研究和学术影响力上下功夫。为此在研究会成立大会筹备期间就发起征文活动,并编辑成册即《犯罪学研究(第一辑);2022年初就发出了年度学术会议征文通知,至截止日共收到学术论文50余篇,从中遴选了学术水平较高的30多篇论文编辑成《犯罪学研究(第二辑)》并提交研究出版社正式出版。为进一步推动犯罪学理论研究,研究会大力推进专业委员会建设,并积极申报市法学会学术活动,积极筹办年度会员大会暨学术年会。研究会微信公众号则优先发表会员的学术研究成果以提升学术影响力,截至目前共发表学术论文40余篇。

五、规范档案管理,奠定研究会发展基础

研究会充分发挥后发优势,一切从零开始,起步阶段就注意做好资料的收集归档工作。研究会成立后专门制定《北京市犯罪学研究会档案管理制度》,由秘书长负总责,专人依规管理档案。目前研究会已经建档包括"党建工作""规章制度""会员管理""上级发文""专委会建设""会议资料""财务档案""其他"八大类档案,形成了门类基本齐全的档案资料。

经过一年多的发展,北京市犯罪学研究会得到长足的发展,在党建工作、学术交流、法律宣传、会员管理、档案建设、制度建设,以及相关学术活动等方面都取得一定成绩,得到市法学会的充分认可。为此,2022年8月份在北京市法学会举办的"北京市法学会系统干部素质能力培训会(线上)"上,秘书处就会员管理和档案建设作了专题分享。研究会的工作也得到市民政局的认可,顺利通过了2021年年检。

第二部分:研究会主要活动

一、北京市犯罪学研究会成立大会

2021年5月29日,北京市犯罪学研究会成立大会暨第一次会员代表大会

在北京天佑大厦召开。北京市犯罪学研究会的成立经北京市法学会批准,北京市民政局同意并下发《成立工作告知单》。北京市法学会党组书记、专职副会长萧有茂,北京市法学会联络部副主任、二级调研员周远清、金杜律师事务所党委副书记姜俊禄等领导莅临会议并为研究会揭牌。萧有茂书记对研究会的成立表示祝贺并对研究会未来的发展提出要求。

大会表决通过了《北京市犯罪学研究会章程》等文件,选举产生了北京市犯罪学研究会第一届理事会、监事会、常务理事和研究会领导机构。中国人民公安大学犯罪学学院李春雷教授当选会长,北京大学法学院车浩教授、中国政法大学王志华教授、金杜律师事务所合伙人常俊峰律师、北京警察学院教授陈涛当选副会长,北京京都律师事务所高级合伙人王九川律师当选监事长,陈涛教授当选秘书长。

二、按照《章程》规定召开理事会、常务理事会

研究会发展过程中,严格按照《章程》规定召开理事会和常务理事会讨论研究研究会发展的重大事项。

一年来,研究会已经召开了三次理事会及多次常务理事会,讨论通过了新会员吸收、单位会员发展和专委会建设,以及各项制度的建设等事项。鉴于疫情防控的要求,研究会在报经市法学会批准的情况下,根据研究会发展的需要,采取线上视频会议、微信群表决等方式对急需理事会、常务理事会通过的事项进行表决。

三、研究会组织参加 2021 年度市法学会系统能力素质培训

2021 年 10 月 20 日—2021 年 10 月 21 日,北京市法学会组织举办"2021 年市法学会系统能力素质培训"活动。研究会按照市法学会的要求组织学会领导和秘书处人员分别参加了线上线下的培训活动。

四、研究会秘书处组织开展系列调研活动

为做好研究会制度建设,推动研究会规范化发展,秘书处组织开展系列调研座谈工作。

（一）赴北京市老龄法律研究会调研座谈

2021年11月11日下午，秘书处一行到北京市老龄法律研究会调研座谈。北京市法学会常务理事、北京市老龄法律研究会会长陈洪忠，中国行为法学会常务副秘书长、北京企业法治与发展研究会副会长兼秘书长朱崇坤，北京老龄法律研究会分会会长贺少林等接待了研究会秘书处调研人员并就研究会建设发展等进行深入座谈。

（二）赴北京本同律师事务所调研

2021年11月19日下午，秘书处一行前往研究会常务理事单位北京本同律师事务所开展调研座谈，并参观北京中海义信信息技术有限公司司法鉴定所。北京本同律师事务所主任徐学义、律师邹樱、陈姊、中海义信司法鉴定所主任李长龙参加座谈交流。

（三）赴京都律师事务所调研

2021年11月30日上午，北京市犯罪学研究会副会长常俊峰带领秘书处一行前往京都律师事务所专程拜访监事长王九川律师，并就未来研究会的工作等进行座谈调研。

（四）秘书处调研商事犯罪研究专委会筹建工作

为全面推动北京市犯罪学研究会专业委员会建设，2022年1月2日下午，研究会秘书处前往中国政法大学调研商事犯罪研究专业委员会筹建工作。商事犯罪研究专委会筹备组的全体人员参加了座谈。

五、开通研究会微信公众号

2021年11月27日，"北京市犯罪学研究会"微信公众号正式开通并运行。开通一年来，微信公众号始终保持良好的运行状态，发文80多篇，吸引关注人数640余人，对扩大研究会学术影响力，推动研究会工作发挥较好作用。

六、市法学会联络部领导莅临秘书处检查指导工作

2022年4月1日下午，北京市法学会联络部副主任、二级调研员周远清同志莅临北京市犯罪学研究会秘书处检查指导工作。北京市犯罪学研究会会长李春雷教授和秘书处同志热情接待周主任一行。

周远清副主任对犯罪学研究会党建工作、"会员之家"建设、制度建设和档案管理等每一项工作进行仔细的检查指导，对研究会工作予以充分认可，指出研究会"会员之家"的建设是落实市法学会"把法学会建成'法学法律工作者之家'的重要举措"的表现，要通过推动研究会"会员之家"建设，推动研究会"会员之家"成为政治引领的重要载体，开展学术活动的主要阵地，互相学习的交流平台。要不断完善会员管理，规范会员的吸收和退出，扎实推进学术研究工作。

李春雷会长代表北京市犯罪学研究会对周主任的莅临表示热烈欢迎，对周主任的检查指导表示感谢，表示研究会一定坚决贯彻市法学会《进一步推进研究会发展的实施办法》，做好犯罪学研究会"会员之家"建设等各项工作，推动研究会工作更进一步。

七、研究会选派法学专家为政法系统提供送教活动

根据北京市法学会工作安排，应相关区法学会邀请，研究会于2022年4—8月先后多次选派常务理事、刑法学专家姚东教授开展送教活动，就《中华人民共和国反有组织犯罪法》作专题授课。姚东教授围绕《中华人民共和国反有组织犯罪法》的立法背景、总体思路、主要内容、法律适用等方面进行了详细解读。参会人员纷纷表示，讲课内容思路清晰、观点深邃、受益匪浅、收获满满，对基层进一步落实好《中华人民共和国反有组织犯罪法》具有重要的指导意义。

八、研究会组织参加2022年度市法学会系统干部素质能力培训会

2022年8月，北京市法学会举办"北京市法学会系统干部素质能力培训会（线上）"。按照市法学会要求，研究会秘书处组织会领导和秘书处人员在线上全程参加了培训会。根据市法学会议程安排，我会秘书处在线上会议中就会员管理和档案建设作了专题分享。

九、联合中国人民公安大学进修部举办"电子数据取证与运用"培训班

研究会针对公安机关在案件侦查中存在的电子数据收集、运用等难题，联合中国人民公安大学进修部、北京中海义信司法鉴定所先后于2022年6月、9月举办两期"电子数据取证与运用"线上培训班。

中国人民公安大学进修部陈刚主任在开办仪式上作了开班动员讲话。培训班邀请了全国知名法学实务专家、知名教授和电子数据取证技术专家授课，来自全国公安机关的一线侦查员、公安院校的教师和学生300余人报名参加培训。在为期一周的线上培训中，专家们针对侦查中电子数据取证从理论到实践进行深入浅出的讲解，授课得到参训学员一致高度评价。

第三部分：专业委员会建设

一、商事犯罪研究专业委员会揭牌仪式

2022年1月16日，由北京市犯罪学研究会主办、中国政法大学知识产权法研究所承办的北京市犯罪学研究会商事犯罪研究专业委员会揭牌仪式暨商事犯罪治理形势与挑战研讨会在北京举行。研究会会长李春雷教授、北京市法学会联络部周远清副主任、北京师范大学法学院王志祥教授、北京周泰律师事务所王兆峰主任，研究会秘书处、专委会筹备组成员以及来自北京师范大学、北京理工大学、北京社科院等院校的专家学者参加了揭牌仪式并座谈。

揭牌仪式由陈涛秘书长主持，李春雷会长、周远清副主任、王兆峰主任分别做了致辞，王志祥教授应邀共同为商事犯罪研究专业委员会揭牌。北京市犯罪学研究会商事犯罪研究专业委员会成立后，将立足于商事活动这一专业领域，通过对伪劣商品犯罪、公司治理犯罪、金融犯罪、涉税犯罪、知识产权犯罪等商事领域的重点犯罪类型，加强与执法办案部门、法律服务部门、理论研究机构的沟通交流，强化理论研究与实践探索，以学术沙龙、课堂讲授、执法培训、研企合作等形式，打造区别于传统民事领域犯罪和经济犯罪的商事犯罪研究品牌。

二、企业职务犯罪治理专业委员会揭牌仪式

2022年1月22日，北京市犯罪学研究会企业职务犯罪治理专业委员会成

立并揭牌。北京市犯罪学研究会领导，犯罪学研究会常务理事单位负责人，以及专委会委员参加了活动。

揭牌仪式由犯罪学研究会副会长、秘书长陈涛教授主持。犯罪学研究会会长李春雷教授，本同律师事务所主任徐学义作为嘉宾进行致辞。犯罪学研究会副会长常俊峰宣读了《关于成立企业职务犯罪治理专业委员会的决定》以及专委会负责人的任命。

与会领导、专家学者、律师共同为"企业职务犯罪治理专业委员会"和"北京市犯罪学研究会常务理事单位"揭牌。

企业职务犯罪治理专业委员会是在北京市犯罪学研究会领导下，专门针对企业职务犯罪预防与治理、刑事合规与反舞弊等领域进行学术理论与实践研究的专业研究机构。企业职务犯罪治理专业委员会旨在汇集科研机构、司法机关、企业、专家学者及行业实务人员的研究成果和实务经验，围绕企业职务犯罪预防与治理主题，研究企业职务犯罪的原因、特点、规律及趋势，提出治理预防企业职务犯罪对策、方法、建议，推动提升企业职务犯罪治理水平，提高企业廉政建设能力，帮助企业健康可持续发展。

三、金融犯罪研究专业委员会揭牌仪式

2022年7月16日，北京市犯罪学研究会金融犯罪研究专业委员会在北京举行揭牌仪式，北京市法学会联络部副主任、二级调研员周远清，北京市犯罪学研究会副会长、秘书长陈涛，金杜法律研究院院长欧阳振远，金融犯罪研究专委会副主任、易道公司董事长、总经理赵永平等出席活动。金融犯罪研究专委会主任姚东主持揭牌仪式。

揭牌仪式后，全体与会人员共同学习了中共北京市第十三次党代会精神。大会指出，党的十八大以来，是北京发展史上具有里程碑意义的重要发展时期。大会高度评价市委工作，强调首都工作关乎"国之大者"，建设和管理好首都，是国家治理体系和治理能力现代化的重要内容。北京作为首都，要带头为党的二十大胜利召开营造良好的政治社会环境，精心组织、周密部署抓好党的二十大精神学习宣传贯彻。大会号召，要以功成不必在我的精神境界和功成必定有我的历史担当，踔厉奋发、笃行不息，努力在新的赶考之路上赢得更大的胜利和荣光。

揭牌仪式的最后,金融犯罪研究专委会主任姚东对参会的各位领导、嘉宾表示由衷的感谢,并表达了对专委会未来发展的美好期望和愿景。仪式在热烈的气氛中落下帷幕。

四、企业职务犯罪研究专委会举办"私募基金刑事风险防范与治理研讨会"

2022 年 3 月 27 日下午,北京市犯罪学研究会企业职务犯罪治理专委会以直播形式召开"私募基金刑事风险防范与治理研讨会"。本次研讨会由北京本同律师事务所、北京中海义信司法鉴定所承办。企业职务犯罪治理专委会相关负责人、专家学者、私募基金行业专家、上市公司高管和电子数据技术专家等参与研讨。

研讨会由专委会主任、北京本同律师事务所主任徐学义主持。北京市法学会社会工作部四级调研员王凌凌在线参加会议并致辞,对市犯罪学研究会的工作予以充分肯定,对研讨会的顺利召开表示热烈祝贺,并就加强研究会建设提出强化政治引领、加强学术研究、发挥资源优势的要求。与会专家就私募基金中存在的刑事风险的防范与治理展开热烈研讨。专委会主任徐学义结合处理涉私募类刑事案件实务案例,从刑事辩护和刑事控告两个视角分享了自己的经验做法。

本次研讨会是企业职务犯罪治理专委会成立以来召开的第一次学术研讨会,研讨会的举办受到行业从业者、司法实务人员、高校研究人员以及律师等充分认可,近 400 余人在线上参与会议。

五、企业职务犯罪治理专委会举办"电子数据讲堂"系列讲座

2022 年 4 月起,企业职务犯罪治理专委会充分发挥自身资源优势,举办"电子数据讲堂"系列讲座。讲座采取网络主播的形式,共设八个专题,全部由北京中海义信司法鉴定所的电子数据取证专家授课。电子书司法鉴定专家们借助一个个真实的案例,分享了电子数据伪造与识别,如何确保电子数据的有效性和真实性,以及电子数据的提取与质证等专业知识。

六、商事犯罪研究专委会举办"商·谈"系列讲座

（一）"商·谈"系列第一期讲座

2022年7月2日下午，北京市犯罪学研究会商事犯罪研究专业委员会采用线上腾讯会议形式成功举办"商·谈"系列第一期讲座。专委会邀请大连海事大学法学院敦宁教授做了题为《妨害药品管理罪的教义学思考》的主题报告。讲座由专委会主任、中国政法大学知识产权法研究所副所长、副教授付继存主持。

（二）"商·谈"系列第二期讲座

2022年9月24日下午，北京市犯罪学研究会商事犯罪研究专业委员会采用线上腾讯会议形式成功举办"商·谈"系列第二期讲座。讲座由专委会主任、中国政法大学知识产权法研究所副所长、副教授付继存主持，由专委会秘书长、北京周泰研究院高级研究员薛永奎做了题为《涉私募基金非法集资犯罪辩护实务》的主题报告。

七、企业职务犯罪治理专委会举办"企业职务犯罪治理讲堂"系列讲座

为了更好的围绕企业职务犯罪预防与治理主题，研究企业职务犯罪的原因、特点、规律及趋势，与企业以及法律从业者共同探讨并提升企业职务犯罪治理的能力，企业犯罪治理专业委员会于2022年7月开始，举办"企业职务犯罪治理讲堂"系列直播法律宣传活动。讲堂邀请了北京市相关高校学者、企业管理者、法律实务工作者等，分享企业职务犯罪治理理论研究成果与实务治理经验。

讲座每周开展一次，实行免费线上直播，围绕企业职务犯罪治理主题，每个主题包含40分钟课程，20分钟讨论答疑。直播讲师均是从事企业职务犯罪治理相关研究的高校学者、企业管理者、法律实务工作者等。直播主要市面向北京市犯罪学研究会会员、对企业职务犯罪治理感兴趣的社会各界人士。

八、金融犯罪研究专委会举办"金融学与金融法研究"系列讲座

(一)"金融学与金融法研究"专题讲座第一期

2022年7月16日上午,北京市犯罪学研究会金融犯罪研究专业委员会采取线上和线下相结合的形式顺利举办"金融学与金融法研究"专题讲座第一期。专委会邀请中国人民大学财政与金融学院张俊岩教授做了题为《保险市场与监管》的主题讲座。

在一个小时的讲座中,张教授分三个方面介绍了保险市场的监管情况,对每种监管主要应对的不同情况、解决的不同问题以及在监管过程中可能产生的各种争议进行了详细的分析。讲座中,张教授还用具有一定代表性和知名度的"宝万之争"作为案例,更为细致地讲解了保险资金运用的规则,以及保险监管的重点。最后,张教授呼吁我们应当理解保险规律、遵循规律,依法合规经营。讲座结束后的问答环节,张教授就互联网保险的经营和监管,以及水滴筹等网络互助平台与保险的区别和联系等受到广泛关注的问题进行了分享。

(二)"金融学与金融法研究"专题系列讲座第二期

2022年8月20日,金融犯罪专委会举办"金融学与金融法研究"专题系列讲座第二期。讲座采取线上、线下相结合的方式。专委会邀请法学研究会副会长、中国人民大学金融法研究所所长徐孟洲教授作了题为《保障金融市场运行的我国金融法律体系》的专题讲座。

在两个小时的讲座中,徐教授主要从"金融与金融市场解读""金融法及其体系框架"和"中国金融法律体系的系统化"这三个方面,对我国的金融法体系进行介绍。最后,徐教授结合我国金融立法现状、党的十八大以来我国金融立法的内容特点,以及以民法典的实施为契机的我国金融法律体系的系统化,展望了未来中国《金融法典》的编撰和应用前景。

第四部分:单位会员发展

一、常务理事单位:北京本同律师事务所

北京本同律师事务所设立于北京,是一家以刑事法律、公司法律、金融法律业务为主要领域的精品化、专业化律师事务所。本同律所核心团队成员均毕业于国内外知名大学,并且具有多年司法实务背景。目前,本同律所已与多所知名高校、研究机构建立合作关系,聘请10余位专家、教授担任本同律所顾问,为本同律所的发展提供全面智力支持。

本同律所主要执业领域包括:金融、基金、证券、保险等领域案件代理;公司商事案件代理及日常法律服务;公司反舞弊调查及白领犯罪案件代理;涉互联网犯罪、公职人员犯罪案件代理;商业秘密、著作权、商标权等知识产权案件代理;个人信息保护及数据合规法律服务。

"本同"植根于博大精深的中华传统文化,"本"取自《礼记·大学》中的"物有本末,事有终始","同"来自《周易·同人》中的"天与火,同人,君子以类族辨物"。"本同"意喻本同律师要分析案件的本末始终,辨别事物的差别同异,为客户提供优质、高效、满意的法律服务。

二、常务理事单位:北京中海义信司法鉴定所

北京中海义信信息技术有限公司(简称中海义信)成立于2015年,注册资金5000万元人民币,是一家专门从事电子数据司法鉴定、网络证据取证存证、商业数据保密防护的国家高新技术企业(证书编号:GR201900001182),公司位于北京市海淀区西直门北大街32号枫蓝国际中心B座15层。

中海义信于2016年8月通过北京市司法局审核并颁发《司法鉴定许可证》,成立中海义信司法鉴定所,拥有专业的司法鉴定人团队,建有集电子数据提取、数据恢复、数据分析、数据救援于一体的高科技实验室,并通过国家实验室认证,于2021年1月19日机构业务范围由声像资料鉴定(限电子数据)变更为声像资料鉴定(限于声像资料鉴定、电子数据)。自成立以来,中海义信已完成近万起刑事、民事、行政案件的司法鉴定工作,助力司法机关及行政执法部门

打击违法犯罪。同时,中海义信为企业开展反舞弊反侵权调查提供电子取证技术支持,先后为百度、美团、瓜子、快手、新浪等百余家企业打击侵犯商业秘密、侵犯著作权、黑客入侵、内部员工侵害公司利益等违法犯罪出具司法鉴定意见,助力企业健康可持续发展。

三、常务理事单位:北京市盈科律师事务所

北京市盈科律师事务所是一家全球化法律服务机构,成立于2001年,总部位于中国北京,是联合国南南合作全球智库网络联合创始机构,连续六年蝉联英国律师杂志亚太地区规模最大律师事务所,连续六年蝉联亚洲法律杂志亚洲规模最大律师事务所。

盈科坚持"党建引领,建设全球领先律师事务所",秉承"全球视野、本土智慧",积极应对法律服务市场变化,促进律所稳步发展。盈科在2008年确立了"规模化、专业化、品牌化、国际化"的发展道路;2021年开启"国际化、专业化、数智化、碳中和"高质量发展新阶段。

盈科在中国区拥有107家分所;盈科全球法律服务网络覆盖法国、德国、英国、意大利、瑞士、波兰、新加坡等89个国家的158个国际城市,其中包括美国、澳大利亚、德国、韩国等10个国家的直营分所。在全国层面设立30个专业委员会、20个综合性法律中心,各分所共设立1000余个专业部门,满足客户在各个法律领域、全球范围的法律服务需求。此外,盈科聘请了在国内外法学理论及实务领域享有声誉的多位法学专家担任专家顾问。盈科律师事务所19000余名员工,致力于为客户提供全球商务法律服务,为客户创造价值。盈科成立二十年来,已累计为超过700000家海内外企业提供高度满意的法律服务。

"诚信、卓越、创新、开放、共享"是每一位盈科人恪守的律所文化。未来,盈科还将努力发挥自身商务律师事务所的优势,整合全球资源为客户提供优质、高效的法律服务,让客户满意,建设全球领先律师事务所,为法治中国建设贡献力量。

四、理事单位:北京砥德律师事务所

北京砥德律师事务所是一家在北京注册,为客户提供精品法律服务的律师事务所。砥德所的各位合伙人律师和主办律师均具有良好的法律专业教育背景和丰富的司法工作经验。

砥德律师事务所提供全方位的法律服务,包括刑事诉讼、民商事诉讼、风险防控、仲裁、涉外纠纷的解决、知识产权保护、开发、知识产权及域名的争议解决、外商投资、公司、家事及劳动等。

此外,砥德律师事务所还提供商标、域名注册、版权登记以及知识产权海关备案等法律服务。同时,也为中国企业提供境外知识产权战略规划和知识产权保护的法律咨询服务。

五、理事单位:北京德和衡律师事务所

北京德和衡律师事务所("德和衡")于2010年5月在北京正式成立,是一家秉持"专业、专心、专才、专注"服务理念,致力于打造"为上市公司服务,为公司上市服务"品牌的专业型律师事务所。

经过十余年的跨越式发展,德和衡已经成长为一家专业化、规范化、国际化、品牌化的律师事务所,在国内主要城市拥有28家分支律所,并在香港、华盛顿、莫斯科、多伦多、新加坡、东京等地设有境外分支机构和代表处,是中国最具规模和品牌影响力的综合性商务型律师事务所之一。

德和衡积极参与各类法律援助和公益法律服务工作,并于2021年成立公共法律服务中心,旨在向客户提供亟需的法律帮助,为营造尊法、学法、守法、用法的良好社会氛围贡献力量。德和衡凭借在公共法律服务领域的杰出表现,荣获《商法》2021年度卓越公益律所大奖。

第五部分:结语

一年多来,北京市犯罪学研究会在市法学会领导下,在全体会员共同努力下,在繁荣首都犯罪学研究,推动首都犯罪治理方面做出了一定的成绩。但回望过去,我们的工作还存在很多不足,研究会的规范化建设程度离兄弟学会还存在较大差距,服务会员的能力也有待提升,学术研究的深度和广度还有待进一步拓展,研究会的很多愿景和设想还有待落地。时至党的二十大召开之际,研究会将在新的征程中始终以习近平新时代中国特色社会主义思想为引领,努力践行习近平法治思想,以更大的热情积极推动首都犯罪学研究再上新台阶。

企业合规

企业合规视角下单位意志的认定逻辑

张伟珂[*]

摘要：在判断单位意志时，应当建立以财产独立为基础，以单位决策机制为依托，以推定单位意思为优先的判断逻辑。在确定财产独立的基础上，应当通过行为人实施行为是否经过单位章程、企业制度等规定的决策机制的授权来确定是否存在单位意志。如果能够证明单位成员行为违反了单位章程或者缺少单位的明确授权，则应认定为自然人意志。

关键词：企业合规；单位意志；单位犯罪

刑法第 30 条虽然明文规定了单位犯罪的成立范围，但是缺乏对单位犯罪构成要件的具体描述，甚至在某种程度上，可以说只是对单位犯罪主体的法定化，因此，在学理上，关于单位犯罪的构成特征有诸多论述，尤其是在企业合规理论与实践不断发展的情况下，如何将企业合规内化于单位犯罪的构成特征之中，推进合规激励机制的实体法发展，成为理论研究的焦点之一。其中争议比较大的就是单位意志的定位问题。因为随着企业合规理论的发展，不少学者提出这样的主张，即企业事前的合规管理，表明了企业对违法犯罪行为的否定性意志，企业成员（高管人员）一旦背离合规要求，其实施的违法犯罪行为无法体现企业的意志，不能归属于企业，只能归责于行为人自己，故合规能够成为刑法

---

[*] 张伟珂，中国人民公安大学法学院院长助理、副教授、博士生导师。

上阻却企业犯罪成立的事由。[1] 这样一来,以单位意志为媒介,建立了企业合规与单位犯罪认定的逻辑关系。鉴于此,本文从企业合规的角度对单位意志的认定逻辑进行分析。

一、司法解释中单位意志的评价逻辑

刑法理论通常认为,"只有体现了单位意志的单位成员实施的犯罪行为,才能被认定为单位犯罪;没有体现单位意志的单位成员实施的犯罪行为,只能被认定为单位成员的个人犯罪,与单位无关",[2]由此确立了单位犯罪中单位意志和单位主体的二元特征体系。然而,在这一问题上,司法解释并没有从正面描述单位犯罪的构成特征,由此导致该如何理解单位意志的独立性存在诸多争议。

(一)司法解释中单位犯罪解释规则的逻辑解构

由于刑法中单位犯罪构成特征较为模糊,1999 年 7 月 3 日起施行《最高人民法院关于审理单位犯罪案件具体应用法律有关问题的解释》(以下简称"解释")第 3 条明确了两种"挂羊头卖狗肉"不以单位犯罪认定的两种情形,即"个人为进行违法犯罪活动而设立的公司、企业、事业单位实施犯罪的,或者公司、企业、事业单位设立后,以实施犯罪为主要活动的,不以单位犯罪论处";"盗用单位名义实施犯罪,违法所得由实施犯罪的个人私分的,依照刑法有关自然人犯罪的规定定罪处罚"。上述解释通过反向排除法一定程度上解决了单位犯罪的成立范围,但其"个人利益"为核心的判断方式,也给司法实践带来了一些问题。即在以单位名义实施的不法行为中,利益归于个人或者单位,并非总有清晰的界限,比如在商业贿赂中,往往是自然人和单位同时从贿赂行为中获利。这种情况下,如何确定单位犯罪将存在一定的困难。可以说,这种认定模式直接否认了单位具有独立的犯罪意图,将自然人责任与单位责任相混淆。[3] 也正是在这个层面上,有观点认为,司法实践中对单位犯罪特征的界定,采取相当务

---

[1] 孙国祥. 企业合规改革实践的观察与思考[J],中国刑事法杂志,2021(5).
[2] 《刑法学》编写组. 刑法学(上册·总论)[M]. 高等教育出版社,2019:160.
[3] 徐鹏博、黎宏. 美国法人犯罪刑事责任的认定及其启示[J]. 人民检察,2017(19).

实且粗疏的判断方式,这也是造成目前实践中认定单位犯罪过于宽泛。①

比较而言,2017年6月2日最高人民检察院印发的《关于办理涉互联网金融犯罪案件有关问题座谈会纪要》(以下简称《互联网金融纪要》)则体现了单位意志的色彩;建立了单位犯罪的正向判断标准。《互联网金融纪要》指出在涉互联网金融犯罪所涉罪名中,同时具备以下情形且具有独立法人资格的单位,可以以单位犯罪追究:(1)犯罪活动经单位决策实施;(2)单位的员工主要按照单位的决策实施具体犯罪活动;(3)违法所得归单位所有,经单位决策使用,收益亦归单位所有。可以说,《互联网金融纪要》以单位决策代替单位名义,在单位收益、单位主体的基础上,增加了单位意志这一特征,构建了三特征体系。因此,这种做法在凸显单位意志独立性的同时,依然强调违法所得归单位所有的做法,表明其仍是以利益归属作为评价的落脚点。这也决定其固然在金融犯罪领域有一定的正当性,但将其适用于所有犯罪中则未必合适。因为在单位决策的场合,行为人依单位决策而实施的不法行为,即便没有违法所得,或者违法所得不归属单位,只要行为不违背单位决策的内容,依然可以认定单位犯罪,单位意志才是认定的核心要素。②

(二)司法解释中单位犯罪解释规则的规范评述

现行司法解释从正反两个方面确定了单位犯罪的认定标准。从形式来说,"三特征"的归纳保持了其与自然人犯罪构成特征的一致性,维持了犯罪构成作为犯罪成立唯一标准的统一地位。但是,这一标准也存在着规范性问题。

首先,以单位决策指代单位意志,难以充分表明单位意志的完整内涵。意志是人自觉确定行为目标,并有意识地调节支配行为从而实现上述目标的心理倾向。客观而言,意志是对人的特有评价,在规范层面上,单位是否具有类似于人的意志也备受争议。但从司法解释的立场来看,其强调单位决策在犯罪成立中的地位,实际上突出了单位决策背后的意志独立性,这也恰恰是其体现犯罪构成原理的关键所在。但是,单位决策不同于单位意志,前者只是呈现单位意志的最直接形式,但是随着现代企业集团的发展和公司治理结构的复杂化,诸

---

① 时延安. 合规计划实施与单位的刑事归责[J]. 法学杂志,2019(9).
② 黎宏. 单位犯罪中单位意思的界定[J]. 法学,2013(12).

多事项未必都会以单位决策的形式体现出来,而往往是由具有特定职位或者授权的人、部门自主实施的,这种情况,难以称之为单位决策的存在。因此,将单位决策作为单位意志的内涵,势必导致那些没有经过单位决策程序的事项,难以被认定为单位意志,不当限制后者的成立范围,这是不妥当的。

其次,把单位决策贯穿行为始终,难以充分表明单位意志的独立价值。按照刑法的通行理论,意志是刑法中不法行为的内在因素,以此区别无意识的行为。相应的,在单位犯罪,行为依然是犯罪成立的关键要素,而支配行为的是单位意志还是个人意志,就成为犯罪成立的决定性因素。就此而言,只需确定支配行为的意志因素即可,而不需要考察行为之外其他客观要素是否受制于单位意志。然而,按照《互联网金融纪要》确立的三个特征,每一个特征都和单位决策有直接关系,后者不仅支配着整个犯罪活动,而且支配员工行为,甚至违法所得的控制也得符合单位决策。上述三个条件缺一都否定单位犯罪的成立。事实上,只要能够证明员工行为是按照单位决策实施,或者犯罪活动是单位决策的,就已经完成了犯罪行为或者成员行为归属于单位意志的判断,就可以认定其成立单位犯罪。但是,上述"三位一体"做法等于把单位意志与行为、结果绑在了一起,从而使前者在犯罪构成中失去了独立性。

最后,以单位决策确定单位责任,容易混淆单位与个人责任的差异性。事实上,单位决策只是一种工作程序或者形式,如果将单位决策作为单位犯罪的基本条件,就会导致单位责任与单位成员责任的界限不清。应当说明的是,单位意志,主要指的是单位实施犯罪行为的意志,从而区别于单位成员。在单位意志的判断上,单位决策程序只是其中的一个判断要素,司法裁判在这一点之外,还会考虑单位集体作出的决策是否在业务范围内等单位自身的其他要素[①]。如果单位决策超出了单位的正常业务范围,且为单位所严格禁止,则不排除将该决策及其支配的行为归属于单位成员的可能性。因此,单位决策并非判断单位意志充分必要条件,如果忽视单位决策的实质性内容,就可能将单位领导的个人行为作为单位行为来评价,从而混淆不同的责任类型。

基于上述分析,从单位犯罪成立的标准来说,应当赋予单位意志的独立价值,并建立适合企业发展的评价机制,从而准确设定单位犯罪的成立范围。

---

① 黎宏. 组织体刑事责任论及其应用[J]. 法学研究,2020(2).

二、企业合规与单位意志的独立地位

合规制度的发展,使单位意志的独立价值进一步凸显出来。由于现有的单位归责原则是以自然人存在犯罪行为和犯罪意图为前提的,几乎不承认单位的独立行为和独立意志。因此,企业纵然建立了有效的合规体系,司法机关一般也难以将其视为单位主观意志的体系。① 也正是对单位犯罪司法评价规则的反思,有观点认为,严格责任的缺失,即便企业建立了合规计划,也难以成为无罪抗辩的理由,更无法因此免除刑事责任。因为检察机关既难以根据企业员工的不法行为来推定企业构成犯罪,也无法赋予企业根据建立有效合规计划来进行积极抗辩的机会。②

(一)承认单位意志独立性是推动企业合规前提

一个建立有效合规计划的企业,可以在企业与员工、客户、第三方商业伙伴和被并购企业之间,建立起风险转移和责任切割的机制,避免企业因为上述关联人员存在违法犯罪行为而承担连带责任。③ 这是企业合规的重要实践价值,也是作为督促企业建立有效合规计划在刑事层面的激励效果。在实体法层面上,合规之所以能够对客观评价企业责任提供依据,原因在于,实施合规体系是体现企业尽到管理责任和注意义务的重要根据,内部人员的犯罪行为超出了企业的授权或者授意,其主观意志不能等同于企业自身的主观意志④。由此看来,企业采取合规建设目的之一,就是为了在违法犯罪行为发生以后,能够将单位责任与成员责任区分开来,否则,将单位成员以单位名义实施的任何行为一概归于单位,则显然忽略了单位作为独立法人主体的特殊存在。可以说,单位具有独立于单位成员的特有意志,是企业合规理论得以推广的前提,这样即便其单位行为必然依赖于个人行为,但主观意志层面依然具有显著的独立性,在理

---

① 卢建平、杨昕宇.法人犯罪的刑事责任理论——英美法系与大陆法系的比较[J].浙江学刊,2004(3).
② 陈瑞华.企业合规基本理论[M].法律出版社,2020:64.
③ 陈瑞华.论企业合规的基本价值[J].法学论坛,2021(11).
④ 陈瑞华.企业合规出罪的三种模式[J].比较法研究,2021(3).

论上,有学者将此称之为"企业独立意志理论"。①

当然,由于单位意志本身仍然是主观范畴,因此,存在难以证明的司法特性,在很大程度上必须依附于诸多客观事实的判断。这样一来,也有观点认为是否有必要承认单位意志的存在是值得讨论的。因为对所谓"单位"意志要件的判断,仍要继续还原到客观面上;对单位的"罪过",也无法用推定方式加以证明,因为本来就不存在脱离于自然人的单位的罪过。在这种情形下,实事求是地放弃对虚构的、单位意志的执着,从客观上建立刑事归责理论,才是更为可取且明智的选择。② 上述观点看似合理,但颇值得商榷。所谓单位意志,一般来说,可以解释为由单位的法定代表人、主要负责人、主管人员和其他直接人员的个人意志,经过一定法定程序上升而成的意志,是一种整体意志,不同于单位人员的个人意志。③ 因此,单位意志的判断并非无源之水,仍有其可以遵循的客观逻辑,比如通过单位决策过程及结果、单位章程等予以判断。更重要的是,单位意志是单位作为独立法人的直接体现,如果单位不具有独立意志,那么以法人名义作出的行为,又是体现谁的意志?不能一概认定为单位成员的意志。对此,下文将做讲述。其实,作为犯罪预防的组织性措施,合规计划代表着单位对违规行为的态度及其履行监管义务的方式,而其实质上是单位意志的内涵判断。也正是基于此,才能将合规作为区分开自然人行为与单位行为,甚至否定单位行为的重要因素。④

(二)单位意志独立评价不依赖严格责任制度

有观点认为,按照企业合规思路去改革我国的单位犯罪评价机制,必须承认单位意志的独立性,并在此基础上实行严格责任制度,从而将企业合规确立为无罪抗辩事由和法定的减轻处罚条件事由。⑤ 笔者认为,对此应当慎重考虑,两者之间并无必然联系。在犯罪中适用严格责任,是英美法系国家政府强化社会管理而衍生出的责任类型。支持这一责任类型的观点主要是基于预防公共

---

① 陈瑞华. 企业合规出罪的三种模式[J]. 比较法研究,2021(3).
② 时延安. 合规计划实施与单位的刑事归责[J]. 法学杂志,2019(9).
③ 黎宏. 合规计划与企业刑事责任[J]. 法学杂志,2019(9).
④ 李本灿. 我国企业合规研究的阶段性梳理与反思[J]. 华东政法大学学报,2021(4).
⑤ 陈瑞华. 企业合规基本理论[M]. 法律出版社,2020:72.

福利犯罪与提高诉讼效率的考量，督促从业者最大可能尽到自己的注意义务，从而实现犯罪预防与威慑功能。因此，严格责任犯罪中，成立犯罪不需要行为人对其行为具有犯意。也恰恰是因为该责任类型不要求犯罪的主观心态，所以有观点认为严格责任违背了刑罚目的，从而提出了诸如以过错推定代替严格责任等多种观点。① 对于严格责任的主张，鉴于刑法总则之规定，当下并无适用之空间；即便将来修订刑法设定严格责任，其适用犯罪也应当有所限制，而不考虑行为类型在单位犯罪设定严格责任的主张必然导致刑事犯罪行政化，扩大犯罪成立范围，使单位背上"犯罪"的恶名。

当然，笔者注意到，前述论者主张在承认单位意志条件下建立的"严格责任"，实非我们通常意义上的严格责任，因为其限定为"只要一个商业组织的内部员工或者高级管理人员实施了犯罪行为，那么，检控机构不需要承担证明责任，而可以直接推定该商业组织构成该项犯罪，或者推定其存在一种新的过失犯罪行为。而商业组织要推翻这种严格责任，就需要承担证明责任，证明自己已经制定了旨在预防员工犯罪行为发生的合规管理机制。由此，后者成为一项切割企业责任的无罪抗辩事由"。② 以其所言，这实为一种过错推定责任，毕竟其只是降低了控方的证明责任，在客观事实发生以后直接推定单位存在过错——这也是建立在实施行为的人员系单位成员的前提下，而非不要求单位具有任何过错即可以成立犯罪。从这个角度讲，该论者所谓的严格责任，绝非如其所言与主客观相一致原则系传统与落后的关系，相反，前者仍然在后者的规范体系中，是建立单位独立意志的条件下，只不过加重了商业组织的证明负担而已。当然，该论者之所以主张适用严格责任，是因为在这种情况下，企业只要建立了有效的合规计划，就可以承担证明自身不存在过错的证明责任，从而成功地进行无罪抗辩。③ 客观而言，这一初衷是好的，但是在单位罪过评价中强化企业合规的作用，并不依赖于过错推定责任，更与严格责任无必然联系。单位意志的独立评价，意味着单位具有区别于自然人的主观意识，这种意志表现在单位的日常管理、机制、制度甚至学者们常提到的企业文化等范畴，当然也包括

---

① 江溯. 美国判例刑法[M]. 北京大学出版社,2021:141.
② 陈瑞华. 企业合规基本理论[M]. 法律出版社,2020:216.
③ 陈瑞华. 企业合规基本理论[M]. 法律出版社,2020:204.

针对具体企业行为而运行的企业决策机制。某一行为是否系单位意志的产物，是否能够体现单位本身的过错，应当系证明单位犯罪过程中必须予以证实的内容，也是可以证实的内容。既往以单位成员的行为来确定单位犯罪的做法，并不是忽略了单位罪过是犯罪成立的必备要素，也不是不允许单位主体进行反驳，而是因司法解释采取了类型描述的方式，而这种范式又带有鲜明的同一性理论或者替代责任的色彩，从而掩盖了单位意志的独立性，进而影响其在犯罪认定的作用，直到企业合规成为实践热点，方将这一问题彻底暴露出来。

三、企业合规与单位意志的判断路径

有观点认为，从实体法的角度讲，企业合规是单位刑事责任认定的核心要素。① 这一观点为合规探索与刑法的量刑互动提供了良好视角，但也有夸大企业合规价值之嫌。毕竟，在当下乃至可预期的时间内，开展企业合规的企业在中国仍不算上多数，更遑论此次改革探索之前的中国市场。因此，企业合规只是我们判断单位意志的一个很好的视角，但不能成为责任认定的核心，否则，没有合规机制的情况下难免一概将以单位名义的行为都认定为单位意志支配下的单位行为。

（一）单位意志的判断以单位人格独立为基本前提

单位的独立人格是确定单位意志的前提。按照现代公司法上的理解，公司人格，是指公司与其社员互为独立的法律主体，公司作为团体可以在"公司"的名义下享有权利、承担义务，而公司的财产和债务都不会直接归属于公司的社员或公司的代表人。② 在这一理论下，以公司为代表的单位和成员之间的人格是相互独立的，公司是具有独立人格的组织体，具有相应的意志和意识。当然，这里的意志不同于个人意志，但又与个人意志具有密切联系。（1）单位意志具有依赖性。因为作为单位成员的单个或者数个自然人的意志的存在，单位才有了具备意志的基础或曰可能。③ （2）单位意志具有独立性。单位是有别于其组

---

① 李本灿．我国企业合规研究的阶段性梳理与反思[J]．华东政法大学学报，2021(4)．
② 徐强胜．我国公司人格的基本制度再造——以公司资本制度与董事会地位为核心[J]．环球法律评论，2020(3)．
③ 冯钰．法人概念论[M]．法律出版社，2021：153．

成人员个人的独立存在,单位的构成人员会发生进入退出、职位升降等变化,但组织体会一直存在。新加入单位的人,被单位的氛围所同化,会按照单位先入职成员的行为方式行事,或者事实上被强制如此行动。[①] (3)单位意志具有间接性。单位是否获得以及何时获得自身的自由、具有自身的独立意志,无法从组织本身加以观察,能够观察的只有组织内个人的行为模式,观察组织的目标、秩序、文化能否成为解释组织中个人的行为的依据。[②] 以上述分析为基础,如果某一单位虽然形式上符合单位的特征,但实质上并不具有独立人格,则即便以单位名义开展的对外行为也不能称之为单位行为,因为不存在单位意志,其行为仍然是单位成员的个人行为。所以在确定单位意志之前,单位人格判断具有优先性。

财产单独是确定单位人格独立的关键。这一点,在公司治理中更为突出。"财产独立"是公司人格的核心要素,指公司不仅能够以自己的名义对外签订合同,更重要的是能够拥有独立的财产,并可以将这些财产独立地向公司债权人提供担保。[③] 以公司为代表的现代企业能够以有限责任的方式区分单位与单位成员的责任范围的原因,与企业财产的独立性密不可分。企业的独立性很大程度上体现了企业财产的独立性,企业独立财产也就成为企业这种组织从自然人的不自由中获得自身自由的"定在",这种财产的独立性,使企业所有者不能像支配自己的个人财产那样支配企业的财产,从而使企业意志具有独立表达的物质基础。[④] 当然,财产对于单位之价值,不止于公司领域,虽然说如果公司没有独立的财产,即单位财产与单位成员的财产混同。基于这一逻辑,在单位财产完全独立的情况下,在存在独立的单位人格的情况下,进而判断某一行为是否系单位意志支配;当单位财产并不独立,甚至完全混同于单位成员的财产,则应当否定单位人格,进而否定单位意志,将以单位名义而实施的行为统一评价为自然人行为。

[①] 黎宏. 组织体刑事责任论及其应用[J]. 法学研究,2020(2).
[②] 冯钰. 法人概念论[M]. 法律出版社,2021:153.
[③] 徐强胜. 我国公司人格的基本制度再造——以公司资本制度与董事会地位为核心[J]. 环球法律评论,2020(3).
[④] 冯钰. 法人概念论[M]. 法律出版社,2021:141-151.

(二)合规计划是确定单位意志的重要因素

合规计划的有效性对于确定单位是否存在犯罪意志而言具有重要作用,单位严格按照合规计划的要求参与犯罪防控、内部检控与配合调查时,往往能够表明企业对于犯罪行为的排除心理,也就表明企业本身具有一定的效果。相应的,当企业通过法定决策机制但采取了不法行为时,也就表明合规计划并没有发挥相应的作用,这种情况下,企业合规自然不能发挥排除犯罪意志的作用。也正是在这个意义上,我们可以说,企业未涉案时"有效合规"通常表现为静态的、存在于纸面上的合规计划,即满足形式要求的合规计划。而企业涉案处理过程中往往考虑的是动态的有效合规计划,即该计划是否发挥了发现犯罪和调查犯罪的作用。[①] 一旦确定合规计划在单位成员实施不法行为前以及发现不法行为后发挥了相应的作用,就可以确定单位意志中不具有犯罪的意图。

有观点认为,在刑法承认单位犯罪的情况下,有必要在自然人犯罪论体系之外构造相对独立的单位犯罪论体系。合规计划的理论与实践为构造独立于自然人犯罪的单位犯罪论体系提供了一个相对较新的思路。[②] 笔者认为,这一观点是值得商榷的。犯罪构成是犯罪认定的唯一标准,所以企业合规能够在实体法层面出罪,也就表明企业合规仍然是在犯罪构成体系内发挥作用的,而非独立之外。从逻辑上讲,不符合犯罪构成的任何一个要素都可以出罪。但是从实践层面上,更多的焦点集中于单位责任与个人责任的区分,当然,更进一步细化单位行为还是个人行为,单位意志还是个人意志。而不管如何这个问题都涉及到单位是一个什么样的存在,在不同责任类型下如何理解的问题。企业合规在实体法层面如何出罪实际上也涉及这个单位本身的定位问题。具体而言,企业合规的有效性表明了企业本身的独立人格,也是判断单位成员实施的不法行为是否可以确定属于单位意志支配的结果;当企业以有效的合规计划来表明对不法行为的排除时,说明单位意志绝不是犯罪意志,进而认定其不符合犯罪主观条件(至少阻却故意)。可以说,将刑事合规作为企业犯罪的出罪事由与我国刑事立法并不存在冲突。

[①] 李玉华. 有效刑事合规的基本标准[J]. 中国刑事法杂志,2021(1).
[②] 时延安. 合规计划实施与单位的刑事归责[J]. 法学杂志,2019(9).

(三)企业合规缺失背景下单位意志的判断

客观而言,当下我国大多数企业都未建立规范意义上的企业合规制度,更遑论有效的合规计划。那么,在未开展企业合规管理的单位中,单位意志的判断,就需要在合规计划外建立单独的评价机制。

笔者认为,在判断单位意志时,应当建立以财产独立为基础,以单位决策机制为依托,以推定单位意思优先的判断逻辑。以企业为例,企业秩序和文化的形成需要时间,但是企业财产的独立对于企业秩序的形成提出了迫切要求。企业的独立财产催生了支配财产的企业意思,反过来,即便企业内部机构再完善、决策机制再复杂,若没有独立的财产,也必定受制于实际掌握了企业生存资源的个人或者其他组织,毫无独立性可言。① 在这种情况下,如前文所述,只有企业财产与个人财产有良好的区分,才存在评价单位意志的规范基础,否则可以参照公司人格否认理论,直接认定为自然人意志。在确定财产独立的基础上,应当通过行为人实施行为是否经过单位章程、企业制度等规定的决策机制的授权来确定是否存在单位意志。如果能够证明单位成员行为违反了单位章程或者缺少单位的明确授权,则应认定为自然人行为。因为在一个规范的单位体系中,一定存在合乎经营规范的企业秩序。在这一点上,组织机构和组织决策机制仅仅是组织秩序这一实质内容的形式,组织秩序更具根本性,不能想当然地认为,仅采取某种特殊的决策机制、设定了某种特定类型的组织机构的组织,才可能拥有独立意志。对于灵活的中小企业而言,尤其如此。② 这也决定了,在单位成员以单位名义实施不法行为以后,不管单位是否获得收益,原则上应当推定符合单位意志,但同时应当允许企业主体反驳单位成员的行为符合单位决策或者获得单位高层授权。之所以提出先单位后自然人,是因为在证明自然人行为是否获得单位授权或者依照单位决策实施行为问题,单位具有更强大的证明能力,也有道德上的证明义务,即证明自己曾经对员工行为有很好的约束、监督和指引,曾经在公司治理结果与风向防范上付出过真诚的努力,换言之,这也有助于企业建立良好的风险防控机制。正如有观点所提到的,对单位进行归责,

---

① 冯钰. 法人概念论[M]. 法律出版社,2021:156.
② 冯钰. 法人概念论[M]. 法律出版社,2021:155.

其前提是单位违反了特定义务,否则,即便有人以单位名义或者利用单位从事犯罪活动,也不能将该危害结果归责于单位。单位犯罪的归责基础是单位内部治理或经营结构导致危害行为发生。能否将与单位有关联的危害结果归责于该单位,就要看这一危害结果是否为该单位内部治理结构和经营方式的"产物"。[①]

[①] 时延安. 合规计划实施与单位的刑事归责[J]. 法学杂志,2019(9).

检察机关涉案企业合规问题研究

万其明　计金娣[*]

摘要：2020年3月以来，最高人民检察院开展"企业犯罪相对不诉适用机制改革"，这一改革探索顺应了我国近期加强民营企业保护的发展趋势，体现了从源头上治理企业违法犯罪的理念，为下一步立法完善积累实践经验。但是，企业合规改革在实践中还存在一些问题，如何应对一些制度上的挑战和难题，尚需要我们进一步集思广益、凝聚共识。

关键词：检察；企业合规；改革

一、理论前提：厘清企业合规的基本内涵及制度价值

（一）企业合规的基本内涵

合规是一个舶来词，英文是compliance，就是合乎规定、遵守法律规则的意思，约定俗成地翻译成"合规"。合规本质上是一个公司为防控合规风险所采取的治理结构和治理体系。合规的主要功能是防控法律风险，避免因被剥夺资格、遭受严厉处罚而带来灭顶之灾，保持企业的可持续发展。但是，仅依靠企业自身的力量，即便建立了最完善的合规管理体系，它也是没办法自己主动运

---

[*] 万其明，安徽省淮南市人民检察院研究室检察官助理，法律硕士；计金娣，安徽省淮南市谢家集区人民检察院检察长。

转的。①

企业合规,就是企业及其员工的经营管理行为要符合国家法律、行政法规、国际条约、行业准则、商业道德以及企业内部的管理制度。② 刑事合规是企业合规的一个组成部分,主要是指企业内部防范刑事法律风险的规则和机制。合规的内容可以分为三个层次:一是国家层面的规则,包括国家的法律和国家间的条约;二是社会层面的规则,主要是行业规则、商业惯例以及商业道德等;三是企业层面的规则,即企业内部的规章制度、管理制度。企业合规是企业内部控制和自我约束的一种机制。它既是一个管理过程,也是一种管理结果。从国家治理、社会治理和企业交往等外部视角来看,企业合规是国家机关、行业组织介入和推动企业自治一个重要抓手,也是交易相关方评价对方企业信誉的重要标准。③

(二)合规在检察职能改革定位中的价值

一是将之视为拓展检察机关服务经济社会、发展履职空间的重要途径。受主客观因素制约,检察机关在刑事检察办案工作中,服务保障市场主体的可用手段和可施展的空间一直非常有限。合规工作制度的构建给了检察机关一次很好的破题契机,通过丰富检察机关的职能手段,使法律监督职能有效延伸至更深层次的社会经济生活领域,进而更好地拓展了检察机关服务国家经济社会发展的空间。二是将之视为创新司法体系治理涉企犯罪的重要模式。在开展合规工作过程中,要坚决摒弃以追究个人犯罪刑事责任的思维模式来处理企业犯罪,要以构建涉企案件治理新模式为导向,坚持"惩""治"并重、以"治"为主的方针开展企业合规工作。三是将之视为有效助力企业实现"司法康复"的重要举措。企业合规本质是"司法康复"制度,是检察机关综合运用司法政策,创新司法手段,对涉罪企业的司法科学诊疗,让带病企业通过合规建设,实现"司法康复""企业更生",重新焕发经营活力,而非为不法企业的出罪寻找借口或理由。④

---

① 潘云,杨春雨,季吉如.检察视角下的企业刑事合规建设[J].中国检察官,2020(11).
② 陈瑞华.企业合规不起诉制度研究[J].中国刑事法杂志,2021(1).
③ 关仕新,陈章,张宁.以检察履职助力构建企业合规制度[N].检察日报 2021-3-1(3).
④ 胡东林,赵宝琦.推进企业合规工作应重点把握三个维度[N].检察日报,2021-5-19(3).

二、逻辑起点：企业合规改革对企业的诉讼激励

（一）以合规作为不起诉的根据

在司法实践中，确实建立了合规计划并具有保障合规计划有效运行机制的，检察机关对于涉案企业，可以结合犯罪的严重程度和危害后果，根据社会公共利益和司法利益的需要，作出不起诉的决定。

（二）以合规作为寻求无罪抗辩的理由

在法定例外情形下，涉案企业可以将合规作为无罪抗辩的事由。即指在为企业建立严格责任的情况下，允许企业以建立有效合规计划为理由，提出无罪抗辩，从而将推定性的刑事责任予以推翻。由此，合规就有可能成为企业寻求无罪抗辩的法定事由。

（三）以合规换取减免刑罚

法院在对涉嫌犯罪的企业定罪后，将企业建立合规计划作为一种重要的量刑情节，并以此为依据，可以对企业作出较大幅度的减轻处罚。以合规换取减轻刑罚的做法又被称为量刑激励。企业合规可以成为重要的从轻量刑情节。[1]

（四）将合规作为签署暂缓起诉协议和撤销起诉的依据

暂缓起诉协议是检察机关与涉嫌犯罪的企业通过协商所达成的一种附条件不起诉协议。检察机关设置一定的考验期，企业在考验期内要缴纳高额罚款，建立或完善合规计划，接受检察机关派驻的合规监察官，定期向检察机关报告，建立完善合规计划的进展情况考验期结束后，对于认真履行协议的涉案企业，可以撤销起诉，涉案企业由此避免被定罪判刑。

（五）通过合规风险信息披露换取减少罚金甚至不起诉

企业在面对调查时，如主动披露其违法违规行为，进行全面合作，对其违法

---

[1] 陈瑞华. 刑事诉讼的合规激励模式[J]. 中国法学, 2020(6).

违规行为进行补救的,检察机关可以将其建议的罚金数额大幅度降低,甚至作出不起诉的决定。①

三、逻辑中心:检察环节企业合规改革中的重点难点问题

(一)合规考察的期限过于短暂

在合规考察期的设置上,受现行刑事诉讼法审查起诉期限的限制,检察机关通常设置为六个月到一年的考察期,对企业进行合规考察的期限过于短暂,难以起到有效合规整改的效果。

(二)企业合规的适用范围没有确定

企业合规不起诉究竟是适用于中小微企业,还是大型企业集团,还是两者都适用。

(三)企业与直接责任人员责任难以区分

如何将企业责任与直接责任人员的责任加以分离,是合规不起诉改革的头号难题。目前,适用对象局限在可能被判处三年以下有期徒刑的单位犯罪案件。而对于那些较为重大的单位犯罪案件,检察机关则往往倾向于对单位和直接责任人员提起公诉,且最多对单位作出宽大刑事处理,对直接责任人员则提出诸如适用缓刑等方面的量刑建议。这种将企业责任与直接责任人员的责任"捆绑在一起"的做法,难以为企业提供足够大的合规激励,也难以落实"放过企业,但严惩责任人"的合规理念。

(四)合规监管人的选任存有争议

一些检察机关对律师、会计师、审计师、税务师、工程技术人员等独立专业人士,表现出不同程度的不信任,而对行政监管人员却似乎过于偏爱,使得合规监管人制度的探索步履维艰。

---

① 陈瑞华. 企业合规制度的三个维度[J]. 比较法研究,2019(3).

（五）难以预防政府合规官的腐败

任何公权力介入企业经济活动的情形，都不可避免地创造"寻租空间"。附条件不起诉制度附随带来腐败风险，政府合规官进行监督过程中，企业为摆脱被起诉，就可能进行某种幕后交易。

（六）第三方独立监管人员费用无法保障

为了落实对企业制定合规计划以及监管要求，检察机关尝试建立第三方合规监管机构，主要由合规专业人员、律师等构成，这对于解决刑事合规的专业化问题大有裨益，但也产生疑问：第三方作为合规监管机构的资金来源是什么？这需要检察机关提供答案。

四、逻辑终点：以习近平法治思想为指导思想，推动企业合规改革

企业合规改革试点，是检察机关在办案过程中创新服务经济社会发展的改革举措，合规试点中，要用好合规改革试点中正反两方面经验，探索建立"检察主导、各方参与、客观中立、强化监督"的第三方监督评估机制。[1]

（一）准确把握合规改革的内涵

2018年11月、2020年7月，党中央先后两次召开企业家座谈会，服务保障民营经济决不能搞"一阵风""走过场"，只有坚持对各类市场主体真"严管"、真"厚爱"，紧密结合司法办案引导各类市场主体走上合法合规经营的发展正道、坦途，才能做到持之以恒、久久为功。[2] 企业合规改革试点是检察工作的改革创新，但不能随意突破法律。第三方机制的运行应当在法律规定的框架内与不批准逮捕、不起诉、变更强制措施等检察机关依法作出的决定相结合，进而提出宽缓的量刑建议、检察建议、检察意见。[3]

---

[1] 张军：《推进企业合规改革试点努力营造法治化营商环境》，2021年4月21日至22日张军检察长在山东调研时的讲话。

[2] 杨春雷：《关于建立涉案企业合规第三方监督评估机制的指导意见（试行）》新闻发布稿，2021年6月。

[3] 马博贤. 加强制度体系建设推进企业合规经营[J]. 中外企业家，2019(17).

(二)确立合适的合规考察期

检察机关所提出的合规整改方案,意味着对企业经营方式和商业模式的实质性改造,也具有"消除企业犯罪基因"的性质。要对涉嫌犯罪的企业进行合规整改,使其消除那些容易导致犯罪发生的管理制度和文化基因,更需要投入足够多的时间。检察机关应当确立一年以上、三年以下的合规考察期。

(三)扩大企业合规适用范围

据2022年7月7日晚间消息,滴滴官网已下架"滴滴出行"app。尽管"滴滴出行"app实际收集的用户数据类型、收集手段以及使用领域、使用方式等细节尚未公开,但不难看到国家对信息密集型企业愈发严格的监管趋势,同时也对未来的企业数据合规工作带来了一定的启示。滴滴app下架问题,说明不仅是中小企业,大企业更需要合规监管。因此应该扩大企业合规的适用范围。对于大型企业,适用企业合规不起诉,可以加强内部监管、预防犯罪;对于中小微企业,适用合规不起诉的空间不大,可以适用于情节轻微的企业犯罪案件。[1]

(四)将企业与直接人员的责任分离开来

未来,检察机关需要转变观念,将企业责任与直接责任人员的责任加以分离。无论是轻微单位犯罪案件,还是重大单位犯罪案件,只要不属于那种由单位集体决策实施的"系统性单位犯罪案件",检察机关就可以对企业适用合规考察制度,并对成功实施合规整改的企业作出不起诉的决定。但与此同时,对于那些可能被判处三年有期徒刑以上刑罚的直接责任人员,在没有法定减轻处罚情节的情况下,检察机关仍然应当提起公诉。唯有将企业责任与直接责任人员责任加以分离,检察机关在合规不起诉改革方面的探索,才能获得更大的空间。

(五)对合规监管人选任加强监管设计

人民检察院经审查认为涉企犯罪案件符合第三方机制适用条件的,可以商请本地区第三方机制管委会启动第三方机制。未来,可以考虑在一个省市范围

---

[1] 陈瑞华.企业合规出罪的三种模式[J].比较法研究,2021(3).

内建立合规监管人名录制度,"专业人员名录库"设定入库评选标准,入库评选程序,从律师、会计师、审计师、税务师、工程技术人员中遴选出有资格的合规监管人,将其纳入统一的合规监管人名录。第三方机制管委会应当根据案件具体情况以及涉案企业类型,从专业人员名录库中分类随机抽取人员组成第三方组织,并向社会公示。①对第三方组织组成人员有异议的,第三方机制管委会应当去调查并根据调查情况做出是否改变。合规监管人在履行职责期间,不得违规接受可能有利益关系的业务;在履行职责结束后一年以内,合规监管人及其所在中介组织不得接受可能有利益关系的业务,这种业务来自涉案企业、个人或者其他有利益关系的单位、人员。对第三方组织成员的违规行为,第三方机制管委会可以向有关主管机关、协会等提出惩戒建议,涉嫌违法犯罪的,及时向公安司法机关报案或者举报,并将其列入第三方机制专业人员名录库黑名单。在第三方机制运行期间,认为第三方组织组成人员行为不当,或者认为行为违法的,涉案企业及其人员可以向负责选任第三方组织的第三方机制管委会提出异议,或者向人民检察院申诉、控告。②行政监管部门不宜担任合规监管人,而可以作为合规监管委员会的成员,对合规监管人的工作进行监督和指导。

(六)预防政府官员因监督考察而带来的腐败风险

首先,大力开展企业合规教育培训,重点围绕反不正当竞争和反垄断合规、反商业贿赂和营销合规、网络安全与数据合规、出口管制与贸易合规、刑事合规与反舞弊等重点领域开展合规培训;其次,积极举办和参加合规论坛、研讨,加强国内国际交流,相互借鉴、共同提高;第三是禁止政府合规官以任何形式在涉罪企业取薪;第四是涉罪企业可及时向国家监察机关反映政府合规官的索贿、渎职等不法行为,或者向检察机关举报,转交国家监察机关处理;第五是如果企业向政府合规官输送利益,检察机关可以撤销附条件不起诉,向法院提起公诉,并纳入量刑建议考量情节当中。③

---

① 最高人民检察院.关于建立涉案企业合规第三方监督评估机制的指导意见[EB/OL].[2022-7-13].https://www.spp.gov.cn/spp/index.最高检,2021年6月30日发布。

② 陈瑞华.企业合规制度的三个维度[J].比较法研究,2019(3).

③ 时延安.单位刑事案件的附条件不起诉与企业治理理论探讨[J].中国刑事法杂志,2020(3).

(七)妥善解决第三方独立监管人员的业务费用问题

如何支付合规监管人员的费用就成为问题。有学者认为,费用由犯罪嫌疑企业支付,认为该企业实施危害行为;行政主管部门对犯罪嫌疑企业的监督考察属于其职权范围内的工作,履行其职权的费用不应由企业承担。他认为可以类比对管制犯和缓刑犯监督所产生的费用由社区矫正机关负担,而不是由管制犯和缓刑犯来承担。需要市场第三方主体的专业协助,政府合规官可以要求企业聘请,政府合规官进行人事审查。① 笔者建议,对于被纳入合规考察程序的大企业,合规监管委员会应收取必要的"监管费用"。小微企业自身也难以支付较高的相关费用的,第三方独立监管人员的业务费由国家拨款到第三方监管委员会。并且经费使用包括合规监管人的薪酬,还包括为进行监管活动而产生的其他费用。

(八)以"本土化转化"的改革方向推进合规工作

一是做好与认罪认罚从宽制度的融合,可以依托认罪认罚从宽制度,助力合规工作激励价值的实现。二是做好与不起诉的融合,确保在检察环节为企业释放更多的司法红利,使合规工作更深入地融入检察不起诉制度体系。三是做好与检察建议制度的融合,不仅有利于合规工作的推进,也进一步丰富、拓展了检察建议的内涵和空间。四是做好与行政合规、行政处罚的融合,要将行政机关引入合规考察工作,统筹运用刑事司法力量和行政监管力量,有机融合司法和行政的制度、政策、手段,以刑事合规和刑罚威慑作用提升企业合规积极性,以后续行政合规、行政处罚为辅,引导企业合规发展。②

---

① 时延安. 单位刑事案件的附条件不起诉与企业治理理论探讨[J]. 中国刑事法杂志,2020(3).
② 胡东林,赵宝琦. 推进企业合规工作应重点把握三个维度[N]. 检察日报,2021-5-19(3).

刑事合规:企业犯罪预防与辩护转型

何志伟[*]

摘要:合规理念和制度发轫于国外,其孕育、发展有着深厚的法律渊源、实践基础和可资借鉴的典型案例。我国自上而下推行合规轻缓化(不起诉)的司法改革实践,着眼于现实情况,吸收有益的合规理念和运行机制,形成了初步的合规司法制度和本土的司法应用模式,有效合规计划的建立和执行,在犯罪预防的创造性转化中具有重要的启示意义和应用价值。

关键词:合规计划;域外经验;本土实践;犯罪预防

一、合规的法律渊源与典型案例

(一)概念辨析:合规与刑事合规

合规最早被用于医学领域,表达谨遵医嘱之意。随后,被用在企业经济学领域。根据《商业银行合规风险管理指引》的规定,合规(Compliance Troubles)在金融领域是指商业银行的经营活动与法律、规则和准则相一致。此后,合规的主体扩展到各类企业,合规的应用范围也从金融领域扩展到公司治理。在公司治理模式下,除了传统的经营管理和财务管理外,融入合规管理,从而自我进行管理、监督、识别与防范风险。逐步在法律领域生根发芽、开花结果。其运行路径在于通过行政监管、刑事诉讼、国际经济等法学领域建立激励与惩戒并行

---

[*] 何志伟,北京市隆安律师事务所律师。

机制,逆向督促企业进一步开展合规治理,并构建有效的合规计划,集中于事前的商事经营与行政监管过程中,最终落脚于刑事司法中阻却违法以出罪或降低责任以轻刑。

刑事合规是合规的最后一环,也是最重要的一环。其以符合行政监管为第一道过滤网,以刑事合规不起诉、附条件减免处罚等刑事非罪化、轻罪化为激励机制,是国家自上而下的通过刑事政策方面的正向激励和责任归咎,推动企业以刑事法律的标准来识别、评估和预防企业的刑事法律风险,制定并实施以遵守刑事法律的计划和措施。① 在实体层面,刑事合规可以作为出罪事由或者量刑激励,与之相反不合规就会面临刑事制裁;在程序法层面,刑事合规可以作为不起诉激励,通过监督者与责任主体履行保证人义务避免卷入刑事追诉的程序,保证企业的安全与利益。与此相对应的刑事合规法律服务业务,是指协助企业或者社会组织,理解刑事方面的法律和惯例,并积极遵照、运用相关规定进行经营管理行为的服务,并建构有效的刑事合规计划。

(二)域外镜鉴:法律与案例

合规法律与案例最早发生在国际反商业贿赂,以美国为代表,此后逐渐向外扩散,在世界范围内得到高度重视并大力推行。美国 1977 年颁布的《反海外腐败法》(简称"FCPA")具有域外适用效力(长臂管辖原则),旨在限制美国企业或者个人贿赂国外政府官员,以换取商业好处的行为,以此来达到实质上保护美国企业免受他国司法机关管辖,并增加国际社会对美国企业信任的目的。该法的会计条款和反贿赂条款是其主要内容。例如,反贿赂条款(Anti - Bribery Provision)指出,禁止支付、承诺支付或者批准支付给"外国政府官员""任何有价值的事物"(包括现金、礼物、招待、职业机会、推荐信等)以影响外国政府官员(包括国企员工)利用其职位协助"获得或保留业务"(包括取得政府合同,赢得招投标,得到税收减免,影响司法判决等)。此后,美国司法部和证券交易委员会颁布《〈反海外腐败法〉官方指南》以及《萨班斯法》《量刑指南》《量刑指南手册》形成美国完整的合规法律体系,将合规从理念到制度、从制度到法律、从法律到实践、从实践到合规文化,最终将合规与道德体系解释为预防和制止犯罪

---

① 孙国祥. 刑事合规的理念、机能和中国的建构[J]. 中国刑事法杂志,2019(2):3-24.

行为的体系。① 而英国2010年通过的《反贿赂法》、德国出台的《德国公司治理守则》以及国际标准化组织出台的相关合规管理体系(ISO19600\ISO37001)都是具有重大影响的代表性合规法律规范。

随后,在横向业务领域,除了反商业贿赂,企业合规逐渐扩展到进出口管制、反洗钱、电子数据保护、网络安全、反金融诈骗、反垄断等领域。在纵向法律领域,企业合规的应用从单纯的公司治理,扩展到对行政监管和刑事调查的应对。以刑事合规为例,首先,在起诉阶段,检察机关根据企业合规计划的制定与执行情况决定是否对其提起诉讼,其中具有代表性的方案是暂缓起诉协议制度(DPA)和不起诉协议制度(NPA)。由检察机关与涉嫌犯罪的企业签订和解协议,通过建立考验期,指定合规监督官,责令企业缴纳高额保证金并建立或完善合规计划,以满足和解协议的要求,进而换取考验期结束后的不起诉。在法庭审理阶段,合规计划还可以作为被告人的无罪抗辩事由或法庭是否定罪的考量因素,或者定罪后作为是否从轻的量刑情节。因此,企业合规逐渐由企业内部自治逐渐演变成内部自治与外部监管相结合的有效治理模式。

实践中,以合规防范刑事风险是企业治理中尤为重要的一环。根据美国《联邦量刑指南》中的"企业量刑"部分的规定,如果企业因其代理人违法被定罪,有效的合规计划可以使企业获得减刑,这就是以有效的合规作为企业与个人责任切割的依据,只有通过合规计划"发展企业文化,促进道德行为,且承诺遵守法律",才会被认为是有效的。2008年德国西门子公司全球行贿案例就是很好的说明。案件发生后,西门子公司花费近8亿美元聘请外部专业人员,在全球范围内进行了深入、独立的内部调查,发现了全球超过290个项目(或销售)存在贿赂情况,金额高达14亿美元。随后,聘请外部专业人员协助其制定了未来数年逐步规范管理、制止贿赂的具体合规制度,以及反垄断、反洗钱和数据保护等专项合规计划以彻底整改此类问题。鉴于西门子的积极态度并提交全部调查证据、合规方案,执法部门将原本计划罚款80亿美元的处罚下调至罚款8亿美元。加上德国政府罚款的8亿美元,西门子仅以约24亿美元的代价,避免了近70亿美元的损失,并且据此逐步建立了长期有效的合规管理制度,为企业未来的长远稳健发展清除了隐患。

---

① 华东师范大学企业合规研究中心. 企业合规讲义[M]. 北京:中国法制出版社,2018:17.

(三)国内现状:依据不明和实践困境

近些年,部分中国企业因为涉嫌违反外国的相关法律法规而受到调查,最后被迫达成和解协议,缴纳大额的罚金,重新进行合规评估、管理,并接受国外监管部门的监管。为了保护中国企业的健康发展,国家对于企业合规管理越来越重视,并依照中国国情发布了多项文件予以指导。2012年,商务部牵头七部委出台了《中国境外企业文化建设若干意见》,提出国际化经营要合法合规。2015年,发布《关于全面推进法治央企建设的意见》明确央企各部门要研究制定有效的合规制度准则,加强合规教育,形成合规管理工作体系。2016年国资委发布《关于在部分中央企业开展合规管理体系建设试点工作的通知》,确定中国中铁、中国移动、中石油、东方电器集团和招商局开展合规体系建设。2017年国家标准化委员会批准《GB/T35770-2017合规管理体系指南》。在中兴通讯被美国商务部罚款10亿美金并缴纳4亿保证金后,2018年,发改委联合商务部等七部委发布《企业境外合规管理指引》。同年,国资委试行《中央企业合规管理指引》要求中央企业全面加强合规管理,加快提升依法合规经营管理水平,着力打造法治央企,保障企业持续健康发展。但是,以上文件的内容大多翻译自外国文件,且语言抽象,没有实际的操作方式,对于企业合规制度的建立作用有限。归纳起来有两方面的内容不容回避:一方面,企业合规没有被纳入公司治理领域;另一方面,企业合规管理并未在司法领域确立激励机制和惩戒机制。

目前,为了解决上述问题,实践中分为两种模式:首先是检察建议模式,要求涉罪企业建立合规体系,给予考验期规范生产经营方式,完善企业治理结构。例如,江苏无锡、苏州市、盐城、山东青岛等地推行的是检察建议模式,经过考验合规之后不起诉。此外,2020年3月,最高人民检察院确定上海市浦东新区检察院、上海市金山区检察院、广东省深圳市南山区检察院、广东省深圳市宝安区检察院、江苏省张家港市检察院、山东省临沂市郯城县检察院等六家为附条件不起诉模式试点单位。实际上开展合规探索的远不止这6家,比如浙江省检察系统也在探索合规不起诉的改革。涉税、侵犯知识产权、商业贿赂、金融犯罪、网络安全、数据保护、环境污染等领域都被囊括其中。检察院总考察、专业合规监管人(深圳市南山区称独立专业监管人、浙江省岱山县称合规监管人)以独立外部专家身份实施合规整改计划,类似破产清算案件中的破产管理人。律师以律师事务所法律专业服务方的身份进入合规监管人专家库,同时还有会计师事务所、税务师事务所、知识产权代理事务所、环保领域的科研机构等联合构成监管人团队。主要就是让外部独立的专家以机构的名义进入合规监管人的名单,责令企业从名单库里抽取多个不同领域的专家协助企业进行刑事合规工作。由此可以看出,自2019年开始,最高人民检察院指导全国部分地区检察机关进行改革试点工作。可以预期,在全国改革试点后,通过总结成熟经验,最终会通过修改刑事诉讼法等法律规范,将合规不起诉(附条件不起诉)制度正式立法。

二、刑事合规的价值:预防企业犯罪

通过刑事规范调整、激励或者是倒逼企业改善经营模式,强化合规理念,可以加强监管部门对企业的有效监管,也有利于保护有序的社会经济秩序,转变企业治理理念,保护企业的长远竞争力和根本利益。这些内容都不是本文讨论的重点,合规的司法价值集中于企业犯罪预防,包括出罪化(完全出罪与部分责任切割)与量刑轻缓化两方面的内容。

刑事合规是风险社会下将事后消极地犯罪预防转变为事前积极地犯罪预防之真实写照,与刑罚一般预防理论相契合,最大化地降低犯罪、刑法和刑罚的适用给国家、社会、企业及人民带来的损失和伤害,也符合当前我国社会治理现代化与多元化的司法改革理念。最高人民检察院检察长张军在全国检察长会议上的讲话中指出:"合规不起诉及独立监控人制度的主旨和初衷在于,既要以更大的力度保护民营企业和企业家合法权益,切实做到依法能不捕的不捕、能不诉的不诉、能不判实刑的就提出适用缓刑建议,又要有力推动民营企业筑牢守法合规经营底线。"在国际环境的大背景下,中国企业"走出去"面临严峻形势,再加上疫情防控所面临的挑战与监管问题频发的现状,可以说,2020年是合规制度呈现雏形的破土之年,也是加速追赶的重要一年。

通过建立并执行有效的合规计划,企业自主的在源头上预防犯罪,即便进入司法程序,也能成为与检察机关和解的砝码,达成合规不起诉和解协议。[①] 合规不起诉是最为重要的司法意义。2020年3月,江苏省无锡市新吴区检察院对

---

① 陈瑞华.企业合规基本理论[M].北京:法律出版社,2020:154.

一家涉嫌虚开增值税专用发票的民营企业在企业按照《检察建议书》进行整改并建立刑事合规制度后,作出了不起诉处理决定。类似案例还有很多。2020年10月,浙江省检察院开展企业经济犯罪刑事合规法律监督试点工作,对涉嫌走私罪、妨害对公司、企业的管理秩序罪等8类经济犯罪被移送审查起诉的市场主体,如符合起诉条件,且自愿认罪认罚,并承诺开展刑事合规建设与接受考察,则可视情况作相对不起诉处理。最终,宁波等5个检察院作为试点单位开展试点一年。由此可见,刑事合规不起诉逐渐在司法实践中得以推行,其出罪机制在一些地方基本成型。

企业犯罪也就是刑法上的单位犯罪。单位犯罪一般采取双罚制,既处罚单位(只能适用罚金或者没收财产),又处罚直接负责的主管人员和其他直接责任人员。① 只有在特殊情况下,只处罚自然人而不处罚单位。而刑事合规就是单位与个人责任分割的有力抓手。例如,2017年雀巢(中国)公司员工侵犯公民个人信息案中,底层销售人员为了得到客户信息,贿赂医务人员获取了患者联系方式,涉嫌侵犯公民个人信息罪。雀巢(中国)公司提出各项公司政策及规范文件,其中明确禁止贿赂医务专业人员和以非法方式收集消费者个人信息。最终,雀巢(中国)因企业合规,被司法机关认定单位不存在构成犯罪所需要的主观意志因素,从而完成了单位和个人责任的切割,化解了企业被定罪的风险。

将合规计划的制定与实施作为考察是否对涉罪企业起诉的依据,以帮助涉罪企业建立和完善管理规范、守法计划和内控机制,从而取得与刑罚相同的效果。需要指出的是,作为出罪事由的刑事合规,其举证责任由企业承担,②这就为律师帮助企业建立合规计划业务指明了方向。当前,律师的辩护业务逐渐在往前端的刑事合规方向倾斜,一大批律所、律师都在积极投身于刑事合规新业务领域的探索,辩护思维转向合规思维,由涉罪后的辩护战场前移至战前合规问题的化解和规避,为企业搭建具有利益维护与安全保证的多功能屏障。

---

① 时延安.合规计划实施与单位犯罪的刑事归责[J].法学杂志,2019(9):20-33.
② 邓子滨.刑事诉讼原理[M].北京:北京大学出版社,2019:280.

三、制定并执行有效的合规计划

（一）构建有效的合规计划

1. 有效合规计划的建立

有效的合规计划是指,在受到行政监管调查或者刑事指控之前,企业通过合规团队、书面的合规规章管理制度等因素,就行政和刑事执法部门对其合规管理体系能否发挥防范、监控和应对违规行为的作用所采取的评估标准。一个有效的合规计划大致包括四大体系:一是商业行为准则,也就是《合规宪章》,以此建立合规文化,为企业制定新的合规体系、完善企业原有的合规制度并落实合规流程等;二是建立独立、权威的合规组织体系;三是针对特定的合规风险制定特定合规政策和员工行为指南;四是针对企业可能存在的合规风险建立风险预防体系、监控体系、应对体系等全覆盖的合规实施程序。建立有效的合规计划最终达到的效果是,全体员工遵守法律法规和商业行为准则,合规团队独立高效地监控企业的合规风险。合规风险得到有针对性的识别、纠正与预防。企业内部的违法行为一旦实施,就能够得到及时的识别、预警。企业能够及时进行建章立制以补充制度漏洞。建立举报奖励制度,让责任人能够及时得到发现和受到惩处。[①] 最后,有效合规计划还可以被用来评判是否有效地预防违法行为,并进而决定是否对企业作出宽大的处理。这是较为抽象的合规计划框架,尚需结合个案并与刑事司法融合才能成为有效的合规计划。

2. 刑事合规与刑事司法的衔接

一项有效的合规计划必须与刑事司法相衔接才是有生机的制度。刑事合规制度的建构大致可以依据时间先后分为三部分。首先,事前预防。企业的高层领导应当定期发布层级较高的合规政策,表明公司在刑事合规方面的态度及决心,说明公司的合规要求,并且提醒员工在违反刑事法律时应当承担的合规责任。具体到律师要在日常工作中进行刑事合规尽职调查;为企业客户提供刑事法律咨询,出具法律分析意见;在早期发现问题时进行风险提示,并根据企业自身特点和调查结果,协助企业建立、整改刑事合规制度(如反腐败、反舞弊、反

[①] 陈瑞华. 有效合规计划的基本标准——美国司法部《公司合规计划评价》简介[J]. 中国律师, 2019(9):80-83.

欺诈等)。其次,事中掌控。企业应当积极应对刑事违法犯罪调查,配合并提交相关证据。冷静地在危机事件中处理舆情工作。并且主动查处内部员工的违法犯罪,必要时移交司法机关,进行责任分离。最后,事后应进行有效的违规惩处。这就要求律师的合规服务与辩护服务有机结合起来。

(二)事前风险识别与诊断

企业日常经营中,需要进行全面的体检和风险预防。合规的风险防控体系可能包括合规管理委员会、首席合规官、合规部门等核心部分。未来对于公司的治理部分,将不仅仅是在经营和财务方面,肯定还有合规风险的内容。具体来说,最重要的就是进行风险识别与评估。风险评估是基于公司所处的行业环境并结合公司的具体业务而做的全面的分析,找出合规管控薄弱点及时进行整改。企业也应当根据业务实际识别相应的危险信号,以便于及时发现风险并采取措施。律师定期尽职调查应当与公司的业务流程相结合,明确流程中的管控节点及管控手段,明确责任人。因此,风险识别与诊断要做到对公司运营的全部制度、全部流程、全体成员、全部环节的覆盖。

(三)事中合规调查:自我监控、报告、合作和补救

在识别风险的基础上,企业内部自行开展调查是执行合规计划的重要环节。针对企业犯罪、内部违规和渎职行为及时发现并采取阻止、防控措施。识别高风险领域(反腐败、数据安全、反洗钱、出口管制)并开展重点监控和专项抽查。发现可疑、有争议的潜在违规行为,及时征询律师的专业意见,采取有针对性的解决方案。必要时,派遣外部特派调查员对经销商、咨询公司、代理、会务公司等第三方的营销行为进行抽检及审计。对于受到调查和制裁的企业,更改从前的消极应对态度,积极地配合相关部门的工作。对于在调查中发现的违规行为,严肃惩处并主动披露、报告,以合作的态度及时进行补救。

(四)事后执法调查的应对与风险防范

首先,要建立惩处机制,进行责任分离后内部惩处商业贿赂违规员工;其次,针对举报商业贿赂、日常抽检及审计中发现的违法行为进行评估,并对内部调查人员进行奖励;再次,化解风险,补救完善运营模式。解决来自企业内部和

外部的投诉、诉讼以及其他法律风险管理问题,最大程度上进行损失控制和商誉保护。最后,反思整个合规调查的漏洞,再次完善合规制度,弥补风险防范漏洞。

四、结语

刑事合规具有充足的理论基础和成熟的国外实践,是企业积极预防犯罪的有益方法,随着制度缺漏的逐渐弥补与完善,在今后定会成为刑事法律服务的蓝色疆海,也必将打破传统单一法律知识的领域划分。以刑事法律为中心,吸纳行政监管法律法规、金融法、财税法、企业管理等多领域、多种类的有益养分,才能在刑事合规业务中满足企业所需要的综合专业技能。对律师而言,既是机遇,也是挑战。应时而动、应时而为,积极探索出一套切实有效的刑事合规服务模式,持久维护企业的发展利益、经济利益和安全利益。

检察视域下企业合规研究

邢雅丽　庞良文　尹鑫淼[*]

摘要:在目前的检察试点语境下,"企业合规"实质是刑事合规,与理论界或域外刑事合规并不是一个概念。检察视域下"企业合规",基本含义在于凡是涉及企业的刑事案件,检察机关在职责范围内,要积极了解、促进企业合规经营,合规的推动落实,不合规的推动整改。其意义和作用主要在于推动企业整改,依法经营。

关键词:检察;企业合规;改革;试点

一、推行企业合规的重大意义

(一)开展企业合规改革试点的重要性

开展企业合规制度研究与探索,是检察机关落实民营企业平等保护,推动企业依法经营,坚持和落实"能不捕的不捕、能不诉的不诉、能不判实刑的提出适用缓刑的量刑建议"等司法政策的服务、保障型举措,是检察机关立足检察职能,顺应大局、融入大局、服务大局、维护大局的生动检察实践。

(二)开展企业合规改革试点的必要性

与西方国家相比,我国引入现代企业管理理念时间较短,现代企业管理制

---

[*] 邢雅丽,安徽省淮南市人民检察院第一检察部检察官助理;庞良文,安徽省淮南市人民检察院三级高级检察官;尹鑫淼,安徽省淮南市谢家集区人民检察院检察官助理。

度尚不十分完善,尤其是中小微民营企业,企业的生产、经营、发展,高度依赖企业负责人,家族式企业尤甚。特别是中小微民营企业,资金稳定性较差,其生存极度依赖市场和商业信誉,具有明显的脆弱性。一旦企业涉及犯罪,案件进入司法程序,企业通常面临着因资金被冻结、资产被查封、负责人被逮捕等强制措施带来的短期经营混乱,直接导致企业丧失生存空间或倒闭。落实民营企业平等保护,促进民营经济健康发展十分重要。但是,如果"一放了之",片面强调保护,对企业违规甚至违法经营的情况,则无法有效整治,刑事政策将大打折扣。因此,开展企业合规改革试点,推动企业合规建设,消除再犯可能尤为必要。

(三)开展企业合规改革试点的紧迫性

由于,我国传统上对企业合规建设认识不足,导致一些企业遭到了部分国家的制裁,特别是以美国为首的一些西方国家,以长臂管辖为名行霸权主义之实,给我国相关企业造成了巨大损失。在"一带一路"政策背景下,我国企业与沿线国家的经贸合作日益增多,为减缓企业行政违规和刑事违法风险,消除潜在风险,降低企业损失,亟待加强企业合规建设。

(四)开展企业合规改革试点的可行性

一是检察机关的宪法定位决定了检察机关的合规功能。检察机关是国家的法律监督机关,这一宪法定位决定了我国检察机关对企业的违法行为具有监督职责。在对涉案企业进行刑事处罚的同时,督促帮助企业改正违法行为,进行合规建设,是检察机关宪法定位的题中应有之义。

二是开展企业合规改革试点符合时代要求。近年来,我国逐渐通过行政手段推进企业合规建设,2019年4月,中国证监会与高盛(亚洲)有限责任公司、北京高华证券有限责任公司等九名申请人达成行政和解,证监会依照规定终止对申请人有关行为的调查和审理程序。[①] 这一事件在一定程度反映了企业合规行政激励机制在我国的确立。但是,在司法领域,还没有建立起相应的企业合规激励机制。如果没有针对合规的刑事司法激励机制,企业对打造和推行有效

---

① 杨为乔:证监会、高盛行政执法和解背后。微信公众号:"董事会杂志"2019年7月31日。

合规计划就没有强大的动力。① 最高人民检察院开展企业合规改革试点可谓正当其时。

三是开展企业合规改革试点符合现有法律规定。虽然我国没有设立暂缓起诉制度和企业合规不起诉制度，但以我国现有的认罪认罚从宽、不起诉和检察建议等制度，可以初步满足企业合规改革试点的基本要求。2017年，兰州市中级人民法院就雀巢公司员工侵犯公民个人信息案作出的终审裁定书认为："雀巢公司手册、员工行为规范等证据证实，雀巢公司禁止员工从事侵犯公民个人信息的违法犯罪行为，各上诉人违反公司管理规定，为提升个人业绩而实施的犯罪为个人行为"。② 这表明，我国现有法律制度完全可以达到推动企业合规的刑事司法激励作用。

四是检察建议制度日趋完善，可以为检察机关开展企业合规建设提供重要抓手。近年来，检察建议质效得到有效提升，督促跟踪落实机制逐步完善，特别是全国各级检察机关立足检察履职，积极融入社会治理大局，不断依托检察建议将办案职能向社会治理领域延伸，防范行业风险，堵塞行业漏洞，在社会治理领域起到了较好的规范引领作用。依托检察建议，能够有效促进企业进行合规建设，并且具有灵活高效的特点。

五是未成年人附条件不起诉制度的实施，为推进企业附条件不起诉改革试点积累了丰富经验。2012年建立的未成年人附条件不起诉制度，已经经过近10年的发展，在未成年人合法权益保护方面发挥了重要作用。同时，在附条件不起诉制度方面，检察机关也积累了丰富经验，并推动了附条件不起诉制度方面的理论研究工作，能够为下一步推进企业附条件不起诉改革试点提供有益借鉴。

二、推进企业合规改革试点中应注意的问题

(一)企业进行合规建设的动力不足

开展企业合规建设是一件极其专业而复杂的事情，需要投入大量的人力、物力，且需要长期坚持，但短期收益并不明显的事情。企业以追逐商业利益为

---

① 李奋飞. 论企业合规检察建议[J]. 中国刑事法杂志,2021(1):97.
② 参见兰州市中级人民法院(2017)甘01刑终89号刑事裁定书。

目的,对合规建设天然地动力不足。中小微企业竞争力较弱,主要依赖于灵活机动才能在市场的不断变化做出迅速反应而生存下来,而合规建设可能会影响企业的决策效率。

(二)试点范围有待进一步扩大

改革试点工作是在现有法律制度框架下推行的,没有突破现有法律政策,也不需要人大的授权,因此在扩大试点范围上没有障碍。非试点地区开展的检察工作,与试点地区没有本质不同,依法对涉案企业适用认罪认罚从宽、不起诉等制度,以及针对企业管理漏洞制发检察建议的行为,实际上起到了促进企业进行合规建设的作用。

(三)刑事检察具有局限性

刑事检察在推动企业合规改革试点中,能够充分发挥刑事激励作用,这是刑事检察的优势。如果企业的违规违法问题还不构成犯罪,刑事检察则无法规制企业的违规违法行为。但是,行政检察、民事检察、公益诉讼检察也具有促进企业合规建设的功能,并且在企业不构成犯罪的情况下,也能够通过制发检察建议和提起公益诉讼等形式,促进企业合规建设。无数的检察案例已经证明了这一点。推动企业合规试点改革,不应有刑事检察部门单打独斗,而是应促进四大检察形成合力,共同推进企业合规试点改革。

(四)刑法惩罚功能的弱化

最高人民检察院推行的企业合规改革试点中倾向于"既放过企业,也放过企业家"。但问题是,西方国家在放过企业,严惩责任人的同时,通常要求企业缴纳巨额罚金,在给企业造成巨大损失的同时,也起到了刑法的震慑作用,让企业不敢再犯。我国检察机关并不具备对企业进行行政罚款的权力,从我国的国家组织结构和检察机关的宪法定位来看,这一点也不具有突破的可能。虽然,刑法对单位犯罪设置了罚金刑,但是罚金额度有限,且法律规则严苛,不可能对企业判处惩罚性的巨额罚金。

(五)配套改革措施尚不完善

一是第三方监督评估机制尚不完善。六月份,最高人民检察院牵头制定了《关于建立涉案企业合规第三方监督评估机制的指导意见(试行)》,为第三方监督评估机制的建设指明了方向,但诸如第三方机制专业人员的选任、监督与惩戒,第三方机制的经费来源,检察机关与第三方机制的配合衔接等问题,都需要在试点中不断完善。二是审限较短难以有效评估合规效果。在西方的暂缓起诉制度中,对企业的考验期动辄数年,能够较为全面地评估企业合规建设的效果,以作为是否起诉的重要参考。受审限影响,改革试点中,检察机关难以与企业进行充分协商,并制定完善的合规计划,较短的考验期,无法看出企业整改实效,难以为检察机关是否起诉提供有效参考。三是合规实效监管问题。在检察机关作出不起诉决定前,与企业达成的合规协议或向企业发出的合规检察建议,尚能够有效发挥作用,推动企业进行合规整改。一旦检察机关作出不起诉决定后,企业即便不再认真推行合规建设,检察机关也没有有效的反制措施,无法进行有效监管,合规建设仅能期待企业自觉推进。

三、关于企业合规改革的建议

(一)精准施策提升企业合规动力

一是探索"诉前合规"模式。充分利用取保候审一年期限,探索在检察机关作出不起诉决定前,向企业发出合规整改检察建议或与企业达成合规协议,设置3—6个月的考验期,将考验评估成果作为是否起诉的重要参考因素,以激发企业进行合规建设的动力。二是找准合规风险点,急企业之所急。基于企业类型、规模、行业等差异,制定企业合规计划,需要因地制宜。要聚焦企业经常发生违规违法行为的高风险爆发点,有针对性地制定专项整改措施,弥补企业制度建设和监督管理漏洞,防止再次发生相同或者类似的违法犯罪。切忌不分重点,盲目追求"西方式的企业治理体系"。毕竟,企业合规的灵魂并不是大而全的合规管理体系,而在于针对企业的"合规风险点"确立专项合规计划。[①] 三是

---

① 陈瑞华. 中兴公司的专项合规计划[J]. 中国律师,2020(2):88.

分类管理精准施策,想企业之所想。对于大型企业,特别是具有国际经贸往来的跨国公司,可以制定科学有效的合规计划,引导企业进行全面合规建设。对于中小微企业,可以简化合规计划,或以检察建议代替合规计划,重点聚焦企业风险点,提出最低限度的有效合规要求。

(二)进一步扩大试点范围

检察机关进行合规改革,完全符合现有法律制度,非试点地区检察机关实际上发挥着合规作用。目前的试点政策,不利于非试点地区对企业合规改革的探索,应尽快将试点范围扩展至全国。

(三)"四大检察"协调推进企业合规改革

在改革试点中,最高人民检察院没有采用"刑事合规"的表述,而是表述为"企业合规"。一方面,"刑事合规"具有负面色彩,"企业合规"较为中性,从社会效果上,让企业能够更好接受、更好发展。另一方面,合规的内容不仅仅限于刑事问题,也包括涉及的行政管理、企业管理等方面,民事检察、行政检察和公益诉讼检察在企业合规改革试点方面同样大有可为。要立足"四大检察"职能,在法律规定的框架内,找准检察工作推进企业合规建设的切入点和着力点。

一是民事检察对推进企业合规具有重要作用。民事检察可以通过启动民事诉讼监督程序,针对涉案企业及背后行业存在的风险性问题,制发检察建议,要求相关企业进行合规建设,协调相关行政部门推动行业治理。

二是行政检察是推动企业合规建设的有益补充。行政检察在推动行政争议化解过程中,对于发现的企业管理漏洞,也应当主动延伸检察职能,促进企业进行合规建设。

三是公益诉讼检察在推进企业合规建设方面具有独特优势。企业违规违法经营,一般都伴有对公共利益的损害。甚至违规违法行为的本身,就是对法律秩序的破坏,这也是对公共利益的一种损害。所以,即便企业的违法行为还不构成犯罪,检察机关依旧可以向企业制发社会治理类型的检察建议,要求企业整改,并同时向主管行政部门发出公益诉讼诉前检察建议,要求行政机关依法履职,督促相关企业整改到位,还可以推动行政机关聚焦行业治理。

检察机关提起公益诉讼的，对于愿意承担赔偿义务并进行合规整改的的企业，可以与其达成调解协议，或撤回起诉。

(四)"严管"与"厚爱"并举

在改革试点中，既要解决"入罪即诉""一诉了之"的机械办案问题，也要解决"一味从宽""不诉了之"的僵化办案问题，做到真严管、真厚爱。一是设置排除性条件。对拒不认罪认罚的，曾因故意犯罪被判处刑罚又故意犯罪的，所涉犯罪危害国家安全的等情形不予纳入企业合规范围。二是对建立了现代企业管理模式的大型企业，其生产经营对企业负责人或高级管理人依赖性有限，企业负责人或高级管理人构成犯罪的，要依法追究。对民营企业，落实平等保护政策，在依法追究刑事责任的同时，又尽可能地不影响其正常经营。三是第三方监督评估机制的启动，对企业合规计划的审查、检查、监督和评估，要严格依法进行，经考察评估认定合规整改不力的，应当及时依法提起公诉。四是通过第三方机制，发现涉案企业或其人员存在其他违法违规情形的，应当及时中止评估程序，并将案件线索移送有关部门处理。五是对涉案企业作出不起诉决定后，认为需要给予行政处罚的，应当向有关主管机关提出检察建议。六是在检察机关作出不起诉决定后，企业合规建设不能按照承诺落实到位，如果再涉嫌犯罪的，就要依法追究刑事责任，而且要从严追责，形成威慑。

(五)健全配套改革措施

一是健全第三方监督评估机制。严把第三方机制专业人员资质条件，建立第三方机制专业人员名录库，根据案件具体情况以及涉案企业类型，随机抽取人员组成第三方组织。完善第三方组织及其成员的培训、考核机制，强化社会监督，建立第三方监管机构成员单位回避制度，探索建立惩戒机制，实行专业人员名录库黑名单机制。与工商联沟通协调，依法、合理解决第三方监管经费问题。积极争取政策支持，合理解决监管经费来源问题。不宜由企业支付合规建设监管费用，以尽量避免涉案企业与监管人员之间发生利益勾连。二是争取试点企业犯罪附条件不起诉改革。在用足现有政策的前提下，特别是充分用好取保候审措施，在办案期限内，帮助企业建立合规计划，并对合规建设情况进行考察,将考察结果作为是否起诉的重要参考。视改革试点总体推进情况,适时提请全国人大常委会,授权进行企业犯罪附条件不起诉改革试点。三是建立长效监管机制。依托第三方监管评估机制,协调各相关部门形成合力,对涉案企业合规建设进行长期持续监管,促进企业履行合规承诺,避免合规计划仅仅停留在纸面上。

美国企业合规的基本内涵制度价值及对我国的启示

刘广宇　储陈城[*]

摘要：企业合规制度兼具惩罚犯罪与预防犯罪之功效，在提升刑事司法效率的同时，也能给予企业的一定程度的保护，因而具有独特的优势并被世界各国所追捧。在经济整体下行的状况下，我国也越来越重视企业实体在经济发展过程中发挥的作用。2019年12月，中共中央、国务院印发《关于营造更好发展环境支持民营企业改革发展的意见》。为了响应号召，最高人民检察院坚决贯彻"不捕不诉"的精神，并于2020年3月在6个基层检察院率先部署了企业合规不起诉改革的试点工作，我国的企业合规不起诉试点正式开启。目前，最高人民院察院已经全面开展第二波试点，各地企业合规不起诉的试点工作正在如火如荼地进行。然而，应当注意的是，我国的企业合规不起诉的实践探索正处于初步阶段，其在理论和实践层面仍然面临着诸多亟须解决的问题。作为暂缓起诉的诞生地，美国的刑事司法实践已有三十多年的历史且最具有代表性，其丰富的经验教训可以为我国的企业合规不起诉提供一定的启示和借鉴。

关键词：企业合规；借鉴；启示；制度价值

---

[*] 刘广宇，安徽省淮南市谢家集区人民检察院第一检察部检察官助理；储陈城，安徽大学教授。

一、企业合规的内涵及制度价值

(一)美国企业合规的内涵

合规计划源于美国。自19世纪30年代美国银行业首次提出"合规"以来,合规便开始进入银行金融业风险监管、企业内控机制与企业犯罪预防及规制等领域的理论研究与实践运用中。1991年美国《联邦组织量刑指南》将合规计划引入刑事司法领域,合规计划的基本含义、法定要素与标准逐渐形成并确立起来。同时,合规计划逐渐由最初的金融监管领域的风险监管措施转变为预防、发现和制止企业内部违法犯罪的企业内控机制。为解决个人量刑与组织量刑差异的问题,1991年美国联邦量刑委员会在1987年美国《联邦量刑指南》的基础上颁布了《联邦组织量刑指南》,明确将合规计划规定为联邦对企业进行量刑时的重要参考因素。依据《联邦组织量刑指南》规定,合规计划是指用于发现并预防企业内部犯罪的内部控制机制。根据规定,如果企业因其代理人违法被起诉定罪,有效的合规计划可以使企业减轻刑罚。与此同时,根据《美国检察官手册》的规定,有效的合规计划,以及企业在执法调查中与执法机构的合作配合,是检察官决定是否对一家企业提起诉讼或者协商认罪协议的重要因素。美国《联邦组织量刑指南》与《美国检察官手册》的立法规定,合规计划被正式引入美国刑事司法领域,并逐渐发展成为刑事司法实践中决定是否对涉嫌犯罪企业提起刑事诉讼、进行刑事责任判定和刑罚裁量的法定因素,并广泛应用于企业犯罪的预防、发现与惩处活动。

一般而言,合规计划的基本要素包括执行机制和检举人保护措施的书面行为守则、向员工传达该行为守则、监控审计系统、违规行为的检举系统,以及企业高层运用行为守则监管合规计划。作为对犯罪企业提起刑事诉讼、进行刑事责任判定和刑罚裁量的法定因素,实践中检察官往往需要对企业合规计划的设置和实施状况进行评估,从而展开对企业的诉讼与量刑活动。为方便检察官对企业合规计划的实施状况进行评估,除了基本定义外,《联邦组织量刑指南》还规定了企业构建有效的合规计划的七项具体标准:(1)企业应建立合规政策和标准,以防止犯罪行为发生。(2)制定企业高层人员监督合规政策和标准。(3)企业不得聘用在尽职调查期间了解到具有犯罪前科记录的高管。(4)向所有员工有效普及企业的合规政策和标准,如进行员工培训。(5)采取合理措施,以实现企业标准下的合规,例如利用监测、审计系统来检测员工的犯罪行为,建立违规举报制度,让员工举报可能的违规行为。(6)通过适当的惩戒机制始终严格执行合规标准。(7)发现犯罪后,采取必要的合理措施来应对犯罪行为,并预防类似行为发生,如修改完善合规计划。《联邦组织量刑指南》规定企业构建有效合规计划的七个标准,不仅为企业构建合规计划提供了重要依据和参考,也为检察官进行起诉与量刑时评估合规计划的真实性与有效性提供了法律依据和客观标准。在具体实践中,企业内部有效的反腐败合规计划的标准和特征均是依据和参照美国《联邦组织量刑指南》规定的基本标准而展开建构的。

(二)美国企业合规功能与定位

(1)预防企业内部犯罪。作为企业内部主动实施的旨在发现、预防和制止内部犯罪行为的内控机制,合规计划最重要的功能在于预防企业内部犯罪。实质上,企业犯罪内部预防的关键在于企业内部的自我监管与自我约束。《联邦组织量刑指南》规定的合规计划的七项法定标准为企业的自我监管与自我约束提供了法定框架和标准。首先,有效的合规计划在宏观层面构建了企业犯罪预防的合规总体政策和标准。其次,积极展开培训,向企业员工普及预防企业犯罪的合规政策和标准。再次,组建专业的监管人员监督合规计划的执行与实施,监督、审查企业内部违法犯罪行为,并建立内部举报途径与通道,及时发现违法犯罪行为。最后,建立严格完善的奖惩机制,对发现的违法犯罪行为予以处罚,并及时查漏补缺,完善合规计划,防止再次发生类似行为。通过从事前到事中再到事后,从政策到制度再到措施的全程监管,合规计划通过促进企业内部的自我监管与企业员工的自我约束,帮助企业在内部预防并控制犯罪。实践中,《联邦组织量刑指南》通过减轻拥有合规计划的犯罪企业的刑罚,以及加重不具备合规计划的犯罪企业的刑罚这两种策略来鼓励和引导企业构建合规计划。同时,为鼓励企业构建有效的合规计划,《联邦起诉企业原则》对拥有有效合规计划的企业免予起诉或延缓起诉。虽然,原则上是否构建合规计划的决定权在于企业自身。但是,通过构建合规计划,促进企业内部的自我监管与自我约束,企业及企业管理者实现了预防、发现并制止企业内部违法犯罪行为的目的。

(2)免予或暂缓刑事追诉。1999年之前,美国司法部并没有制定统一的关于企业起诉的政策和标准。实践中,大量企业因起诉政策的不完善逃脱了法律的制裁。1999年,美国司法部发布了《联邦起诉组织备忘录》(又称"霍尔德备忘录"),规定了联邦在起诉企业时应考虑的八项因素。在霍尔德备忘录确立起诉企业的政策和标准后,涉嫌犯罪企业逐渐开始面临正式的起诉并被处以罚金。但依据规定,如果联邦检察官在自由裁量权范围内认定合规计划是有效的,检察官可以不对企业提出指控,因而有效的合规计划在企业犯罪调查阶段极有可能影响检察官决定是否对企业免予起诉。2002年美国司法部对卷入安然事件中全球排名第一的安达信会计师事务所展开调查并提出指控。虽然2005年联邦最高法院推翻了对安达信的指控,但是,美国司法部检察官的指控导致安达信蒙受数十亿元的损失,最终破产并退出审计领域。鉴于此事的教训,同时为避免因调查和诉讼对第三方企业造成永久损害,2003年1月,美国司法部发布了《联邦起诉商业组织原则》的备忘录,(又称"汤普森备忘录"),强化了霍尔德备忘录中起诉商业组织的标准与要求,同时增加了对个人指控的考量因素。同时,汤普森备忘录提出要加强对企业合作调查真实性以及企业治理与合规计划的关注。为鼓励更深层次的合作,汤普森备忘录提出了替代传统刑事诉讼程序的选择性方案——审前分流协议。一般而言,审前分流协议包括暂缓起诉协议和免予起诉协议。通过适用审前分流协议,司法部的执法重心前移,逐渐由正式的刑事诉讼程序审判结案转变为经由达成免予起诉或暂缓起诉协议和解结案。汤普森备忘录发布后,暂缓起诉协议或免予起诉协议,逐渐成为企业犯罪案件最重要和最普遍的结案方式。在1999年霍尔德备忘录发布后的十年间,美国司法部企业起诉政策和标准进行了多次修正和完善。然而,在每个版本的政策和标准下,有效的合规计划始终是检察官决定是否对企业进行起诉或审前分流协议时需要考虑的关键要素。

　　(3)减免罚金。2005年之前,根据美国法典第18主题第3553(b)的规定,法院应根据量刑指南确定的刑罚种类和幅度进行量刑,除非法院认定存在某种加重或减轻处罚的情节,此种情节在某种程度上没有充分被美国最高法院在制定指南时考虑到,而导致量刑与规定的刑罚迥异。第3553(b)的规定属于《联邦量刑指南》的强制性效力条款,司法实践中,法官必须遵循第3553(b)的规定进行量刑。在企业犯罪的量刑阶段,根据《联邦组织量刑指南》的规定,有效的合规计划可使企业获得减刑(量刑降级)。在具体的量刑实践中,《联邦组织量刑指南》通过设立一个基础罚款来实现对犯罪企业的经济惩罚,基础罚款接着被扩展成了责任点数。随着企业罪责的增加或减少,基础罚款会乘以 0.05 到 4 之间的一个倍数。其中,犯罪企业的合规计划在减小罪责倍数上起着至关重要的作用。因为法院将根据减轻或加重量刑的要素来减小或增大倍数,这些要素包括企业是否设立了"有效的计划来发现和防止违法行为"。假设没有任何加重量刑的要素,实施有效的合规计划会将企业的罪责评分减少三个级别,这将大大降低倍数并将罚款最多减少至百分之六十。

二、我国企业合规中的问题及初步解决措施

2020 年 3 月起,最高人民检察院在上海浦东、金山、江苏张家港、山东郯城、广东深圳南山、宝安等 6 家基层检察院开展企业合规改革第一期试点工作。2021 年 4 月,最高人民检察院发布了关于印发《最高人民检察院关于开展企业合规改革试点工作方案》的通知,正式启动第二期根据试点工作方案,第二期改革试点范围较第一期有所扩大,涉及北京、辽宁、上海、江苏、浙江、福建、山东、湖北、湖南、广东等 10 个省、直辖市。2021 年 6 月,最高人民检察院又进一步发布了"企业合规改革试点典型案例"以为各地区的试点实践提供指引,我国企业合规不起诉的探索工作可谓如火如荼。但作为一项"舶来品",我国企业合规不起诉制度尚处于初期探索阶段,其在理论和实践层面均面临着一些亟须解决的问题。作为企业合规制度的发源地,美国的企业合规已有三十年的历史,其所积累的宝贵的实践经验可以为我国企业合规不起诉的完善提供一些启示与借鉴。

(一)我国企业合规不起诉之中检察官裁量权滥用风险及消解

《最高人民检察院关于开展企业合规改革试点工作方案》中指出,"检察机关开展企业合规改革试点要与依法适用认罪认罚从宽制度和检察建议、依法清理'挂案'、依法适用不起诉结合起来","对涉企案件,检察机关在依法贯彻相关检察政策的同时,督促企业建立合规制度,履行合规承诺;提出企业合规建设意见和建议,包括整改方向和意见,并促进'挂案'清理工作"。由此可见,我国企业合规不起诉制度采用了国际上通行的做法,由检察机关全权主导企业合规不起诉制度的运行和实施。由于企业合规不起诉本质上是一种针对企业的附条件不起诉，其在运作方式上相较于传统的起诉或者不起诉更为特殊，这给检察官提供了更大的权力运作空间。[1] 在企业合规不起诉的试点实践之中，检察官拥有了比以往更为广泛的裁量权，包括不起诉决定权、考验期决定权、合规标准决定权、监督员选任权、合规督促权、合规评估权、重新起诉决定权以及给相关机构建议的检察建议权等诸多方面的权力。这些裁量权被默认为检察官的绝对性权力，必然会融入检察官的个人意志，由于其"能为任何集体和个人服务"，如果不加以有效的控制，就很容易滋生权力滥用的社会现象。[2] 然而，从目前的文件和实践来看，虽然检察官的裁量权得到了空前的扩大，但并没有为之配套相应的权力约束机制。由于具体规定暂付阙如，当前，对企业合规不起诉中检察官的裁量权进行约束只能继续采用传统不起诉裁量权的内部权力控制模式。[3]

事实上，美国早期的企业合规就是采用的内部权力控制模式，主要由司法部发布规范文件（备忘录）来指导全国检察官的暂缓起诉工作，但检察官的裁量权滥用问题却十分严重，这很大程度是由其"同位式"的检察体制所导致。"在美国，大多数州的检察官都是地方选举产生的官员，实际上没有上级，享有广泛的自由裁量权，只要他认为能够为自己的选民负责，他在起诉方面的任何问题都不需要上级审查"。[4] 美国的检察机关具有浓厚性的地方色彩，检察机关之间在很多方面都是离散化的，彼此是一种平行的同位模式。在同位模式之下，地方检察官享有暂缓起诉的绝对裁量权，难以受到"上级检察机关"乃至司法部的实质约束。相比之下，我国的检察体制更多体现的是一种"层级式"的运行模式，下级检察院要接受上级检察院的监督和领导，全国检察院要接受最高人民检察院的监督和领导。理论上讲，这种模式使得我国的内部权力控制模式较之于美国更为有效。但仅靠检察系统内部的权力控制模式来约束裁量权仍显不足，当在某一个程序环节存且仅存在一种权力之时，很难希冀仅靠其内部的自

---

[1] 叶良芳. 美国法人审前转处制度的发展[J]. 中国刑事法杂志,2014(3):133-143.
[2] 武晓慧. 论公诉裁量权的运行与程序性控制[J]. 中国刑事法杂志,2016(1):70-88.
[3] 根据《刑事诉讼法》第179和第180条的规定，公安机关与被害人不服检察院不起诉的，采用的是复议、复核和申诉为形式的救济方式，即检察系统内部的审查纠错机制。
[4] 魏晓娜. 冲突与融合:认罪认罚从宽制度的本土化[J]. 中外法学,2020(5):1211-1230.

治就能够防止权力的恣意。① 在此之前,有学者就已经对我国的不起诉裁量权的运行状况进行了考察,并发现我国检察官的不起诉裁量权的运行存在着严重滥用的问题,②可见,这种检察系统内部的权力控制模式难言有效。

从当前的新闻报道来看,目前我国的企业合规不起诉的试点实践尚未暴露出明显的裁量权滥用问题,但仍有必要未雨绸缪,以应对潜在风险的发生,美国的实践经验给了我们的足够的警醒和启示。在美国暂缓起诉制度的运行过程之中,为了限制检察官裁量权的恣意,地方法院已经开始尝试对暂缓起诉制度行使司法监督权,并且这种趋势不断地得到加强。我国的司法实践也已经表明,传统的内部权力制约机制并没有发挥出预期的效果。在企业合规不起诉的语境之下,检察官的裁量权更为广泛,这种内部权力控制机制更显乏力。我国应当建立起企业合规不起诉的司法审查控制机制。首先,要建立强制起诉制度。当检察官作出合规不起诉决定之时,被害人可以向上一级检察机关申诉,如果上一级检察机关维持,被害人可以向法院请求审查"不起诉决定"的合法性,如果检察机关无法证明不起诉决定的合法性,就必须提起公诉。其次,要完善庭前审查制度,设立公诉审查法官。如果检察机关对企业重新提起公诉,应当由公诉审查法官对案件进行全面审查,并判断检察官的合规建议是否合法、合理以及企业是否真的没有达到合规要求。只有通过了审查,公诉审查法官才可裁定交与审判法官开庭审理。

此外,还要建立科学合理的外部监督模式。美国早期的暂缓起诉制度饱受诟病的一个重大弊端在于缺乏透明性。检察官与涉罪企业往往采取保密的形式进行,外界无从得知。不透明的运作机理导致了舆论监督的缺失,暂缓起诉很容易异化成权钱交易的非法勾当。这一点为我国的企业合规不起诉制度的构建有着一定的警醒作用,建立企业合规不起诉制度应当增强制度运作过程的透明性。事实上,最高人民检察院也注意到了外部监督的重要性。《最高人民检察院关于开展企业合规改革试点工作方案》之中提及,"对符合刑事诉讼法规定的不起诉案件,做到应听证尽听证",但是却并没有给出具体的听证规则,仍有待于一定期限的探索与总结。在地方试点实践之中,江苏省张家港检察院进

---

① 江国华. 检察权运行体系改革的规范分析[J]. 湖湘论坛,2021(3):74-84.
② 武晓慧. 论公诉裁量权的运行与程序性控制[J]. 中国刑事法杂志,2016(1):70-88.

行了一些有益的探索。在处理的多起涉嫌虚开增值税发票的案件之中,检察院积极的尝试召开公开的听证会,邀请诉讼当事人、法律专家代表、人民监督员、律师团体、人大代表以及政协委员参与其中。① 通过当事人双方的辩论、法律专家的论证以及其他参与人员的评议,检察院对涉罪企业的合规风险进行审查、督促企业加强合规体系建设,并在此基础之上作出合规不起诉的决定。这种积极的尝试,具有典范性和可复制性,值得在全国进一步推广。

(二)我国企业合规不起诉的威慑力不足及应对

美国早期的暂缓起诉制度偏重于对于企业的保护,不仅给予涉罪企业不起诉的优厚处理待遇,在起诉企业员工和科处罚金方面都彰显得十分地克制与宽容。从我国目前的企业合规不起诉的试点实践来看,检察机关推行的企业合规不起诉与美国早期的暂缓起诉采取了一样的策略,甚至有过之而无不及。2020年第一批试点以来,在各地实践之中,检察机关处理的多数案例最终作出的不起诉决定对象既包括企业也包括企业之中的相关责任人。② 2021年6月3日,最高人民检察院发布的"企业合规改革试点典型案例"似乎有些变化,将"合规不起诉"换成了"企业合规改革"的说法,并且有两个案例"既不起诉企业也不起诉责任人",另外两个案例则"不起诉企业并给予责任人从宽处理"。③ 但是,从四则案例的总体情况来看,其重心还是放在了"企业合规不起诉",即企业在涉案之后,如果配合检察官所主导的合规工作,就可以享受"不起诉企业也不起诉责任人"的待遇。④ 这种"全盘放过"做法的妥当性有待商榷,因为当企业被作出不起诉决定之后,检察机关无权进行罚款,行政机关的处罚要么缺位,要么过轻,无法发挥出司法的威慑效用。⑤

---

① 最高人民法院.江苏张家港:《检察机关开展企业合规建设获党委政府支持》[EB/OL].[2022-7-13].https://www.spp.gov.cn/spp/zdgz/202105/t20210510_517561.shtml.
② 华税.最高检推进企业企业合规试点改革,这些民营企业虚开案件首次以合规不起诉结案[EB/OL],[2022-7-13].https://www.shui5.cn/article/40/11525.html.
③ 最高人民检察院共发布了4个指导案例,其中张家港市污染环境案与新泰市企业串通投标系列案既没有起诉企业,也没有起诉责任人;上海市虚开增值税发票案与深圳市非国家工作人员受贿案对企业不起诉,对责任人从宽处理。
④ 黎宏.企业合规不起诉:误解及纠正[J].中国法律评论,2021(3):177-188.
⑤ 李勇.企业附条件不起诉的立法建议[J].中国刑事法杂志,2021(2):127-143.

从理论上来看,企业合规不起诉的制度设计应当兼顾保护企业与预防犯罪二元价值与目标,偏重或者偏废任何一种目标都可能会带来严重的附带性后果。美国早期过于宽松的司法策略就没有获得企业的反省与再造,反而致使暂缓起诉失去了威慑力,涉罪企业一再地违反合规计划,前述的辉瑞公司在签署企业合规协议之后再三犯罪的案例就很好的说明的这一点。美国人在早期的暂缓起诉实践之中吸取了足够的经验与教训,在痛定思痛以后,2015 年时任美国司法部检察长的 Sally Quillian Yates 再次发布了《耶茨备忘录》。《耶茨备忘录》为加强对公司犯罪中自然人责任追究规定了六个步骤,其中第 4 条和第 5 条要求:在没有特殊情况或部门政策批准的情况下,美国商务部在与公司解决问题时不会释放负有民事或刑事责任的个人;在企业没有提供解决相关个人责任的计划时,检察官不得与公司和解。①《耶茨备忘录》向外界传递了企业合规的基本精神——"放过企业但严惩责任人"。受美国的影响,英国、法国、加拿大等国家的企业合规司法实践也基本上采用了"放过企业但严惩责任人"的做法,并且这种趋势还在不断地得到加强。②

我国检察机关在试点工作之中所推行的"同时放过犯罪企业和犯罪企业员工"的做法显然违背了当前国际上的通行做法,而且也不符合法理逻辑。"企业合规,本质上是企业自身具有独立意思的体现,是在企业经营活动之中出现犯罪行为时,让企业全身而退、免除处罚的理由,而并非让其中自然人免责的理由。"③如果将企业合规同时作为企业和员工同时出罪的理由,不免有违我国所确立的刑法适用平等原则之嫌。因为在一般的自然人犯罪场合,即便自然人具备再好的悔罪态度以及再完善的改过计划,都很难获得检察机关不起诉的处理待遇,而在企业犯罪的场合,自然人却可以凭借企业的合规计划谋求到检察机关的不起诉处理。这种"既放过企业顺带放过责任人"的做法也可能会导致一定的后果,以后凡是自然人犯罪,只要努力粘连上企业就很容易逃脱法律的制裁。在这种极度宽容的司法策略之下,企业中的责任人触犯了刑法却得到了不疼不痒的处理,企业合规不仅不能够起到预防犯罪的效果,还容易成为企业犯

---

① See U. S Attorneys' Manual(1990),§9 – 22.000.
② 李本灿. 域外企业缓起诉制度比较研究[J]. 中国刑事法杂志,2020(3):89 – 108.
③ 黎宏. 企业合规不起诉:误解及纠正[J]. 中国法律评论,2021(3):177 – 188.

罪的"保护伞"。

美国的司法实践已经证明,"放过企业并且放过责任人"的做法达不到威慑犯罪的效果。我国虽然在法治观念、司法传统、司法体制、企业管理体制等方面与美国有着诸多的差异,但这些并不足以保证我国的企业合规不起诉不会发生美国的类似后果。因此,我国推广企业合规不起诉制度的过程之中,能够享受有效合规计划所提供的优待应当是企业自身而非企业中的自然人。换言之,企业合规不起诉的对象只能是企业而不能是企业中的自然人。我国的企业合规不起诉也应当秉持"放过企业但严惩责任人"的做法,要使企业合规不起诉同时具备"恩威并施"的功能,这不仅是我国"宽严相济"刑事政策的内在要求,也是预防企业再次犯罪的必然之举,更是促进企业管理层重组与改善的必由之路。

(三)我国企业合规不起诉的激励不足及克服

当前,我国检察机关在企业合规不起诉试点工作中创造了两种运作模式:一种是"相对不起诉模式",另一种是"附条件不起诉模式"。前者是指检察机关在审查起诉的过程之中,对于犯罪情节轻微同时认罪认罚的涉罪企业,在作出不起诉决定之后,利用检察建议督促企业进行合规建设;后者是指检察机关在审查起诉的过程之中,通过给企业设定一定的考验期限,对涉罪企业暂时不予起诉,待其达到合规要求之后最终再作出不起诉的决定。从目前的实践现状来看,"相对不起诉模式"成为了检察机关主推的实践模式,山东省、江苏省、上海市等多地均是采用的此种模式。而"附条件不起诉模式"则使用的相对较少,只有浙江和福建的少数地区检察机关所采用。究其原因在于,"相对不起诉模式"操作起来比较简易省事,而"附条件不起诉模式"则相对复杂,需要检察机关付出较多的时间、人力与物力。

从理论上来看,我国检察机关主推的"相对不起诉模式"存在着严重的激励不足问题,即在"相对不起诉"运作模式之下,涉罪企业很难具有合规和改造的动力。原因有二:其一,在"相对不起诉模式"下,检察机关往往是事先给予涉罪企业不起诉的决定,而后再以检察建议的形式督促企业积极展开合规建设。但涉罪企业被作出不起诉决定之后已经处于无罪的状态,其已经获得了检察机关能够给予的最优处理效果,后续的企业是否合规、如何合规以及合规效果都无法再为其获取进一步的从宽效果。其二,检察建议缺乏刚力。"众所周知,尽管我国的检察建议借鉴了苏联的制度,但我国的政治体制决定了具有鲜明的中国特色检察建议制度,不可能沿袭苏联的检察建议被赋予了明确的刚性法律效果的'一般监督'检察制度。"①尽管检察建议具有执法时间、执法对象较为灵活的独特优势,但我国的各类检察建议因为立法赋权的缺失向来显得尤为乏力。②从目前的企业合规不起诉试点实践来看,被作出不起诉的无论是企业还是自然人,因为不履行检察建议而被检察机关重新提起公诉的案例,可谓是微乎其微。这在一定程度上说明,在"相对不起诉模式"之下,重新提起诉讼从不是检察机关的通常选项,也难以成为检察机关制约拒不履行合规计划的企业的常规手段。③

美国的企业合规制度最早来源于处理未成年人犯罪的审前转处协议,其实质上是一种针对未成年人的附条件不起诉。因此,美国的企业合规实质上就是针对企业的附条件不起诉,美国从始至终都未改变暂缓起诉的运作模式,因为这种"附条件不起诉模式"有着先天的激励优势。当涉罪企业选择与检察机关合作并且积极的认罪认罚,其将获得第一次激励,即检察机关会先考虑作出附条件不起诉的决定,但这种决定并不是最终的、确定的处理结果。只有当企业进一步配合检察机关做好合规建设并且取得了达标的合规效果,其才能获得第二次激励,即检察机关最终作出不起诉决定的处理。由此可见,"附条件不起诉模式"所具备的两次激励具有层次性和阶段性,既可以鼓励涉罪企业积极地与检察机关进行第一次合作——认罪认罚与配合调查,又可以保证涉罪企业有着足够的动力完成继续合作——进一步的合规建设。正因如此,这种模式在美国的司法实践之中得以传承并又经久不衰。我国未来也可效仿美国的做法,将"附条件不起诉模式"作为我国企业合规不起诉的范本并在全国加以推广。我国已有的未成年人附条件不起诉经验也足以为企业的附条件不起诉提供一定的实践基础。

此外,美国的企业合规对于潜在的涉嫌重罪的企业也有很好的激励作用,

---

① 李立景. 协同赋权:新时代中国检察建议的范式转型与重构[J]. 湖南社会科学,2020(5):87 - 99.
② 李奋飞. 论企业合规检察建议[J]. 中国刑事法杂志,2021(1):97 - 113.
③ 陈瑞华. 刑事诉讼的合规激励模式[J]. 中国法学,2020(6):225 - 244.

主要在于其暂缓起诉的适用范围没有罪名和量刑的限制。在美国,无论企业所犯罪名是轻罪还是重罪,无论刑罚是轻刑亦或是重刑,检察官都可以对其适用暂缓起诉,尤其是那些触犯重罪的企业也有着足够的动力与检察官进行合作。从我国的试点实践来看,企业合规不起诉的运作模式主要是"相对不起诉模式"。根据我国《刑事诉讼法》的规定,只有轻微犯罪才能适用相对不起诉。在地区实践之中,一般也将企业合规不起诉的适用范围定位3年有期徒刑以下刑罚,这也是我国学者所达成的基本共识。这意味着严重的企业犯罪不能进入我国企业合规不起诉的视野。笔者认为,我国企业合规不起诉不宜设置罪名和刑罚的犯罪限制,无论是轻罪亦或是重罪都可以适用企业合规不起诉,理由有二:其一,我国刑法所规定的单位犯罪均为法定犯,法定犯的反伦理色彩比较轻,即便是对重罪适用合规不起诉一般也不会为社会公众法感情所不容;其二,企业犯罪归根结底还是企业内部责任人的犯罪,在"责任分离原则"的理念之下,无论是轻罪还是重罪,只要"严惩责任人"就足以发挥足够的威慑效力,没有必要非得对企业提起诉讼。只有取消罪名和刑罚的限制,给予那些潜在的涉嫌重罪的企业合规不起诉的希望与可能,这些企业才有动力积极的认罪认罚,并且不再包庇内部的责任人以完成自我救赎。

企业合规刑事激励机制本土化构建研究

庞良文　邢雅丽　连晶晶*

摘要：检察机关开展企业合规改革试点工作，是落实高检院对于涉民营企业犯罪案件"少捕慎诉"的政策要求。然而，在一些试点地区的检察机关办理涉企犯罪案件时，也暴露出合规制度与我国法律的排异反应。本文通过考察合规制度的域外起源，阐述企业合规激励机制的内涵和外延，对实践中刑事激励机制的适用困境进行分析，试图构建一套符合中国国情的企业合规刑事激励机制。

关键词：企业合规；刑事激励；构建

一、企业合规激励机制的起源及发展

（一）企业合规激励机制的发展历程

企业合规起源于20世纪60年代的美国，经历了企业自我监管阶段、政府监管、刑事合规与行政监管合规并存、普遍监管等阶段。[①] 发展至今，企业合规机制在一些西方国家的公司经营中已经得到普遍适用，企业合规机制的适用范围已经由反腐败领域逐步延伸到反垄断、反洗钱、出口管制等诸多领域，各国政府监管部门也逐渐将企业合规作为对涉案企业进行从宽处理的依据。

自2020年3月起，最高人民检察院先后在全国十余个省份，约上百家检察

---

* 庞良文，安徽省淮南市人民检察院三级高级检察官；邢雅丽，安徽省淮南市人民检察院第一检察部检察官助理；连晶晶，安徽省淮南市谢家集区人民检察院第一检察部检察官。

① 陈瑞华. 论企业合规的性质[J]. 浙江工商大学学报，2021(1)：51.

院开展"企业合规不起诉"改革试点。2021年6月,最高人民检察院等9家单位联合发布了《关于建立涉案企业合规第三方监督评估机制的指导意见(试行)》,对于开展涉案企业合规不起诉工作做了具体规定,这意味着在我国企业合规已经从企业的内部治理手段逐渐转化为影响企业司法处理的重要因素。

(二)企业合规激励机制的内涵与外延

企业合规激励机制的内涵可以从企业内部的管理机制和外部的激励机制两个层面进行理解。企业内部的管理机制可以根据企业经营活动的不同阶段分为不同的侧面予以考察。具体可以明确为:一是企业在正常经营活动中主动遵守市场秩序和法律法规的自主作为;二是企业在商事交易活动中为了预防违反政策法律规定的行为而采取的治理模式;三是企业在违反相关规定需要承担相应的刑事责任或是行政责任时,为了尽可能地降低因此带来的损失而采取的应对措施。

企业合规的外部激励机制则表现为国家公权力以规范性法律文件的方式,在行政监管、刑事合规和反制裁三个方面,将企业合规机制作为案件处理时的必要考量因素,给失足企业争取宽大处理带来契机。在我国,企业合规激励机制是一种以检察机关为主导的刑事司法机制,具体体现在刑事合规激励方面,本文将以刑事合规为核心阐述企业合规机制在司法实践中遇到的困境,以期构建适合中国本土的企业合规刑事激励机制。

(三)企业合规刑事激励机制的意义与价值

涉罪企业在遭受刑事追诉时,企业通常会被判处相应的刑事处罚,其对企业造成的负面影响不仅仅局限于企业本身,它可能会像石头投入水中后水波的辐射扩散一样,对企业周围的第三人也会造成不利的辐射后果,也即是美国公司犯罪理论中盛行的"水波理论"。[①] 为了避免这些不利影响的扩散,监管部门尽力缩小惩罚的范围,严格划定惩罚的标准,但结果都不尽如人意。更重要的是,企业被起诉之后,一般会承担巨额经济损失和名誉断崖。换言之,企业就相当于被宣告死亡。

---

① 陈瑞华.企业合规的基本问题[J].中国法律评论,2020(1):187.

在经济全球化的国际大背景下,我国的跨国企业越来越多,为了更好地"走出去",他们必须适应所在国的相关规定。企业合规管理模式在许多欧美国家已经得到普遍适用,在许多国际条例和规定中也已成为共识,我国跨国企业的分支机构为了遵守所在国的合规管理模式,避免更大的法律风险,也纷纷将企业合规计划列入公司日程。[①] 刑事合规激励机制作为构建合规计划的重要推动力,是我国完善合规机制的必由之路,也是我国有效应对国际严格监管,进行全球化交易的制度保障。

二、企业合规刑事激励机制的适用困境

(一)"企业刑事合规"概念的混淆与滥用

所谓"企业刑事合规",是指对于涉罪企业,刑事司法机关以企业建立合规机制为依据,对于做出不起诉、暂缓起诉、量刑从宽等宽大刑事处理的法律制度。从本质上讲,刑事合规有助于企业主动认识犯罪、从而远离犯罪,其目的是预防犯罪。然而,当下部分企业主打着刑事合规的旗帜,开展的却是不合规的操作。例如,部分企业或企业家为防患于未然而提前制定所谓的刑事合规制度,但在执行时敷衍了事甚至束之高阁,难以实现刑事合规的效果。

对于企业风险防控的适用基础方面,是仅适用于企业合规,还是包括企业家合规?有些学者认为,企业合规的规范属性是一元的,仅包含对企业的风险防控;反对者认为企业合规的规范内容具有二元性,即企业合规和企业家合规;亦有些许极端学者将企业合规的规范属性等同于对企业家的风险防控。笔者从企业合规的内涵出发,认为第一种观点更具有说服力。从企业合规的内部管理层面分析,合规机制的行为主体都是企业,且行为内容都属于企业的自主行为;从合规激励机制的运行模式来看,企业合规是通过激励企业建立合规计划,将企业从责任主体中除去,严格区分企业责任与企业家的责任。此时,企业家的风险不仅不会减免,甚至可能因为企业对责任分担的减少而承担更多的法律责任。[②] 故而企业合规机制的规范属性是一元性的。

---

① 陈瑞华. 论企业合规的中国化问题[J]. 西北政法大学学报,2020(3):36.
② 尹云霞,庄燕君,李晓霞. 企业能动性与反腐败"辐射型执法效应"[J]. 交大法学,2016(2):32.

(二)不起诉制度适用存在局限

我国现行《刑事诉讼法》规定了五种不起诉制度,分别为绝对不起诉、相对不起诉、证据不足不起诉、附条件不起诉和特别不起诉。其中与域外的企业合规不起诉制度较为类似的是是针对未成年人犯罪的附条件不起诉。然而,当前我国的附条件不起诉制度仅适应于"未成年人涉嫌刑法分则第四章、第五章、第六章规定的犯罪,可能判处一年有期徒刑以下刑罚"的案件,其适用对象只能是未成年人,不包括单位犯罪案件。其次,现行的附条件不起诉制度是对于已经达到起诉标准的特殊群体设置一定的考验期限,给予嫌疑人以自我改造的时间和机会,若考验期满符合条件,检察机关则作出不起诉的决定。而对于尚未起诉和是否达到起诉标准不明确或者存疑的案件,并不属于附条件不起诉的适用范围。最后,我国刑事诉讼法规定的相对不起诉制度,针对的是犯罪情节轻微,不需要判处刑罚或者免除刑罚的犯罪嫌疑人。而在实践中,涉罪企业往往都不属于"情节轻微"的类型。如H市办理的民营企业涉案罪名主要集中于非法吸收公众存款罪、骗取贷款罪等严重破坏金融管理秩序的罪名。

(三)认罪认罚从宽制度适用存在阻力

2018年刑事诉讼法将认罪认罚从宽制度正式入法,对于自愿认罪悔罪的犯罪嫌疑人给予从宽处理,该制度适用于刑事诉讼的全过程和所有罪名。但是,我国刑诉法至今尚未明确规定单位犯罪参加刑事诉讼的内容,整个刑事诉讼活动都是围绕着作为自然人的犯罪嫌疑人、被告人而展开的。因此,当前推行的认罪认罚从宽制度也同样是以个人为中心展开的。对于涉罪企业的经营者、管理者可以通过对犯罪嫌疑人、被告人个人的认罪认罚从宽制度实现刑事司法保护,而对于涉罪企业则无法适用该从宽制度。

此外,在我国当前的试点实践中,多数民营企业在被调查之前并未建立相应的合规制度,一般都是在发案后,检察机关通过制发检察建议等方式,督促涉罪企业制定合规经营方案,修订公司规章制度,完善公司治理结构等。但是这种以事后经督促而进行的合规整改为例的补救措施,是否可以认定为企业认罪悔罪的标准,是否会给涉案企业寻求脱罪机会提供便利有待进一步考证。

三、构建企业合规刑事激励机制的本土化路径

(一)以检察建议畅通"刑行衔接"机制

我国刑事诉讼法中设立了相对不起诉制度,同时规定了"对被不起诉人需要给予行政处罚、处分或者需要没收其违法所得的,人民检察院应当提出检察意见,移送有关主管机关处理。"即检察院在审查起诉过程中,对于犯罪情节轻微且自愿进行合规整改的涉罪企业,在作出相对不起诉决定的同时,可以通过制发检察建议的方式责令、督促企业建立合规管理体系,依法做好刑事不起诉与行政处罚、处分有效衔接,这种方式已经在江苏和上海等试点城市推行适用。

但是,囿于检察建议并不具有刚性效力,并且在司法实践中,检察机关在作出相对不起诉决定后,也鲜少建议有关机关给予行政处罚、处分或者没收违法所得的情况,导致"刑行衔接"不畅。为此,可以借鉴德国的起诉便宜制度的相关做法,由检察机关在征得法院和犯罪嫌疑人的同意后,对其科处一定的负担与指示,并停止追诉程序,通过制发检察建议的方式实现不起诉与行政处罚的有效衔接,从而赋予检察建议刚性效力。

(二)化解合规不起诉与本土制度的排异反应

第一,合规不起诉制度的对象限度。在判定合规不起诉制度的对象限度时,通常应注意以下两个问题:一是合规不起诉制度适用的案件类型仅限企业犯罪类型的案件。原因在于,合规不起诉制度属于企业合规的分支内容,通过上文对企业合规规范属性的论述可知,企业合规具有防范企业风险的单一属性,故合规不起诉制度的适用逻辑也应当是企业犯罪类型的案件。二是合规不起诉制度适用的犯罪类型应当是轻微刑事案件,重大刑事案件不宜适用。原因在于,如果无论案件性质多么恶劣,涉案企业均可适用合规不起诉机制摆脱被提起公诉的命运,这显然与刑法中的罪责刑相适应原则背道而驰。但是,司法机关可以通过量刑激励等其他方式对合规企业予以奖励。

第二,合规不起诉制度的启动阶段。在研究合规不起诉制度的启动阶段时,我们通常借鉴域外的经验,即在审查起诉阶段,通过适当拓展附条件不起诉的主体范围,对涉案企业适用附条件不起诉。但在我国,涉案企业在进入审查

起诉阶段之前,须由公安机关进行侦查,这段时间少则数月,多则一年以上,其间公安机关还可能会采取一系列强制措施,导致企业在进入审查起诉程序之前已经近乎死亡。① 即使在审查起诉阶段适用附条件不起诉,也难以救活企业。由此可见,这种单纯移植在我国无法适用。故笔者认为,将企业合规附条件不起诉的启动阶段前移,并坚持"尽早启动"的原则。具体而言,公安机关在决定对涉案企业立案时,应注意涉案企业是否具有适用合规不起诉的资格,如果认为涉案企业可以适用合规机制的,就及时将案件移送检察机关予以确认启动。同时,公安机关还应积极配合检察机关的合规不起诉程序,将企业合规纳入侦查阶段,促进我国合规不起诉制度的构建。

第三,合规不起诉制度中的考察期设置。合规不起诉制度的合规考察对于该制度的适用和不起诉决定的作出具有举足轻重的意义,因此,我们有必要对涉案企业的合规管理考察设置尽可能长的法律期限,保障企业合规的有效运行。但须注意的是,这一法律期限还需符合刑事诉讼程序的其他法律规定和期限规范,毕竟,我国刑诉法仅对涉嫌轻微犯罪行为的未成年人设置了六个月到一年的考察期,这为我国设置合理的考察期提出了挑战。笔者认为,对于考察期的设置可以采用自下而上的经验总结和自上而下的立法授权模式。具体而言,最高人民检察院可以在试点省份检察机关不起诉考察期限探索设定的基础上,自下而上的总结经验,再提请相关立法机关进行立法授权,在各地检察机关进行适用。

(三)化解企业合规与我国认罪认罚制度的逻辑矛盾

对涉案企业适用合规不起诉制度以涉案企业"认罪认罚"为前提。② 我国目前对认罪认罚从宽制度的适用范围限于自然人,尚未延伸至企业的犯罪预防。依照我国认罪认罚制度的规定,涉案企业认罪认罚不仅需要自愿认罪,还需要接受相应的刑罚,并签署具结书。更重要的是,检察机关需要尽快对涉案企业作出处理。但合规不起诉制度要求检察机关对涉案企业进行一段时间的合规考察,并根据涉案企业在考察期内的合规进展,决定是否提起公诉,这显然

---

① 陈瑞华. 企业合规不起诉制度研究[J]. 中国刑事法杂志,2021(1):82.
② 陈瑞华. 企业合规不起诉制度研究[J]. 中国刑事法杂志,2021(1):80.

与我国认罪认罚的制度逻辑相矛盾。

因此,在企业合规不起诉制度中对认罪认罚制度从三个层面进行变通适用。第一层面是对制度适用标准的变通,即涉案企业仅需要自愿承认犯罪,同时承诺或提交合规计划,配合适当的执法调查与监督,不再需要签署具结书;第二层面是对制度适用时间的变通,即检察机关对纳入合规考察的涉案企业,可以设定一定期限,进行监管,不再受到"尽快作出处理"的限制;第三个层面是对制度适用结果的变通,即检察机关对涉案企业作出认罪认罚决定不再具有结果的确定性,制度适用结果由涉案企业的合规管理表现和建设效果决定。

(四)拓宽量刑激励机制的适用渠道

在定罪量刑程序中,如果涉案企业所犯罪行特别重大,无法通过合规换取不起诉抗辩,但企业已经积极进行合规整改,可以适当降低对涉案企业的处罚力度,采用量刑激励的方式推动涉案企业的合规建设。但由于案情重大,也应当适当提高量刑激励的门槛,防止涉案企业存在侥幸心理。《美国联邦量刑指南》首次将合规体系建设情况作为减轻刑罚的重要情节,涉案企业可以通过建立合规计划、配合调查、主动提供涉案信息等方式,减少罚金刑数额或者作为量刑宽大处理的重要依据。比如,涉案企业欲通过合规换取量刑的减免,应积极配合司法机关的案情调查和合规调查,及时提供涉案文件、处理涉案人员、报告合规管理的近况等。

完善第三方监管评估机制推动
企业合规改革的实践探索

奚玮 平静[*]

摘要：企业合规首先发端于美国，目前已成为全世界企业的治理机制。对于企业合规的含义，法学界和实务界向来有不同的理解。一般来说，企业合规是企业为实现依法依规经营、防控合规风险所建立的一种治理机制。通过前期试点，检察机关在办理涉企刑事案件过程中，围绕推进企业合规建设做了一些探索实践，积累了一些经验做法，这一改革探索顺应了我国近期加强民营企业保护的发展趋势，体现了从源头上治理企业违法犯罪的理念，为下一步立法完善积累了实践经验。但是，第三方合规监管评估机制的在实践中还存在一些问题，如何应对一些制度上的挑战和难题，尚需要我们进一步集思广益、凝聚共识。

关键词：企业合规；改革；第三方评估；检察

一、第三方合规监管评估机制的四种模式及评析

企业合规不起诉制度并非一味优待涉案企业，而是通过合规考察的督促和不起诉的"优惠"，努力使企业踏上合法合规经营的正道。不起诉的前提是涉案企业合规承诺的兑现，而这必须通过第三方合规监管评估机制方可实现。正如最高人民检察院检察长张军所言："企业的合规承诺想要落实落地，就必须建设

---

[*] 奚玮，安徽师范大学教授；平静，安徽省淮南市谢家集区人民检察院第一检察部检察官助理。

好、使用好第三方监管机制。"因此,合规监管评估机制受到我国各地方检察机关的高度重视,实践中呈现出多种具有中国特色的第三方合规监管模式。以监管主体作为划分依据,可以将这些模式分为以下四种类型:

一是检察机关主导监管模式。该模式是指由检察机关主导着整个合规监管工作,负责监督考察涉罪企业合规制度的建设情况。在实践中,一般由检察官为主、检察机关设立的刑事合规专员为辅,共同完成合规案件涉罪企业的审查、监管协议的签署和后续的监督考察工作。这种模式虽然允许第三方监管力量的介入,但检察机关依旧占据绝对主导地位,并非真正意义上的第三方监管模式。

二是独立监管人模式。该模式是指在检察机关决定启动合规监管程序后,要求涉罪企业聘请独立的第三方监管人员协助并监督其进行合规制度建设。该模式引入外部专业力量,使涉案企业可以获得更全面专业的帮助和指导,盛行于域外。但是其存在的问题也较为明显:首先,大多数企业都难以承担高昂的独立监管人聘请薪资和监管成本。其次,兼具检察监督代表人和合规服务提供者的双重角色,使得独立监管人的中立性难以保障。最后,独立监管人可能发生的腐败问题以及由此产生的新的监督问题都难以有效解决。

三是行政机关监管模式。该模式指检察机关在决定启动合规监管程序后,委托有关政府部门或同有关行政监管机关一并作为监督主体,负责对涉案企业合规计划的落实情况进行监督考察。在此过程中检察机关与行政监管机关保持紧密联系以掌握具体情况。考察期结束后,检察机关作出起诉决定时应当听取行政监管机关的意见。在此种模式下,行政监管机关的角色存在冲突,其既是执法者,也是监督者。同时,检察机关和行政监管机关作为共同监管主体,二者的职责容易混淆,可能发生相互推诿的现象。

四是企业合规监督管理委员会指导、监督下的第三方监管人监管评估模式。该模式的主要运行机制如下:由专业人才构成的第三方监管人负责检查和评估工作,承担涉案企业合规建设的直接监管职责,并需按期出具检查报告反馈给监督管理委员会。监督管理委员会通过监督和管理第三方监管人(主要通过审查监督报告和调查处理第三方监管人违法违规行为)来达成对涉案企业的间接监管和对整个机制运行的主导。检察机关在合规考察过程中则主要扮演辅助角色,但起诉决定权仍由其行使,并可以召开听证会,就拟不起诉案件听取第三方监管人和监督管理委员会的意见。

二、第三方合规监管评估机制的中国模式构建

基于上述分析,以企业合规监督管理委员会指导、监督下的第三方监管人监管评估模式为基础,来构建中国模式更具有现实可行性。具体原因如下:

第一,无论是检察机关还是行政机关作为监管主体,都无法避免执法者与监督者的角色冲突问题,这也是两种模式最大的弊端,即难以确保第三方监管主体的中立性。而且合规监管是一项持续性且高度专业化的工作,检察机关和行政监管机关都有其本身的职责和大量的工作,两者作为合规监管的主体,对其能力和精力都提出了过高的要求。此外,如果由两者共同作为监管主体,反而可能会带来更复杂的职责混淆和冲突问题。

第二,独立监管人虽然理论上是专业能力较强的中立第三方,但这一模式中制度参与双方的争议容易被搁置,且独立监管人缺乏应有的制约,导致该模式不仅难以协调独立监管人和涉案企业的冲突,也无法有效规避因权钱交易带来的"合规腐败"风险。而且鉴于我国司法体制的特点和司法文化,由不享有公权力的私营机构来实施带有公权力性质的监督考察,很难被公众和涉罪企业所接受。因此,如果没有适当的管理和制约,律师、会计师、审计师等第三方专业人员不适合成为我国合规监管制度的监管主体。

第三,鉴于这两种模式的弊端,企业合规监督管理委员会指导、监督下的第三方监管人监管评估模式在保证第三方监管人中立性、专业性的基础上,通过企业合规监督管理委员会的指导、监管和评估,既提供了涉案企业和第三方监管人有关合规建设争议的解决途径,也较大程度上避免了潜在的腐败风险,确保了监管报告的客观性和真实性,推动了合规监管制度的廉洁高效运行。

正因如此,最高人民检察院《关于建立涉案企业合规第三方监督评估机制的指导意见(试行)》(以下简称《意见》)在总结实践经验的基础上,探索建立的"检察主导、各方参与、客观中立、强化监督"的第三方监督评估机制,与企业合规监督管理委员会指导、监督下的第三方监管人模式极为相似。可以说,《意见》为第三方监管评估制度的建立提供了清晰的规范依据和方向指引,并在具体机制上进行了优化和完善。其完善之处主要体现在以下几个方面:

首先,在保障第三方监管质量的同时,降低了企业合规建设成本。将企业合规监管交由常设的第三方机制管委会。在专业人员名录库随机抽选的第三方组织负责。这一举措使得企业合规的第三方监督评估部分具有了公共服务的性质，显著地降低了企业进行合规建设的成本，既有利于扩大企业合规在中小企业中的适用，也有利于减少涉案企业对合规监管的疑虑和抵触情绪。同时有官方背书的专业人员名录库和独立于检察机关的地位设置也保障了第三方组织监督评估的专业性和中立性。

其次，厘清了涉案企业、人民检察院、第三方组织、第三方机制管委会等制度主体的职责。涉案企业及其人员在第三方机制运行过程中应当认真履行合规计划，并配合第三方组织的考察工作。根据《意见》第 16 条的规定，对第三方组织合规考察的书面报告、第三方组织组成人员名单以及涉案企业合规计划、定期书面报告由人民检察院进行审查，而非监管管理委员会。换言之，第三方机制管委会在第三方机制启动后除了分类随机抽取人员组成第三方组织外，基本不介入机制的运行过程，过程中的审查、监督由办案人民检察院负责。第三方机制管委会主要在机制启动前承担对第三方组织及其成员的选任、培训、考核、管理、监督和检查。第三方组织应当在涉案企业开展合规建设前、建设过程中以及建设完成后分别对合规计划的可行性、有效性与全面性、合规计划履行情况和合规计划完成情况进行审查评估，并提出意见建议或制作书面报告。

最后，设立了防止第三方组织实施违规违法或合规腐败行为的机制。《意见》在防止和避免"虚假整改""合规腐败"等问题上下了较大功夫。除了第三方机制管委会的日常监督和巡回检查外，《意见》第 17 条不仅规定了第三方组织及其成员遵纪守法、勤勉尽责、客观中立、保守秘密等义务，而且要求第三方组织中律师、会计师等中介组织人员在履职期间和履职后一年内，不得接受涉案企业、个人或其他有利益关系的单位、人员的业务。第 18 条赋予了涉案企业或其人员，就第三方组织或其组成人员在机制运行期间存在不当或涉嫌违法犯罪的行为，向第三方机制管委会反映或者提出异议，和向负责办理案件的人民检察院提出申诉、控告的权利。

三、完善落实第三方监管评估机制的建议

《意见》为我国合规监管制度的构建提供了成熟的范式。为了建设好、落实好第三方监管评估机制，可以从以下两方面着手完善：

第一,明确第三方监管评估费用承担方式。经费是落实《意见》第三方监管机制的突出问题。如按照正常市场付费,涉案企业可能难以负担。如按照公益价格付费或者免费,则不易吸引专业人士投身于合规监管。如果由第三方机制管委会承担,则经费的来源和管理是一个问题。如果由企业直接付费给第三方监管人,又易引发独立性和公信力质疑。在此认为,第三方监管评估费用应具有半公益性质,由第三方机制管委会和企业共同承担,可成立专项资金和专项补助项目,用于支付费用和救助企业,具体确定分担数额时应当考虑案件情况、涉案企业过错程度、企业承受能力等。此外,对于参与第三方监管的人员和机构建立激励机制,可以采取评优优先和官方认证等以宣传换服务的方式提高其参与积极性,促进监管费用降低。

第二,完善第三方组织的选任方式。《意见》规定第三方组织由第三方机制管委会根据案件具体情况以及涉案企业类型,从专业人员名录库中分类随机抽选。在此认为,第三方监管评估将直接影响企业的经营运转和切身利益,为了维护企业的合法权益,保障后续第三方监管评估机制的顺利运行,应当赋予涉案企业在选任第三方组织过程的参与权。同时,为了防止企业过度干涉人员选任而影响第三方监管评估的权威性和中立性,可以将参与权限定于涉案企业对人员选任的类别选取权和人选异议权,对于企业指定的类别没有明显错误和不法意图的,一般应当允许,对于企业提出合理异议并经查证属实的,应当更换组织人选。

网络爬虫行为刑事合规边界研究

徐学义　陈礼毅[*]

摘要:大数据时代下,据不完全统计,目前互联网上50%以上的流量是爬虫产生的。但囿于当前网络爬虫行为的法律边界尚不明确,恶意网络爬虫行为日益泛滥,常僭越法律底线,异化为各种形态的犯罪,呈现"口袋化"趋势。以我国司法实务的角度,在认定网络爬虫行为刑事违法性时,可从侵入行为是否违反合约措施、技术措施方面,结合损害后果等构成要件进行判断。在企业刑事合规的角度上,界分网络爬虫行为的刑事合规边界,并为网络爬虫技术的适用提出刑事合规意见。

关键词:网络爬虫;网络犯罪;刑事合规

伴随着信息网络技术的发展,信息和数据的爆炸性增长对人类的数据驾驭能力提出了新的挑战,[①]数据资源是当下互联网企业发展的重要基础。大数据时代,企业想要持续发展壮大,往往需要不断的采集数据资源,而网络爬虫则是企业采集公开数据的常用技术手段之一。网络爬虫作为一种重要的数据采集手段,已经广泛应用于互联网的诸多领域,也引发了越来越多的争议,例如互联网企业之间不正当竞争以及相关刑事犯罪争议。以上争议已然成为数据产业

---

[*] 徐学义,北京本同律师事务所主任,北京市犯罪学研究会企业职务犯罪研究专委会主任;陈礼毅,北京本同律师事务所律师。

[①] 何文虎. 我国互联网金融风险监管研究——基于制度因素和非制度因素的视角[J]. 金融发展评论,2014(10):55–65.

发展中亟待解决,法律实务中需要进一步厘清的重要问题。本文以网络爬虫技术的刑事合规为切入点,浅析爬取行为的刑事合规边界范围,从而寻找数据红利与信息危机之间的平衡点。

一、刑事司法实务认定网络爬虫入罪导向

(一)我国对网络爬虫行为的刑法规制日趋严厉

近年来,在强化数据安全理念之下,我国对网络爬虫行为的司法规制日趋严格,逐步由民事领域转向刑事领域。对既有裁判文书以时间维度进行梳理可知:2013年至2015年期间我国关于网络爬虫犯罪,司法实务的主要观点系将爬取数据认定为不正当竞争,代表案例如:2013年百度诉360案、2015年新浪微博诉脉脉案、2016年大众点评诉百度地图案等。近些年,因数据安全的不断深化,司法实务对网络爬虫的裁判观点也发生了变化。随着2017年深圳市南山区人民法院审理的酷米客诉车来了破坏加密措施、不正当爬取APP数据案(即车来了案),同年北京市海淀区人民法院审理的晟品公司非法获取计算机信息系统数据罪(即今日头条案)等因抓取公开数据获刑的判决下达之后,网络爬虫刑事案件逐渐增多,这些案例均表明对网络爬虫行为的司法评价正逐渐由侵权行为、不正当竞争行为转向犯罪行为,网络爬虫行为的法律风险也由民事侵权行为向刑事犯罪递升。

(二)网络爬虫行为入罪的门槛较低

刑法对常见的网络爬虫犯罪如非法获取计算机信息系统数据罪、侵犯公民个人信息罪的"结果不法"规定了两种认定标准:一是获取特定类型的数据(如身份认证信息)达到一定数量;二是造成一定数额的经济后果,如违法所得或经济损失。根据《关于办理危害计算机信息系统安全刑事案件应用法律若干问题的解释》,"违法所得5000元以上或者造成经济损失1万元以上的"即认定为非法获取计算机信息系统数据"情节严重"而构成犯罪。由于上述的认定标准偏低,极大地降低了网络爬虫行为的入罪门槛,导致动辄抓取海量规模数据的网络爬虫具有先天入罪基因。加之上述标准在司法实务中极易得到证明而被广泛采用,使得刑法在网络爬虫案件中一路"攻城略地",逼窄了民法的适用空间,导致网络爬虫民刑责任进一步模糊。①

(三) 网络爬虫行为入罪具有"口袋化"趋势

通过梳理已有网络爬虫行为入罪的案例,体现出"口袋化"的趋势。根据近年来的司法实务裁判观点,首先,不仅对技术上避开或突破反爬措施的网络爬虫行为入罪,对没有采取技术措施只是违反 Robots 协议或反爬声明的网络爬虫行为也入罪。其次,不仅对爬取后台不公开数据的网络爬虫行为入罪,对爬取网络公开数据的网络爬虫行为也入罪。

在实践中,有学者对司法实践进行归纳后,也发现非法获取计算机信息系统数据罪成为名副其实的"口袋罪",②其实质上可以用于评价所有非法获取电脑系统数据的行为。因为犯罪构成判断简单、入罪标准较低、不需额外占用司法资源等原因,已经成为多种犯罪行为的兜底性罪名③。(笔者根据近五年网络爬虫犯罪刑事案件的质与量分析,我国对网络爬虫的刑事规制"趋严"的说法并不符合实际。)

二、刑事司法实务认定网络爬虫行为入罪要点

网络爬虫是按照一定的规则,自动地爬取并分析互联网信息的程序。通俗地说,可以把互联网比作一张蜘蛛网,网络爬虫便是蜘蛛网上的小蜘蛛。每当小蜘蛛到达一个节点,便通过蛛网进行捕食(爬取数据),小蜘蛛顺着节点连线不断爬行,每当发现新资源,小蜘蛛便立刻出动再次进行捕食,直至整个蛛网节点被全部爬行。

在此基础之上,网络爬虫可分为合法访问的爬虫和恶意侵入的爬虫,其中合法访问的爬虫会遵循 Robots 协议,通过公开的数据接口进行访问;而恶意侵入的爬虫则会在技术上突破或绕过数据控制者的防护措施,继而爬取对方不愿意提供的数据。

刑事司法实务中,一般认定网络爬虫构成犯罪需论证两点:是否突破或绕

---

① 杨志琼. 数据时代网络爬虫的刑法规制[J]. 比较法研究,2020(04):185-200.
② 杨志琼. 非法获取计算机信息系统数据罪"口袋化"的实证分析及其处理路径[J]. 法学评论,2018,36(06):163-174.
③ 付强,李涛. 网络爬虫的刑法应对[J]. 中国检察官,2020(18):17-22.

过防护措施(即侵入行为的违法性)、是否进行了非法抓取数据行为或虽未抓取数据但制造了法不允许的危险(即损害后果的危害性)。

(一)常见的爬虫侵入防护措施分析

网络爬虫的基本流程为：

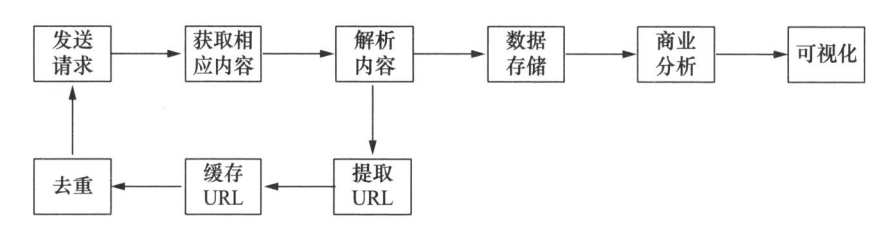

图1 网络爬虫基本流程

自爬虫技术诞生后,爬虫与反爬虫防护措施便是矛与盾之争。在知网、国家图书馆等可以搜集大量反爬虫规避的期刊论文材料。根据现有的司法判例,通常认为修改 UA、修改 device id、绕开网站访问频率控制等是常见的恶意爬虫侵入的技术模式,实际上爬虫侵入的技术手段与反爬虫的防护措施远不止如此,以下列举常见的三种防护措施。

1."请求头设置"防护措施

分析:数据控制者设置的 HTTP 请求头可以在网络爬虫向平台发送访问请求时对访问者的属性和配置信息进行检查,如果平台检查到没有相应的请求头或关键值错误时,平台会拒绝网络爬虫的访问。

2."数字签名"防护措施

分析:同请求头类似,数字签名一般是通过 URL、SKU 等多种参数加密生成,具有唯一性,数据控制者会验证数字签名的正确性,从而对恶意的爬取行为拒绝访问。

3."验证码"防护措施

分析:数据控制者会在访问过程中设定验证码,其中包含图形识别、数学计算,甚至会收集一些访问数据,比如指针移动速率、当前 IP 信息、是否使用插件、页面使用时间等以此鉴别人类和网络爬虫行为。

"今日头条案"中被告人利用"tt - spider"文件,在抓取过程中伪造 device -

id(突破"数字签名"防护措施),绕过服务器的身份校验,使用伪造 UA 及 IP(突破"请求头设置"防护措施)绕过服务器的访问频率限制爬取字节跳动视频数据,其网络爬虫行为是以上技术的"结合体",明显违反数据控制者的保护措施。

在互联网发展中对公开数据的访问和获取不可避免且有助于推进资源共享和技术革新[1],为了防止互联网巨头限制竞争,对网络爬虫爬取行为违法性的界定,需考虑其行为的侵入性,即排除技术层面的爬虫技术之外,重点考察恶意爬虫的侵入行为是否具有刑事违法性。

(二)侵入行为是否存在形式层面的刑事违法性

实务以是否违反数据控制者的保护措施为依据来判断爬取行为是否具备数据控制者授权,并以此作为形式违法性的判断标准。所谓数据控制者保护措施的界定包括数据控制者单方设立的合约措施(Robots 协议)和技术措施(反爬措施)两个方面。

1. 违反合约措施的认定

司法实务对 Robots 协议的对外效力的认定起始于 2013 年百度诉奇虎 360 案的判决,该判决为一个不正当竞争的民事纠纷,在今天成为刑事入罪的一个裁判标准,变相增加了刑事入罪的风险。

通常认为《中华人民共和国刑法》第 285 条第二款非法获取计算机信息系统数据罪为空白罪状,其中违反的"国家规定"通常对接《中华人民共和国网络安全法》第 27 条"任何个人和组织不得从事窃取网络数据等危害网络安全的活动"。其中"窃取网络数据",又指未经他人允许,采用技术手段,获取网络中存储、传输、处理的数据的行为。

基于此,未经他人允许即为构成入罪的基本要件,而数据控制者的允许与否取决于单方的意思表示,体现在数据控制者以自身利益为基础的 Robots 协议之中。在此基础之上对行为人是否未经授权或超越授权,是否遵守 Robots 协议是实务裁判的考察重点。

---

[1] Williams J L. Automation Is Not Hacking: Why Courts Must Reject Attempts to Use the CFAA as an Anti Competitive Sword[J]. *BUJ Sci. &Tech. L.*, 2018, 24: 416. B. U. J. *Sci. &Tech.* L. 417 (2018).

2. 违反技术措施的认定

如何从技术的角度界定用户是否具备授权在于判断用户是否突破了代码性限制(Code – based Restriction),对此,美国学术界观点提出了"代码规制(Regulation by Code)",认为爬取行为避开或突破了计算机信息系统所设置的"代码屏障"(即反爬措施),其访问行为才可被视为承担刑事责任意义上的"侵入"。2003 年欧盟《网络犯罪公约》(Convention on Cybercrime,亦称《布达佩斯公约》)第 3 条规定,成员国可以要求非法访问(侵入)的成立以侵犯"安全措施(Security Measure)"为条件;2022 年欧盟发布的《网络安全条例》、《信息安全条例》也旨在为欧盟所有的机构、机关、办事处建立一套最低限度的信息安全规则和标准,以在信息威胁不断演变的情况下为它们提供有力与一致的保护。我国在"今日头条案"中的审判实践里体现了对上述观点的认可,2021 年 11 月 14 日出台的《网络数据安全管理条例(征求意见稿)》也体现出了同样的立法导向,对数据安全管理义务进行了细化,要求履行国家标准的强制性要求,其中包括数据安全管理制度和技术保护机制。其第 17 条中明确规定"自动化工具访问、收集数据违反法律、行政法规或者行业自律公约、影响网络服务正常功能,或者侵犯他人知识产权等合法权益的,数据处理者应当停止访问、收集数据行为并采取相应补救措施。",可视为是爬虫行为犯罪入刑的前置性法律法规。

(三)损害后果是否具备犯罪构成的该当性

网络爬虫行为触犯的最常见罪名为非法获取计算机信息系统数据罪和破坏计算机信息系统罪。另外网络爬虫行为由于爬取特定类型数据或违法使用爬取的数据也可能构成其他犯罪,常见罪名有:侵犯公民个人信息罪、侵犯著作权罪、侵犯商业秘密罪、传播淫秽物品罪。

前述涉及网络爬虫行为的常见罪名为结果犯,要求达到"情节严重"的程度才视为犯罪,设置"情节严重"的入罪情节主要是为了维护正常信息网络的运行秩序,将情节轻微及行政处罚的一般行为排除在外。[①] 司法解释对于网络犯罪中情节严重的具体情形也大都进行了列举式规定,辅之以其他情节严重情形进

---

① 侯东亮,侯慧娟. 信息网络犯罪司法适用研究[J]. 法律适用,2021(09):167 – 176.

行兜底。①

刑法通过列举情节严重情形是为了将刑事犯罪与民事侵权、行政处罚之间进行界分,通常结合以下因素来认定网络爬虫行为的损害后果具备犯罪构成的该当性:其一,被害人人数。行为侵害对象的多寡直接关系到犯罪的社会危害性。其二,信息的重要程度。信息的重要程度由信息的内容体现,如涉及获取或破坏国家安全、生产安全、公民安全的信息,影响政府公信力、公众舆论的,随着信息的传播造成的损害将难以控制,需要加重处罚力度;如果是传播范围较窄的个人隐私信息,那么在损害未达到情节严重时,可采取行政手段或民事手段救济。其三,危害后果。若网络爬虫行为危及国家安全,造成人身伤亡或重大财产损失,严重扰乱社会管理秩序,则属于犯罪行为;若网络爬虫行为虽导致数据控制者平台网站用户访问过慢,但危害后果未达到司法解释规定的具体情形,则应作为侵权行为加以规制。

三、实务中网络爬虫行为的刑事合规

(一)刑事合规边界分析

鉴于我国当前对网络爬虫行为的刑法规制日益严厉,并且出现"口袋化"的趋势,加之刑事入罪门槛低的立法现状,本文审慎起见,划出刑事合规边界。

1. 无刑事风险的网络爬虫行为

无刑事风险的网络爬虫行为应当同时满足以下三个条件:①善意目的:合法的网络爬虫行为应当基于正当目的。对非商业性数据的爬取不能侵犯公共利益和他人合法权益,不能违反公序良俗;对商业性数据的爬取不能损害数据控制者的商业利益;②手段合规:合法的网络爬虫行为不应避开或突破被访问网站的技术防护措施,同时应当遵循爬虫协议;③公开信息:合法的网络爬虫行为应限于对开放数据的爬取。

2. 刑事风险较低的网络爬虫行为

(1)仅违反 robots 协议,但未采取侵入或其他技术手段绕开被访问网站的技术防护措施。需要注意的是,在使用网络爬虫的过程中,要对网络爬虫的运

---

① 张佳华. 大数据时代新型网络犯罪的惩治困境及进路[J]. 学习与实践,2022(05):85-95.

行状态进行监控、修正,保持网络爬虫在合理的范围内运行,不对数据控制者造成实质性危害(达到刑事追诉标准);(2)爬取的数据不对外公开,仅用于内部分析使用目的;或基于爬取的数据加工形成的商业产品不与数据控制者形成商业竞争。

3. 刑事风险较高的网络爬虫行为

具有下列情形之一的网络爬虫行为具有较高刑事风险:(1)采取侵入或其他技术手段避开或突破被访问网站的技术防护措施;(2)突破防护措施爬取不公开后台数据信息;(3)爬取公民个人信息数据、商业秘密信息数据、著作权作品信息数据;(4)直接买卖爬取数据牟利;(5)网络爬虫行为严重影响数据控制者计算机信息系统运行或造成直接经济损失(达到刑事追诉标准)。

(二)企业刑事合规意见

遵守Robots协议,未突破或避开数据控制者的防护措施,爬取信息为公开信息,造成的损害未至刑事追诉标准。满足以上四点即可有效避免因爬虫行为导致的刑事风险,在此基础之上,针对实务中互联网企业存在的爬取行为,对以下具体应用场景,企业还需要有额外的注意:

1. 对于网络爬虫用于爬取著作权作品场景

优化爬虫算法,对爬取后涉嫌违法的信息(如淫秽信息、危害国家安全信息、商业秘密信息等)进行鉴别停止爬取,对合法爬取信息的过程技术留痕,确保信息获取是多方知情同意,来源授权路径清晰,具体而言需要取得"用户授权+平台授权+用户授权"(用户同意平台向第三方提供信息,平台授权第三方获取信息,用户再次授权第三方使用信息)。

2. 对于网络爬虫爬取个人信息场景

对个人信息数据的获取遵守"合法正当原则""知情同意原则""最小必要原则":(1)对敏感信息加密去标识化存储;(2)对于去标识化,匿名化处理的信息,确保无法重新标识定位到特定的个人用户;(3)将去标识化的个人信息和可恢复识别个人信息、生物识别信息与个人敏感信息分别存储,其中个人信息存储时间最小化,生物识别信息不上传至企业服务器,以上信息实现信息功能后便应立即删除;(4)确保数据去向合法正当,个人敏感信息不进行商业活动,主客观恪守义务,不得将爬取的个人信息贩卖牟利。

3. 对于已采取侵入或其他技术手段避开或突破防护措施进行爬取的场景

针对以上场景,网络爬虫行为的刑事合规意见可归纳为以下几点:(1)优化爬虫算法,确保爬取行为不会造成数据控制者数据被不当的修改或增删;(2)实时对数据控制者平台进行观测,并对网络爬虫行为进行流量控制,不得妨碍平台正常运行;(3)爬取的数据用于内部分析研究或其他正当、且不违反公序良俗、不违反反不正当竞争的目的(如行业内"白帽子"善意出罪,即采用网络爬虫对数据控制者平台进行检测,并对其存在的漏洞进行报告,以督促进行网络安全整改)。

四、结语

近日,最高人民检察院发布第三批涉案企业合规典型案例,在犯罪嫌疑单位积极赔偿被害单位经济损失,并取得谅解后,检察院作出不起诉决定。由此,可以看出,我国对网络爬虫适用刑事责任的反思与犹豫,并在促进数字技术发展的理念下,逐渐有了宽松、缓和的趋势。

随着信息技术和信息产业不断发展,网络爬虫行为的刑事合规边界仍具争议,为保障我国的国家安全、经济发展、社会稳定及个人权益,完善国家安全法治体系,《网络数据安全管理条例》已纳入年度立法计划。对于网络爬虫行为的刑事合规,应结合其典型特征和突出问题,有针对性地提前预防、加以规制,顺应现代技术发展的刑法规制路径。本文所做合规探索,也仅只是抛砖引玉,希冀对之后的研究者有所裨益。

涉案企业合规行刑衔接之机制完善

谢平锐　于嘉仪　刘　慧[*]

摘要：现阶段我国全面推开涉案企业合规改革工作面临行刑衔接不畅的挑战。在涉案企业合规的行刑衔接中，检察机关和行政执法机关在程序、实体和合规标准等方面均未达成统一认识，且缺乏有效的法律法规和体制机制之保障，因而行刑衔接不畅在所难免。立足于当前困境的现实基础，面向行政执法和刑事司法在主体上行刑共治、在激励机制上行刑合力、在实践路径上行刑接力、在经济考量上行刑分压的发展趋势，涉案企业合规的行刑衔接机制需在坚持检察主导地位的基础上，完善全流程衔接机制、落实行政共治责任、建设和完善信息共享平台。

关键词：涉案企业合规；行刑衔接困境；机制完善

一、问题的提出

为全面贯彻习近平法治思想，充分发挥检察职能优势，推动企业守法经营，有效预防企业违法犯罪，促进经济社会高质量发展，检察机关积极开展涉案企业合规改革试点，推动符合条件的涉案企业进行合规整改，并在对其考察评估

---

[*] 谢平锐，中国政法大学中欧法学院；于嘉仪，中国政法大学刑事司法学院；刘慧，山东省临沂市人民检察院第一检察部四级检察官助理。

基金项目：本文系北京社科基金项目"资本市场新型违法行为的刑法规制路径研究"（21FXB009）的阶段性研究成果。

合格后作出宽缓化处理。截至2022年5月底,全国检察机关共办理企业合规案件1777件,对整改合规的333家企业、1106人依法作出不起诉决定①,为服务经济社会发展作出了积极贡献,实现司法办案的政治效果、社会效果、法律效果的有机统一。

涉案企业合规改革取得初步成效,最高人民检察院宣布试点工作在全国检察机关全面推开,改革之势欣欣向荣的同时,也面临着行刑衔接不顺畅这个不利因素的挑战。无论是在程序上的行刑衔接和刑行衔接中,还是在实体上检察机关作出不起诉后对涉案企业的行政处罚上,检察机关和行政机关尚未明确达成共识,更缺乏有效的法律法规之保障,减损了合规激励机制的作用。行刑衔接机制的建立和完善成为涉案企业合规改革全面推开所必须解决的难题。鉴于此,本文主要从检察机关的视角出发,立足于涉案企业合规的行刑衔接现状,针对当前所面临的困境,在考量涉案企业合规未来发展趋势的基础上,提出行刑衔接的完善和保障机制。

二、涉案企业合规的行刑衔接现状

(一)涉案企业合规中行刑衔接的新特点

长期以来,行刑衔接不畅问题是我国法治建设中的痼疾。针对该问题,2014年党的第十八届四中全会通过的《中共中央关于全面推进依法治国若干重大问题的解决》即明确提出,要健全行政执法和刑事司法衔接机制,以克服"有案不移、有案难移、以罚代刑"现象,实现行政处罚和刑事处罚无缝对接。行刑衔接问题不仅关乎个案公平正义的实现,更是全面推进依法治国必须攻克的难关。从内涵上来看,行刑衔接指的是行政执法和刑事司法之间的衔接,包括行政执法机关将执法过程中发现的涉嫌犯罪案件移送公安机关和公安机关及检察机关将不认为是犯罪但是需要行政处罚的案件移送行政执法机关两种情形。其中,行政执法向刑事司法移送的案件较多,"以罚代刑"的问题更为突出。②但是,随着涉案企业合规改革工作的推进,合规不起诉的案件越来越多,涉案企业合规的行刑衔接也呈现出新特点。

---

① 李英华. 涉案企业合规改革用好第三方机制[N]. 检察日报,2022-06-2(5).
② 周林. 试论行刑衔接制度之完善[J]. 法学杂志,2011,32(11):55.

其一,行刑全流程衔接。不同于以往主要局限于案件移送上的衔接,涉案企业合规中的行刑衔接体现在办案的全过程。首先,在合规程序启动前,行政执法机关在执法过程中发现企业的违法犯罪行为,并将涉嫌犯罪的案件移送公安机关。对尚未进入检察环节的案件,公安机关可邀请检察机关提前介入侦查,为后续启动合规整改程序做准备;其次,在合规对象准入的考察上,因行政机关对涉案企业的纳税、容纳就业以及对当地的经济贡献等情况更加了解,检察机关通常会充分听取行政机关的意见,进而决定是否启动合规考察程序;再次,在合规考察验收上的衔接可分为适用第三监督评估方机制和不适用第三监督评估三方机制(下称"第三方机制")两种情况。根据2021年最高人民检察院等九部门发布的《关于建立涉案企业合规第三方监督评估机制的指导意见(试行)》(下称"《指导意见》")第1条,对于适用第三方机制的案件,由第三方监督评估机制管理委员会(下称"第三方机制管委会")选任组成的第三方监督评估组织对涉案企业的合规计划和合规管理体系的有效性进行调查、评估、监督和考察,考察结果作为检察机关依法处理案件的重要参考。对于不适用第三方机制的案件,检察机关也倾向于听取行政执法机关的意见,乃至召开听证会,确保作出恰当的处理决定;最后,在作出"合规不起诉"决定后,检察机关也会联合行政执法机关对涉案企业进行上门回访,以保障合规计划的有效实施。

其二,检察机关居于主导地位。在一般情况下,行刑衔接主要是在行政执法机关和公安机关之间进行,检察机关更多的是扮演监督者的角色。但是,在企业合规案件办理中,无论是合规考察程序的启动,还是最终对涉案企业作出的不起诉处理,均是由检察机关作出决定。涉案企业合规的刑事激励作用也主要依托于检察机关对企业和个人在程序处理上依法所具有的裁量权而得以实现。

其三,多部门协同办案。有学者从组织学视角出发,以食品药品监管领域的经验为例,阐述了行刑衔接实践中存在的二元格局,即食药监部门和公安机关因在禀赋和职能上形成互补,在执法过程中协同和联合,并通过目标责任制实现组织合作;而检察机关则因其需以积极监督者的身份推动行刑衔接,与上述二者出现结构性的紧张关系,容易产生对立和冲突。① 与之不同,涉案企业合规改革实践中更多的是呈现出检察机关与公安机关和行政执法机关之间密切协作、相互配合的状况。检察机关往往需要听取行政执法机关的意见,借助其在特定领域的专业知识和专业水平来作出各种程序决定。另外,检察机关也通过应邀提前介入侦查,与公安机关开展合作。由此,涉案企业合规改革实践打破了以往行刑衔接中的二元格局。

涉案企业合规中行刑衔接显露出的新特点,对于治理行刑衔接不畅问题而言意味着一个新的挑战,同时也是难得的机遇,尤其是在企业合规案件办理中出现的检察机关与行政执法机关全流程协作的局面,既缓和了两者之间的结构性紧张关系,又增加了部门之间的交流,对增加部门间信任和降低部门间信息差起着举足轻重的作用。实现涉案企业合规中的行刑顺利衔接是瓦解长期以来行刑衔接不畅僵局的突破点。

(二)涉案企业合规的行刑衔接困境

诸多地区的检察机关在涉案企业合规改革试点中,积极探索在现有制度下解决行刑衔接问题的路径。在最高人民检察院于 2021 年 10 月 11 日发布的人民检察院行刑衔接工作典型案例中,"上海某电子科技有限公司、某信息技术有限公司涉嫌虚开增值税专用发票案"一案,上海市金山区检察院在整个办案过程中积极加强与行政执法机关的联系,借助检察听证制度、检察意见等多种手段与行政执法机关协同配合,尤其注重刑事司法与行政执法的反向衔接,避免对涉案企业"不刑不罚",实现了执法认识和执法效果的统一。然而,行刑衔接无法仅凭检察机关单方面的办案热情去推动,个别成功的案例也难以掩盖涉案企业合规的行刑衔接困境。

在程序上,检察机关与行政执法机关分属不同系统,又无行政隶属关系,行政执法机关无配合检察机关参与企业合规案件办理的法定义务,加之,缺乏协作配合的具体规则和程序,行刑衔接出现问题不可避免;在实体上,目前我国企业的刑事责任制度和行政责任制度均未将合规作为减免责任的法定事由,刑事

---

① 刘杨. 行政执法与刑事司法衔接的二元格局及其法治后果——以食品药品监管领域的经验为例[J]. 华中科技大学学报(社会科学版),2020,34(1):94-99.

司法和行政执法也缺乏处罚手段配合原则和处罚结果互认原则,难以保证对企业形成有效激励;在合规标准上,由于认识上的偏差,也受限于合规考察期限过短等因素,目前的合规整改基本上仅是对涉案企业进行"去犯罪化"改造,尚未与行政执法机关达成一致意见,无法实现刑事合规与行政合规的有效衔接。①如果行政执法机关对检察机关办理企业合规案件出现敷衍、应付的态度,甚至直接不移送涉嫌单位犯罪的案件,那么行刑衔接无从推进;若是在实体上,检察机关和行政执法机关无法达成共识,那么单凭刑事激励或是行政激励,将面临激励机制不足的问题;倘若在合规标准上,行政执法机关和刑事司法机关各执一词,恐怕企业在检察机关监督下实施的合规管理体系也难以成为减免行政处罚的理由。涉案企业合规中行刑衔接机制的构建和完善势在必行。

(三)现行行刑衔接规范之不足

2020 年 8 月国务院发布了修改过的《行政执法机关移送涉案犯罪案件的规定》(下称"《行政机关移送案件规定》")。虽然,其对行政执法机关和公安机关之间案件的双向移送作出要求,且由检察机关和监察机关依法实施监督,同时明确了行政执法机关和公安机关违反该规定的法律责任,但却忽视了检察机关与行政机关之间亦存在案件移送和办理上的协作而对此只字未提。《行政机关移送案件规定》在某种程度上也反映出行政执法机关对与检察机关之间的部门关系存在片面化认识的倾向。事实上,在办案过程中,两者之间既存在权力制约与法律监督的关系,也存在共同打击违法犯罪行为、协同进行社会治理的合作关系。行政执法机关在观念认知上的偏差无形中给行刑衔接造成一定的阻力,更无法适应企业合规改革下刑行衔接更频繁的现状。

2021 年 9 月印发的《最高人民检察院关于推进行政执法与刑事司法衔接工作的规定》(下称"《行刑衔接规定》")在第 8 条中明确强调对于决定不起诉的案件,若是需要对不起诉人给予行政处罚,检察机关应当向同级有关主管机关提出检察意见。不过,行政执法机关作出行政处理的主要依据是行政法规及有关行政违法事实,即便对不起诉人的行政处理超出了检察意见的范围或者缺乏检察意见的依据,也难以认定其侵害了检察机关的不起诉权,因为作出何种行

---

① 李奋飞. 涉案企业合规刑行衔接的初步研究[J]. 政法论坛,2022,40(1):109-113.

政处理尚在行政机关的职权范围之内。① 在涉案企业合规改革全面推开的大背景下,对被不起诉人依法进行行政处罚的需求日益迫切,而现有的法律规范却并未赋予检察机关相应的刚性权力,检察机关在现有的体制机制内推动涉案企业合规的行刑衔接工作面临重重阻碍。

破解涉案企业合规的行刑衔接困境,一方面,需立足于当下行刑衔接的现状,确保对症下药;另一方面,也需要把握涉案企业合规的发展态势,以实现行刑衔接机制的长期高效运转。

三、涉案企业合规行刑衔接之趋势

(一)涉案企业合规的主体拓展:行刑共治

传统的单位犯罪治理模式,侧重于对涉罪企业进行事后的惩处,不仅在理论上饱受争议,存在刑罚处罚威慑力不足、刑法评价重心偏离、刑事干预非理性化等诸多问题,②在企业犯罪数量连年攀升的大趋势下,亦陷入实际收效有限的窠臼之中。鉴于此,理论和实践上纷纷对单一的单位犯罪治理模式进行反思,改变治理的主体,不再由国家单方面对企业犯罪进行规制,而是引入企业管理进行自我规制,沟通刑法制度与企业内部规章之间的桥梁,从而解决国家资源有限而企业运行模式日趋复杂,企业犯罪治理难度大的问题,实现国家和企业合作进行犯罪治理。

从企业的角度来看,企业合规是一种自我监管机制,督促企业在经营过程中遵守法律法规,优化企业治理结构,防范潜在的法律风险,积极承当社会责任,实现可持续发展;从国家的角度来看,企业合规将法治贯彻到市场活动之中,规范市场主体的商业活动,推动市场经济朝着法治化的路径发展,是提升国家经济实力的重要保障。企业合规所带来的效益远超犯罪治理本身,而是起着稳定经济社会平稳健康发展的作用。因此,企业合规成为助推国家治理体系和治理能力现代化的重要举措。③ 作为社会治理方式的革新手段,企业合规在稳

---

① 本刊学习问答组. 对被不起诉人可不依检察意见作行政处罚吗?[J]. 人民检察,2000(8):62.
② 王志远,邹玉祥. 刑事合规视域下单位犯罪刑事治理的检视与完善[J]. 甘肃社会科学,2020(05):128-129.
③ 董坤. 论企业合规检察主导的中国路径[J]. 政法论坛,2022,40(1):123,117-124.

定就业、保障税收,推动当地经济发展等方面卓有成效,其成果惠及公民、社会和国家,与行政治理效能密切相关。其社会治理的性质及成效决定了我国涉案企业合规工作的推进理当由检察机关与行政执法机关携手完成。

(二)涉案企业合规的激励机制:行刑合力

企业合规作为一种公司治理方式,需要公司耗费大量的人力、物力和财力才能有效实施,而企业作为以营利为目的的经济实体,本身缺乏建立合规管理体系,实施合规组织管理的意愿。唯有借助行政法律和刑事法律等外部激励机制建立和完善合规企业的法律保障体系,才能激活企业的合规动力。

在检察机关推动涉案企业合规改革之前,行政执法机关已经通过发布合规指引、推行行政指导、实施强制合规、达成行政和解等多种方式建立合规管理体系。[①] 囿于行政处罚主要针对企业,难以对企业的经营管理人员形成有效威慑,而且行政监管普遍存在失灵现象,行政合规的影响力较小。而涉案企业合规在检察机关的大力推动下,虽引起社会的广泛关注,却也在具体实施过程中面临激励机制在制度上安排不当的问题。在检察机关作出合规不起诉决定前,因一般情况下,检察机关只有在审查批捕时才介入案件并商请启动合规整改程序,而涉案企业及其经营者却面临拘留、查封、扣押和冻结等刑事强制措施的不利影响,涉案企业受到的负向激励大于正向激励;在检察机关作出不起诉决定后,对于需要行政处罚的不起诉人,检察机关只能通过检察意见向行政执法机关提出,且未必得到采纳,因此,涉案企业受到的正向激励明显大于负向激励。[②] 平衡和完善涉案企业合规的激励机制无法依靠单一的部门实现。只有通过行刑合力整合外部激励机制,才能在兼顾个案公平正义实现的同时,推动企业实施合规管理。

(三)涉案企业合规的实践路径:行刑接力

在司法实践中,企业实施的犯罪往往是具有行政和刑事双重违法性的行政

---

① 陈瑞华.企业合规基本理论[M].法律出版社,2020:7,180.
② 谭世贵,陆怡坤.刑事激励视角下的企业合规问题研究[J].海南大学学报(人文社会科学版),2022,40(02):181-182.

犯，以违反前置法为前提。虽然在行政犯违法性的判断上存在"量的差异论"、"质的差异论"和"质量差异论"等诸多学说，但是，从犯罪治理的角度来看，行政犯通常是由行政不法行为发展而来，企业违反行政法和触犯刑法之间只有一线之隔。为弥补专业知识上的不足，实现企业犯罪的"源头治理"，检察机关势必需要与行政执法机关在预防和打击企业违法犯罪行为上达成共识。

在涉案企业合规整改的过程中，存在行刑衔接的两个关键节点。其一，行政执法机关在发现企业的不法行为涉嫌犯罪时，需向公安机关移送案件；其二，检察机关在对涉案企业作出合规不起诉后，若需要对被不起诉人给予行政处罚，应当向同级有关主管机关提出检察意见。在前一个节点中，行政执法机关虽然具备治理相关领域违法行为的专业水平，也熟知行政法律的规定，但是，我国长期存在的"以罚代刑"现象，在客观上也有公安机关出于办案压力和办案难度等方面的考量而拒绝立案的原因以及行政犯定性难的问题，因此需要检察机关积极进行立案监督，适时为行政机关提供案件性质认定上的帮助，推动行刑接力；在后一个节点中，对于需要给予行政处罚的不起诉人，则有赖于检察机关及时提出检察意见，将案件相关证据材料及企业开展合规情况的相关信息移送行政机关，实现刑行接力。再者，行政执法机关接手案件后，也可在刑事合规的基础上，进一步与涉案企业达成行政合规，巩固现有合规成果，完善企业合规管理机制，达到有效预防违法犯罪的收效。通过畅通刑行之间的双向衔接，一方面能够促进行政执法机关和刑事司法机关在专业能力和专业职能上形成优势互补，另一方面，也使得涉案企业合规的实践运转具有了层次性，权责明确。由此，在涉案企业合规案件中贯彻"宽严相济"的刑事政策，实现对涉案企业的公正处理，杜绝"以罚代刑"和"不刑不罚"等现象发生。

（四）涉案企业合规的经济考量：行刑分压

同为协商性司法的合规不起诉制度，与认罪认罚制度有着不同的作用和价值追求，其并不侧重于刑事诉讼效率的提高。与之相反，动辄几个月、半年，甚至一年、两年的合规考察期，意味着在个案中对涉案企业的合规整改需要投入更多的司法资源，耗费更长的诉讼周期。但是，涉案企业合规改革与认罪认罚从宽改革却面临相似的司法现状，即刑事处罚的端口前移，刑法干预生活的范围急剧扩张,案件量激增,案多人少矛盾突出。①

涉案企业合规试点改革实践与检察机关和行政执法机关资源、人员有限的问题相伴随。随着涉案企业合规改革全面推开,与日俱增的案件将给办案人员造成更大的压力。在此种情况下,仍有论者出于合规有效性的考虑,主张正视现行刑事合规法源根据不足的问题,参考美国的相关规定,将合规考察期确定为12至24个月。② 笔者认为针对个案的特殊性,适当延长考察期限实属必要,但是,忽视各部门资源有限的现状,无疑过于理想化。执法资源和司法资源的节约是涉案企业合规中行刑衔接机制构建的重要考量因素,未来的出路只能是通过行政执法机关与刑事司法机关分摊监管压力,形成监管合力,以尽可能小的资源消耗实现企业合规整改的效果最大化。

总之,涉案企业合规是社会治理的革新手段,理当由行政执法机关和检察机关协作推进;涉案企业合规外部激励机制作用的发挥无法依靠单一部门实现;行政违法和刑事犯罪之间只有一线之隔,行政执法机关和检察机关在涉案企业合规实践中有程序接力的客观需求;涉案企业合规改革的推进需综合考虑执法和司法资源有限的现实状况,优化资源配置。涉案企业合规的现实困境和发展趋势共同决定了行刑衔接的完善路径。涉案企业合规的行刑衔接机制,须加强行政执法机关和司法机关之间有效合作,共同预防企业违法犯罪,推进企业施行合规管理,助力社会经济发展。

四、涉案企业合规行刑衔接困境之破局

(一)完善行刑衔接机制,提高试点成果效益

完善行刑衔接机制,首要考虑的是逐步将涉案企业合规改革试点的优秀成果制度化,以改变涉案企业合规行刑衔接不畅的现状,建立统一、稳定、高效的行刑衔接机制。综合考虑涉案企业合规整改的全流程,可将行刑衔接机制分为四个阶段进行专业化制度构建。

其一,在合规程序启动前,针对企业犯罪案件引入检察提前介入制度。行

---

① 魏晓娜.完善认罪认罚从宽制度:中国语境下的关键词展开[J].法学研究,2016,38(04):79-81.

② 陈珊珊.刑事合规试点模式之检视与更新[J].法学评论,2022,40(1):77-78.

政机关在执法过程中,遇到企业涉嫌单位犯罪、案件性质认定难等情况,可以邀请检察机关介入听取案件。一方面,检察机关可以提前了解案件信息,为后续考虑启动合规整改程序做准备;另一方面,检察机关也可为行政执法机关提供案件性质认定上的专业意见,同时针对案件移送情况进行法律监督,助推行刑顺利衔接。

其二,在合规对象的考察上,建立行政参与机制为行刑衔接打下基础。因涉案企业所触犯的往往是具有双重违法性的行政犯,案情通常是由负责税收、生态环境、市场监管等专门领域的行政执法机关发现,并由其展开证据调查和进行案件移送。行政执法机关对企业的违法犯罪情况比较了解,也掌握了企业的详细信息,由其参与确定涉案企业合规考察对象,能起到客观制衡、科学选择的作用。①

其三,在合规考察验收上的衔接,借助第三方监管委员会建立合规互认机制。推动合规结果和处罚结果互认。依据《指导意见》第6条第6项,第三方机制管委会有职责协调相关单位成员对所属或者主管的行业协会、商会、机构等在企业合规领域的业务指导,研究涉企犯罪的合规考察标准。第三方机制管委会可通过联席会议,集各家之长,协调制定各个领域企业合规的刑事合规和行政合规两套标准,并注重刑事合规与行政合规之间的内在联系。虽然刑事合规侧重于预防犯罪,行政合规侧重于预防违法,但是,对于实施合规组织管理体系的企业而言,两者并不是对立的关系,而是存在千丝万缕的联系。通过了检察机关合规考察而被不起诉的企业,不仅确立了专项合规整改计划,初步有效实施了合规管理体系,为行政合规打下坚实基础,而且也通过积极配合合规整改的行动表明了进一步实施和完善合规管理体系的意愿。因而,刑事合规的有效实施便具备在行政处罚上得到宽缓处理的正当性基础。合规互认机制本质上是承认刑事合规和行政合规之间的内在关联,而这是企业合规在内涵上的应有之义,即通过自我监管,遵守法律法规。②

其四,建立事后联合回访机制。囿于我国的执法和司法资源有限的客观条件,对涉案企业确定的考察期通常比较短,无法保证合规管理体系在企业缺乏

---

① 陈文兴. 刑事合规与行政合规衔接机制研究[J]. 民主与法制,2022(19).
② 陈瑞华. 企业合规基本理论[M]. 法律出版社,2020:7,180.

事后激励的情况下,仍能有效实施。各个领域的行政执法机关本就对企业具有行政监督检查的职责,可将事后联合回访机制融入行政执法机关的日常检查中,从而提高行政监督检查的效用和针对性,保障企业合规管理体系在检察机关和行政执法机关的联合监管下长期有效实施。

(二)坚持检察主导地位,改进检察制度措施

在检察机关主导下的涉案企业合规改革推行两年以来,仍有学者基于企业涉嫌罪名绝大多数是行政犯、企业合规的根本目的是预防企业构成违法犯罪、市场执法主体的行政监管才是企业合规的前提和基础等原因,而主张构建以行政监管为中心的合规体系。[①] 然而,"通过对企业合规检察面向的谱系梳理可以发现,无论是对合规总体宏观的理论论证、试点决策、规范制定,还是就合规具体试点的推进方式,进度调控和领域调整,检察主导已成为中国企业合规的鲜明特色。"[②]检察机关的主导地位是在涉案企业合规改革的实践中确立起来的,具有坚实的实践基础和理论基础,并由相关检察制度措施为其主导涉案企业合规改革提供技术支持。

鉴于检察建议和检察意见不具备强制执行力和惩戒威慑力,一方面,可通过优化内容,以提高其针对性和可行性,确保二者得到有效实施;另一方面,尽快建立企业定期报告制度和行政反馈制度,要求企业和行政执法机关及时反馈施行情况。[③]

(三)落实行政共治责任,建立内部激励机制

无论是出于涉案企业合规改革中检察机关与行政执法机关客观上的协作需求,抑或是考虑到行刑衔接中所面临的衔接不畅困境,还是面向涉案企业合规的未来走向,行政执法机关进一步参与到涉案企业合规改革中,承担相应的行政监管责任,提供行政专业知识,已然成为大势所趋。

在办理涉案企业合规的案件中,检察机关通过检察建议和检察意见发挥法

---

① 张泽涛. 论企业合规中的行政监管[J]. 法律科学(西北政法大学学报),2022,40(3):44-45.
② 董坤. 论企业合规检察主导的中国路径[J]. 政法论坛,2022,40(1):123,117-124.
③ 刘译矾. 论企业合规检察建议激励机制的强化[J]. 江淮论坛,2021(6):139-141.

律监督作用,对于行政执法机关而言毕竟属于外部监督机制,实际效果相对有限。若要行政执法机关积极参与到涉案企业合规实践中,有必要将其参与涉案企业合规整改的情况及成效纳入行政执法机关的政务考核范围,落实行政执法机关的责任,从行政执法机关内部完善奖惩机制,激发驱动行政执法机关参与涉案企业合规的内生动力。

(四)建设信息共享平台,降低部门信息壁垒

长期的司法实践表明,检察机关对行政执法机关移送涉嫌犯罪案件的监督效果有效,最大的问题是很难发现案件线索,主要表现在检察机关获取行政处罚案件信息难、人少案多的客观条件限制、行政机关缺乏在信息平台录入案件信息的动力等方面。[①] 部门之间的信息壁垒已经成为阻碍行刑衔接的重要因素。

涉案企业合规中行刑衔接更为频繁,对行刑协作配合提出更高的要求。在完善行政奖惩制度的基础上,畅通信息沟通渠道,建设信息共享平台,减少部门信息壁垒,是涉案企业合规中行刑衔接的刚需,也是法治中国建设的必然要求。对于尚未建设信息共享平台的地区应借鉴其他地区的优秀成果尽快建设信息共享平台;对于已经建设信息共享平台的地区,则需根据涉案企业合规改革的新需求进行信息平台完善,力求信息互联互通共享、工作协同配合高效。

---

① 张红,刘航. 执法资源有限视角下的行刑衔接程序问题研究[J]. 行政管理改革,2019(2):57 - 63.

企业合规不起诉实践发展与检察职能发挥

薛莉萍　陈　静[*]

摘要：民营企业发展对社会经济发展起到至关重要的作用，但同时在诸多内外因的作用影响之下，也往往更易导致其在自身经营管理活动中陷入刑事犯罪的风险。对于企业犯罪尤其是民营企业犯罪的治理，有必要与当前法治化营商环境建设的要求紧密联系起来，将企业合规不起诉制度的构建作为营商环境法治化建设的路径之一。结合基层探索的考察，企业合规不起诉的实践定位应包括以下三个方面：第一，企业合规不起诉制度模式的探索体现为检察职能在创新参与社会治理方面的延伸拓展，是国家治理现代化的目标价值升华；第二，从法治化营商环境建设的整体视角解读，企业合规的建设、发展与营商环境大局有着本质相同的价值导向；第三，企业合规不起诉从本质上而言仍应是"附条件"的，刑事合规检察监督今后试点的模式，朝着附条件不起诉的方向发展必然是理性的选择。

关键词：民营企业；合规不起诉；营商环境；实践定位

一、当前民营经济的发展现状及问题的提出

近年来，民营企业成为一股不可替代的力量为社会经济发展带来巨大的红

---

[*] 薛莉萍，上海市黄浦区人民检察院第六检察部副主任、检察官；陈静，上海市黄浦区人民检察院检察官助理。

本文系河南省法学会2022年度职务犯罪检察专项咨询课题《企业合规不起诉的本土化构建》（项目编号：HNLS(2022)B21）研究成果。

利。正如2019年中共中央、国务院在《关于营造更好发展环境支持民营企业改革发展的意见》中所提到的那样,民营经济已经成为我国公有制为主体多种所有制经济共同发展的重要组成部分。① 以上海市为例,近期召开的上海市工商联(总商会)商会工作会议指出,2020年,上海市民营经济实现1.11万亿元的增加值,占比达28.7%;税收收入达4777.7亿元,占比38.6%。在今年上半年,本市民营经济运行良好,新设民营市场主体增长34.9%,固定资产投资增长19%。② 而对于正处上海市中心、长期以来有着城市"心脏、窗口、名片"总体定位的黄浦区而言,早在2018年,黄浦区登记注册的民营经济体户数便达到了43725户;民营经济体注册资本达到4921.42亿元,同比增长18.93%;非国有控股的民营企业注册资本达2557.71亿元,同比增长34.78%。③ 这些宏观数据在一定层面上而言昭示着近些年民营经济在数量和规模上的提升。但相较于国有经济而言,作为改革开放以后才得以迅猛发展起来的民营经济,虽然在完善社会主义市场经济结构以及推动非公有制经济的发展上取得了斐然的成绩,其蓬勃发展的背后却依然存在着诸多困境。有来自经营方面如融资、经营、管理等的瓶颈制约,也有来自法律层面的困惑,④这便涉及近两年为我国学界与实务界所热议的合规问题。

相较于域外的成功经验,我国对于合规的研究与实践起步较晚,企业也普遍缺乏合规意识。尤其对于民营企业而言,虽然近几年其正以蓬勃的态势在社会经济发展中发挥着至关重要的作用,但由于自身在经营机制、职工管理、发展规划等方面不成熟的内因,与外部条件上诸如保护政策、融资环境、资源配置等方面不平衡的外因相互作用,就更易导致其在自身经营管理活动中陷入刑事犯罪的风险。

"法治是最好的营商环境"。只有对当前企业经营发展(尤其民营企业)所

---

① 《中共中央 国务院关于营造更好发展环境支持民营企业改革发展的意见》,载中华人民共和国中央人民政府网:http://www.gov.cn/xinwen/2019 - 12/22/content_5463137.htm,最后访问日期:2021年8月4日。

② 《去年上海民营经济实现增加值1.11万亿元,今年上半年税收收入同比增长18.2%》,载中新网:https://finance.sina.com.cn/tech/2021 - 07 - 29/doc - ikqciyzk8383278.shtml,最后访问日期:2021年8月4日。

③ 贺卫. 为企业发展"定制"检察服务,赋能营商环境法治化[J]. 检察风云,2020(1).

④ 庄绪龙. 涉刑企业家的民事权利保障[J]. 国家检察官学院学报,2010(5):130.

面临的问题以及相应的解决举措、保护政策予以及时、合理地梳理,并通过法治化的途径,将新思路、新方案与我国当前制度框架予以衔接,才能最终服务、推动我国法治化营商环境的建设。有鉴于此,企业犯罪尤其是民营企业犯罪的治理,应当与法治化营商环境建设的要求紧密联系起来。在现有的制度资源与刑事政策的框架基础之上,寻求企业犯罪治理与营商环境法治化建设之间的平衡。这正是本文研究的立足点与目的。为此,本文提出将企业合规不起诉制度的构建作为实现营商环境法治化建设的路径之一,在现有的制度框架内对企业合规不起诉的理论正当性、实践合理性予以说明,并实现其与相关制度的合理衔接。

二、实践探索的分析

在最高人民检察院高度重视下,多地从 2021 年开始便已经启动了企业合规改革的试点,并先后出台相关文件,使得企业合规不起诉的基层实践由此具有一定的规范指引。但值得注意的是企业合规不起诉在我国正经历一个"从无到有"的成长过程,如何落实这些文件,夯实企业合规不起诉的理论根基,并进一步为企业合规不起诉的程序流转、制度构建提供统一完善的顶层设计的参考,是我们下一步需要关注并深入研究的问题。

就实践基础而言,从 2020 年 3 月开始,最高人民检察院结合我国实际,并在借鉴国外企业合规暂缓起诉、不起诉等制度理念的基础之上,启动了企业合规改革试点。目前已经启动 2 批改革试点,2020 年 3 月,最高人民检察院在包括上海浦东、金山在内的全国 6 个基层检察院开展第 1 批试点;2021 年 3 月,第 2 批改革试点开始在北京、辽宁、上海、江苏、浙江等 10 个省份推进,截至目前全国共有 27 个市级院 165 个基层院开展试点。这一项改革试点从启动之初便受到了各国各方面的高度关注。目前,试点地区对涉案企业进行合规监督的模式,基本上都是基于企业犯罪事实清楚、证据确实、充分,认罪认罚的共同条件,都需要企业签订包含企业刑事合规计划在内的相关协议,但也形成了各具特色的基层考察模式,由此构成当前涉案企业合规不起诉检察监督制度构建的实践基础。

为进一步充分发挥检察职能作用,做好对涉案企业负责人依法不捕、不诉、不判实刑的"后半篇文章",并为下一步立法完善积累实践经验。2021 年 3 月,最高人民检察院正式下发《关于开展企业合规改革试点工作方案》，决定进一步扩大企业合规试点范围，依法有序推进企业合规改革试点向纵深发展。该《方案》明确了企业合规改革试点的基本内涵、基本原则与主要目标，并针对试点的形式与内容，指出要积极探索建立第三方监管机制。[①] 随后，于2021年6月，最高人民检察院又出台《最高人民检察院关于建立涉案企业合规第三方监督评估机制的指导意见（试行）》，该《意见》明确了由检察机关商请第三方管委会来启动合规监管的模式，可见最高人民检察院对于构建企业合规第三方监管机制初步的立场的和态度。《意见》首先是肯定了聘请第三方来开展合规不起诉监督的路径。检察机关并不直接聘请第三方监管小组，而是站在更高的一个层次尝试组建一个第三方监督评估机制管理委员会（下统一简称"第三方机制管委会"）。检察机关对于办理涉企犯罪案件过程中遇到的符合相关合规条件的案件，可以商请第三方机制管委会选任第三方监督评估组织（下统一简称"第三方组织"），再将相应的合规监督、考察、评估等工作交由第三方机制管委会选任的第三方组织完成，最终形成的考察结果将作为检察机关依法处理涉企犯罪案件的重要参考。从这一层面而言，由第三方机制管委会根据案件的具体情况来选任相应的第三方组织启动合规考察，往往更能抓住涉企案件的问题点，从而提供更为具体而有针对性的合规指引。但从另一层面来讲，这一模式需要事先组建第三方机制管委会，再由第三方机制管委会根据案情去选任相应的第三方组织，再启动合规监督考察程序。经考察后，如果涉案企业严格履行合规承诺，及时制定并有效执行了合规计划，且能及时补救挽损，将不利降到最小，再由检察机关根据第三方组织出具的合规考察报告以及其他相关情节给予涉案企业不起诉的优待。相比较而言，由第三方机制管委会启动合规不起诉考察程序，所涉及的工作、程序更为烦琐。从时间成本、金钱成本等诸多方面考虑，企业一旦涉罪，必然会产生不可逆的巨大损失，这一模式对于资金基础雄厚的大中型企业尚有适用的余地。可对于小微企业而言，有时并不能承受刑事案件带来的巨大的成本压力，这也并非最高人民检察院防止"案件追诉了，企业也垮了"的悲剧发生而开展企业合规改革试点的初衷。

---

① 参见2021年3月19日印发的最高人民检察院《关于开展企业合规改革试点工作方案》（高检发办字〔2021〕22号）。

最高人民检察院出台的《工作方案》和《第三方指导意见》,明确了由第三方管委会启动企业合规监督考察的模式,这对于促进企业内控机制完善,预防企业犯罪,从而推动法治化营商环境建设以及社会经济的高质量发展,无疑具有重大意义。但正因为我国企业合规监督考察在机制的构建上是一个从无到有的过程,决定了我国企业合规不起诉机制的构建必然需要经历一段积蓄经验、扎实根基的时期。这一系列文件的出台及最高人民检察院多次的调研考察,都是在这一时期为今后正式的机制构建和立法做努力。因此,目前的企业合规改革试点是一个不断调整、总结提升的阶段,在经过反复的认识到实践再到认识的过程之后,我们才能最终将试点中形成的经验上升至统一立法模式的高度,这是一个需要时间检验的过程。因此,意欲在企业合规改革试点开展的短短两年里,便在全国范围内统一合规不起诉的模式,详细规定企业合规不起诉的程序机制并通过立法修法的方式明确下来仍是有难度的。在现阶段我们能做的就是,在实践中积极贯彻落实当前企业合规改革试点期间出台的重要政策文件的同时,结合基层实际,进一步挖掘并反思实践办案过程中出现的问题。在第三方监管机制总体文件精神的指导下,深入探索涉案小微企业的合规监管路径,从而不断推进涉案企业合规第三方监管机制的构建完善,这是我们下一步需要努力的方向,也是企业合规不起诉日后发展的可行路径。

三、企业合规不起诉制度构建的定位

(一)国家治理现代化目标价值的升华

随着党的十九大的召开,我国站在了新的历史发展方位,中国特色社会主义从此进入了新时代。与此同时,我国社会的主要矛盾也发生了转变,只有将当前面临的"发展不平衡不充分"的难题有效化解,才能充分满足"人民对美好生活的需求"。[1] 正如有学者所提出的那样,社会主要矛盾是基本形式,要通过科学立法将之转化为国家制度层面的法律关系主体之间的具体矛盾。[2] 因此,

---

[1] 刘华. 国家治理现代化背景下刑事检察职能的拓展路径[J]. 国家检察官学院学报,2021(2):70.

[2] 封丽霞. 新中国法治道路的逻辑展开——以中国社会主要矛盾的发展变化为线索[J]. 中共中央党校(国家行政学院)学报,2020(2):109.

面对新时代社会主要矛盾的变化,人民群众对于公正、法治、民主、政治、经济等各个领域都有了新的期待,这种多元化的期待和需求决定了我国在制度完善的逻辑展开上也必然朝着多元化的方向发展。由此,在司法层面,检察机关的职能发挥,在依法落实国家刑罚权的"刚性"运行机制的同时,也应与"柔性"治理相关照,重视推动多元参与、协作创新的现代化治理新格局的形成。在这一目标价值的引领下,传统的司法职权主义模式有必要进一步吸纳现代化治理模式中对于"人民需求"的更高关注,更加强调"以人民为中心",使刑事司法领域相关法律问题的解决进一步呈现出创新多元参与、交互协作的协商性司法的特征。

涉案企业合规不起诉制度模式的探索,体现为检察职能在创新参与社会治理方面的延伸拓展,预示着我国刑事诉讼模式的整体性调整。调整诉讼模式、探索企业合规不起诉的制度构建,不仅从大的视角有利于国家现代化治理的升级转型。从更小的层面切入,企业合规不起诉通过探寻对企业犯罪的治理路径来实现企业背后的"人"的合法权益,这包括企业内部职工的生计以及与涉案企业存在密切经济联系的第三方主体的利益等。由此,探索企业合规不起诉的制度构建从根层次来讲,仍与满足"人民需求"息息相关。通过合规激励的方式,检察机关得以在诉前阶段便提前介入企业犯罪的治理,引导公安机关侦查,推动审前程序的分流,使得那些符合合规条件并及时补救挽损的涉案企业可以得到不起诉的"优待",反之,则得不到相应的优惠待遇。结合合规考察的结果来判断是否对涉案企业作不起诉处理,从而实现企业犯罪治理的分流,对于助力社会经济的高质量发展有着极为重要的意义,这种企业犯罪治理路径的探索是检察机关创新参与社会治理、实现国家治理现代化目标的重要内容。

(二)营商环境法治化建设的检察职能拓展

从法治化营商环境建设的整体视角解读,企业合规的建设、发展与营商环境大局有着本质相同的价值导向。因为不论是营商环境的法治化,还是企业合规机制的建立,都要求企业在生产、经营、管理和组织等机制上的合规性。2019年,中共中央、国务院公布《优化营商环境条例》,并于2020年1月1日施行。此后,北京、上海等地以此为准则,也相继发布地方性的优化营商环境相关条例。根据国务院《优化营商环境条例》的规定,营商环境指的是企业等市场主体在市场经济活动中所涉及的体制机制性因素和条件。① 从该条例的规定可知，营商环境建设涉及市场经济的方方面面以及各个主体，不仅限于企业。对于企业而言，如果能做到在市场经济活动中所进行的市场行为都严格遵守法律的规定、行业标准及商业伦理等，其实就是对优化营商环境以及法治化营商环境建设作出努力。要求企业所实施的市场行为符合法律的规定、行业标准及商业伦理等，其实就是追求企业在市场经济活动中行为的合规性。而且，合规计划兼具高效、节约公共资源、国家化等优势，可以成为营商环境建设的法治工具。② 这需要作为国家法律监督机关的检察机关从中起到不可或缺的作用。

从合规理论的发展以及企业合规改革试点的不断推进来看，合规的内涵已经从一开始的企业自身层面内控机制的建立与完善，上升拓展至国家层面通过合规激励手段来推动企业内控机制的完善。从国家层面而言，这一合规激励与企业自身依靠行业自律或者根据法律规定制定并执行合规计划有着很大不同，其多通过针对企业自身的定罪、量刑或起诉激励等方式，推动企业落实合规计划。③ 换言之，就国家层面而言，企业合规所表达的意涵，在于如何通过激励机制，实现涉案企业合规计划的有效制定并执行，从而实现及时预防犯罪补救挽损。在受监督开展有效合规的同时，如果涉案企业经考察符合相应的条件，则其也会获得刑事法意义上，如不起诉的"优待"。在这一过程中，对涉案企业进行合规监督考察，意味着必然会有一个第三方的机构介入展开客观中立的考察工作。为了保障合规监督考察的客观中立性，无论是直接由检察机关直接介入考察，还是另外聘请一个第三方组织进行合规考察，检察机关再对该第三方组织进行监督，检察机关都在其中占据着极为重要的地位。虽然，由检察机关直接介入考察的模式，可能并不具有专业性上的优势，但仅从职能优势上来讲，检察机关的法律监督职能优势决定了其必然会在涉案企业合规，甚至是法治化营商环境建设中发挥着重要的意义。因此，企业合规不起诉的实践与探索，从一定程度上而言，也是检察机关进一步丰富、深化检察权以及在营商环境法治化

---

① 参见 2019 年 10 月 22 日发布的中共中央、国务院《优化营商环境条例》(中华人民共和国国务院令第 722 号)第 2 条的规定。

② 李本灿. 法治化营商环境建设的合规机制——以刑事合规为中心[J]. 法学研究,2021(1):173.

③ 贾凌,曾粤兴. 国家机关不应成为单位犯罪的主体[J]. 法学,2002(11):38.

建设过程中拓展延伸检察职能的体现。

(三)企业合规附条件不起诉的本质厘清

目前,虽然企业合规改革已经进入了第二批试点,但除了学界已有部分观点认为涉案企业合规不起诉实质上是附条件不起诉以外,实践试点中尚未将企业合规改革的不起诉实质明确下来。这是因为,现阶段我国现行法律体系中并没有针对企业的附条件不起诉制度,企业合规检察监督的探索只能暂时借助、依托于目前已有的法律制度。因此,在第一批试点中,最高人民检察院确定下来的六家基层院所制定的合规相关的工作办法,除了深圳宝安区检察院制定的文件直接拟名为《涉企刑事案件附条件不起诉适用办法》,其他基层法院基本上仍是采"相对不起诉"的命名。随着企业合规改革的不断推进,试点进入第二批,最高人民检察院在这期间制定了《关于开展企业合规改革试点工作方案》《关于建立涉案企业合规第三方监督评估机制的指导意见》等相关文件,明确了组建第三方管委会启动合规监督考察程序的模式,并进一步深化改革试点,扩大试点的范围。随着改革的不断推进,其进步意义是十分明显的。模式选择上,最高人民检察院以联合发文的方式,与司法部、财政部、生态环境部等八个部门一起公布了旨在建立第三方监督机制的指导意见,明确了聘请第三方进行合规监督的大方向。这与本文研究所论证的主旨不谋而合。但目前为止,考虑到与现行法律框架衔接、立法时机等诸多因素,最高人民检察院的相关文件尚未明确涉案企业合规附条件不起诉的说法。

不论目前最高人民检察院文件以及地方试点将涉案企业合规不起诉明确为附条件不起诉,还是仍贯之以"相对不起诉"的叫法。从本质上而言,利用合规检察监督对涉案单位适用不起诉其实是附条件的,因为其必须要经过刑事合规监督考察这一环节。这种以合规激励作为附加条件来评判是否对单位进行不起诉的模式,与针对未成年人的附条件不起诉有着一定的相似性,区别仅在于适用对象与考察方式的不同。根据附条件不起诉的相关规定,在审查起诉阶段,如果附条件不起诉对象符合一定的要求,检察机关可以做出附条件不起诉的决定,这种附加制度和刑事合规的要求在本质上存在共通性。虽然目前我国法律体系并没有针对企业适用附条件不起诉的规定,但综观《刑事诉讼法》的演变过程,其实在《刑事诉讼法》修订之前,附条件不起诉的类型还是相对较多的,只不过在经过修法之后,附条件不起诉制度被限定在了未成年人这一适用对象范围之内。从这一内容的演变过程可以看出,附条件不起诉适用范围的扩大并非没有可能。因此,在现阶段,虽然企业合规检察监督可能还需要套着相对不起诉这一理念,但在未来的发展过程中,刑事合规检察监督的模式朝着附条件不起诉的方向发展必然是理性的选择。

完善我国企业合规改革的路径探讨

万其明 平 静 储陈城[*]

摘要:2020年3月起,最高人民检察院在上海浦东、金山、江苏张家港、山东郯城、广东深圳南山、宝安等6家基层检察院开展企业合规改革第一批试点工作。2021年4月,最高人民检察院发布了关于印发《最高人民检察院关于开展企业合规改革试点工作方案》的通知,正式启动第二批根据试点工作方案,第二批改革试点范围较第一批有所扩大,涉及北京、辽宁、上海、江苏、浙江、福建、山东、湖北、湖南、广东等10个省、直辖市。2021年6月,最高检又进一步发布了"企业合规改革试点典型案例"以为各地区的试点实践提供指引,我国企业合规不起诉的探索工作可谓如火如荼。但作为一项"舶来品",我国企业合规不起诉制度尚处于初期探索阶段,其在理论和实践层面均面临着一些亟须解决的问题。

关键词:企业合规;改革;路径

一、我国企业合规改革存在的问题

(一)我国企业合规不起诉的威慑力不足

从我国目前的企业合规不起诉的试点实践来看,检察机关推行的企业合规

---

[*] 万其明,淮南市人民检察院检察官助理;平静,安徽省淮南市谢家集区人民检察院第一检察部检察官助理;储陈城,安徽大学教授。

不起诉与美国早期的暂缓起诉采取了极其相似的策略。2020年第一批试点以来,在地区实践之中,检察机关处理的多数案例最终作出的不起诉决定对象既包括企业也包括企业之中的相关责任人。① 2021年6月3日,最高人民检察院发布的"企业合规改革试点典型案例"似乎有些变化,将"合规不起诉"换成了"企业合规改革"的说法,并且有两个案例"既不起诉企业也不起诉责任人",另外两个案例则"不起诉企业并给与责任人从宽处理"。② 但是,从四则案例的总体情况来看,其重心还是放在了"企业合规不起诉",即企业在涉案之后,如果配合检察官所主导的合规工作,就可以享受"不起诉企业也不起诉责任人"的待遇。③ 这种"全盘放过"做法的妥当性有待商榷,因为当企业被作出不起诉决定之后,检察机关无权进行罚款,行政机关的处罚要么缺位,要么过轻,无法发挥出司法的威慑效用。④

(二)我国企业合规不起诉的激励不足

当前,我国检察机关在企业合规不起诉试点工作中创造了两种运作模式:一种是"相对不起诉模式",另一种是"附条件不起诉模式"。前者是指检察机关在审查起诉的过程之中,对于犯罪情节轻微同时认罪认罚的涉罪企业,在作出不起诉决定之后,利用检察建议督促企业进行合规建设;后者是指检察机关在审查起诉的过程之中,通过给企业设定一定的考验期限,对涉罪企业暂时不予起诉,待其达到合规要求之后最终再作出不起诉的决定。从目前的实践现状来看,"相对不起诉模式"成为了检察机关主推的实践模式,山东省、江苏省、上海市等多地均是采用的此种模式。而"附条件不起诉模式"则使用的相对较少,只被浙江和福建的少数地区检察机关所采用。究其原因"相对不起诉模式"操作起来比较简易省事,而"附条件不起诉模式"则相对复杂,需要检察机关付出

---

① 《最高检推进企业企业合规试点改革,这些民营企业虚开案件首次以合规不起诉结案》,https://www.shui5.cn/article/40/11525.html.
② 最高人民检察院共发布了4个指导案例,其中张家港市污染环境案与新泰市企业串通投标系列案既没有起诉企业,也没有起诉责任人;上海市虚开增值税发票案与深圳市非国家工作人员受贿案对企业不起诉,对责任人从宽处理。
③ 黎宏.企业合规不起诉:误解及纠正[J].中国法律评论,2021(3):177-188.
④ 李勇.企业附条件不起诉的立法建议[J].中国刑事法杂志,2022(2):127-143.

较多的人力与物力。

从理论上来看,我国检察机关主推的"相对不起诉模式"存在着严重的激励不足问题,即在"相对不起诉"运作模式之下,涉罪企业很难具有主动合规和改造的动力。原因有二:其一,在"相对不起诉模式"下,检察机关往往是事先给予涉罪企业不起诉的决定,而后再以检察建议的形式督促企业积极展开合规建设。但涉罪企业被作出不起诉决定之后已经处于无罪的状态,已经获得了检察机关能够给予的最优处理效果,后续的企业是否合规、如何合规以及合规效果都无法再为其获取进一步的从宽效果。其二,检察建议缺乏刚力。"众所周知,尽管我国的检察建议借鉴了苏联的制度,但我国的政治体制决定了具有鲜明的中国特色检察建议制度,不可能沿袭苏联的检察建议被赋予了明确的刚性法律效果的'一般监督'检察制度。"[1]尽管检察建议具有执法时间、对象较为灵活的独特优势,但我国的各类检察建议因为立法赋权的缺失向来显得尤为乏力。[2]从目前的企业合规不起诉试点实践来看,被作出不起诉的无论是企业还是自然人,因为不履行检察建议而被检察机关重新提起公诉的案例可谓是少之又少。这在一定程度上说明,在"相对不起诉模式"之下,重新提起诉讼从不是检察机关的通常选项,也难以成为检察机关对拒不履行合规计划的企业进行制约的常规手段。[3]

二、进一步完善我国企业合规改革的路径

(一)建立企业合规不起诉的司法审查控制机制

首先,要建立强制起诉制度。当检察官作出合规不起诉决定之时,被害人可以向上一级检察机关申诉,如果上一级检察机关维持,被害人可以向法院请求审查"不起诉决定"的合法性,如果检察机关无法证明不起诉决定的合法性,就必须提起公诉。其次,要完善庭前审查制度,设立公诉审查法官。如果检察机关对企业重新提起公诉,应当由公诉审查法官对案件进行全面审查,并判断

---

[1] 李立景. 协同赋权:新时代中国检察建议的范式转型与重构[J]. 湖南社会科学,2020(5):87-99.

[2] 李奋飞. 论企业合规检察建议[J]. 中国刑事法杂志,2021(1):97-113.

[3] 陈瑞华. 刑事诉讼的合规激励模式[J]. 中国法学,2020(6):225-244.

检察官的合规建议是否合法、合理以及企业是否真的没有达到合规要求。只有通过了审查,公诉审查法官才可裁定交与审判法官开庭审理。

(二)建立科学合理的外部监督模式

建立企业合规不起诉制度应当增强制度运作过程的透明性。事实上,最高人民检察院也注意到了外部监督的重要性。《最高人民检察院关于开展企业合规改革试点工作方案》之中提及,"对符合刑事诉讼法规定的不起诉案件,做到应听证尽听证",但是却并没有给出具体的听证规则,这仍有待于一定期限的探索与总结。在地方试点实践之中,江苏省张家港检察院进行了一些有益的探索。在处理的多起涉嫌虚开增值税发票的案件之中,检察院积极的尝试召开公开的听证会,邀请诉讼当事人、法律专家代表、人民监督员、律师团体、人大代表以及政协委员参与其中。通过当事人双方的辩论、法律专家的论证以及其他参与人员的评议,由检察院对涉罪企业的合规风险进行审查、督促企业加强合规体系建设,并在此基础之上作出合规不起诉的决定,这种积极的尝试,具有典范性和可复制性,值得在全国进一步推广。

(三)企业合规不起诉应秉持"放过企业但严惩责任人"之原则

"企业合规,本质上是企业自身具有独立意思的体现,是在企业经营活动之中出现犯罪行为时,让企业全身而退、免除处罚的理由,而并非让其中自然人免责的理由。"[1]如果将企业合规同时作为企业和员工同时出罪的理由,不免有违我国所确立的刑法适用平等原则之嫌。因为在一般的自然人犯罪场合,即便自然人具备再好的悔罪态度以及再完善的改过计划,都很难获得检察机关不起诉的处理待遇。而在企业犯罪的场合,自然人却可以凭借企业的合规计划谋求到检察机关的不起诉处理。这种"既放过企业顺带放过责任人"的做法也可能会导致一定的后果,以后凡是自然人犯罪,只要努力粘连上企业就很容易逃脱法律的制裁。在这种极度宽容的司法策略之下,企业中的责任人触犯了刑法却得到了不疼不痒的处理,企业合规不仅不能够起到预防犯罪的效果,还容易成为企业犯罪的"保护伞"。

---

[1] 黎宏. 企业合规不起诉:误解及纠正[J]. 中国法律评论,2021(3):177–188.

美国的司法实践已经证明,"放过企业并且放过责任人"的做法达不到威慑犯罪的效果。我国虽然在法治观念、司法传统、司法体制、企业管理体制等方面与美国有着诸多的差异,但这些并不足以保证我国的企业合规不起诉不会发生美国的类似后果。因此,我国推广企业合规不起诉制度的过程之中,能够享受有效合规计划所提供的优待的应当是企业自身而非企业中的自然人。换言之,企业合规不起诉的对象只能是企业而不能是企业中的自然人。我国的企业合规不起诉应当秉持"放过企业但严惩责任人"的做法,要使企业合规不起诉具备"恩威并施"的功能,这不仅是我国"宽严相济"刑事政策的内在要求,也是预防企业再次犯罪的必然之举,更是促进企业管理层重组与改善的必由之路。

(四)将"附条件不起诉模式"作为企业合规不起诉的范本

当涉罪企业选择与检察机关合作并且积极的认罪认罚,其将获得第一次激励,即检察机关会先考虑作出附条件不起诉的决定,但这种决定并不是最终的、确定的处理结果。只有当企业进一步配合检察机关做好合规建设并且取得了达标的合规效果,其才能获得第二次激励,即检察机关最终作出不起诉决定的处理。由此可见,"附条件不起诉模式"所具备的两次激励具有层次性和阶段性,既可以鼓励涉罪企业积极的与检察机关进行第一次合作——认罪认罚与配合调查,又可以保证涉罪企业有着足够的动力完成继续合作——进一步的合规建设。我国未来可将"附条件不起诉模式"作为我国企业合规不起诉的范本并在全国加以推广,我国已有的未成年人附条件不起诉经验也足以为企业的附条件不起诉提供一定的实践基础。

(五)企业合规不起诉不宜设置罪名和刑罚的犯罪限制

无论是轻罪亦或是重罪都可以适用企业合规不起诉,理由有二:其一,我国刑法所规定的单位犯罪均为法定犯,法定犯的反伦理色彩比较轻,即便是对重罪适用合规不起诉一般也不会为社会公众法感情所不容;其二,企业犯罪归根结底还是企业内部责任人的犯罪,在"责任分离原则"的理念之下,无论是轻罪还是重罪,只要"严惩责任人"就足以发挥足够的威慑效力,没有必要非得对企业提起诉讼。只有取消罪名和刑罚的限制,给予那些潜在的涉嫌重罪的企业合规不起诉的希望与可能,这些企业才有动力积极的认罪认罚并且不再包庇内部的责任人以完成自我救赎。

(六)完善第三方监督评估机制

最高人民检察院推出的第三方监管制度采用了合规监管委员会的方式,试点地方的检察机关和国资委、财政部门及工商联组建本地区的第三方机制管委会,负责组建本地区第三方机制专业人员名录库以及日常的选任、培训、考核、巡查和惩戒工作。在合规监管委员会制度下,检察院的主要工作内容是审查案件是否符合企业合规试点以及第三方机制的适用条件,并最终根据合规监管人出具的合规考察书面报告作出是否批捕、起诉、提出宽缓量刑建议的决定。合规管委会的主要工作是选任合规监管人以及确定合规考察标准;合规监管人的主要工作是审查企业提交的合规整改方案、确定合规考察期以及检查、评估、考核涉案企业的合规整改情况,并向第三方机制管委会和承办案件的检察机关提交合规考察报告。此模式下,检察机关仅保留对合规监管人组成名单、涉案企业合规计划及合规考察书面报告进行审查并提出意见建议的职权。实践中最具争议的问题是应当由谁来担任合规监管人。应当建立以著名的合规律师、会计师、税务师和特定领域专家领衔担任合规监管人进而组建合规监管人团队的制度。每个合规监管人团队至少需要包括一名熟悉合规知识的法律专家,以及金融、财务、税务、环保、经济、网络等相关领域的专家。总之,合规监管人应由个人担任,由独立专家领衔组建监管人团队,而决不能让机构担任。首先,合规监管人应当从律师事务所、会计师事务所、税务师事务所的专业人员中选任,如果案件涉及环境保护等特定专业领域,还需要从环境保护研究中心等专业机构遴选专家加入合规监管人团队。其次,合规监管人不能由单位担任,因为单位担任合规监管人会带来很大的弊端。例如,律师事务所、会计师事务所、税务师事务所、研究中心等机构不适宜担任合规监管人,某律师事务所可能因为拥有著名的专业合规律师而入选,但是该律师事务所的其他律师并不一定具有合规监管的能力和经验。

(七)妥善解决第三方独立监管人员的业务费用问题

如何支付合规监管人员的费用问题,有学者认为,费用应由犯罪嫌疑企业支付,因为该企业实施了危害行为;也有学者认为,行政主管部门对犯罪嫌疑企业的监督考察属于其职权范围内的工作,履行其职权的费用不应由企业承担,可以类比对管制犯和缓刑犯监督所产生的费用由社区矫正机关负担,而不是由管制犯和缓刑犯来承担。综上,对于被纳入合规考察程序的大企业,合规监管委员会应收取必要的"监管费用";小微企业若自身难以支付较高的相关费用的,第三方独立监管人员的业务费应由国家拨款到第三方监管委员会,经费包括合规监管人的薪酬,还包括为进行监管活动而产生的其他费用。

金融犯罪

涉私募非法集资犯罪刑事司法政策的观察、批判与建构

常秀娇*

摘要：私募投资基金行业是我国国民经济发展的重要组成部分，但涉私募非法集资犯罪的态势严峻，危及人民群众财产安全。这种严峻态势的形成和我国涉私募犯罪的刑事司法政策与犯罪治理的需求不匹配，脱不开关系。当前的涉私募非法集资犯罪的刑事司法政策需从我国打击非法集资犯罪的相关立法和司法解释中提炼，可概括为"从严从重"的基本立场以及建立在"犯罪人分链分层"基础上的"宽严相济"和"区别对待"原则，而该刑事司法政策"严厉"有余，"宽缓"不足。退一步讲以现行刑事司法政策评价我国涉私募非法集资犯罪的刑事司法实践，也存在"应严不严"、"当宽不宽"的问题，如人为拉低入罪门槛，将犯罪构成要件要素扩大化等。为有效治理犯罪，需制定专门针对涉私募基金犯罪的具体刑事政策，可以从行政处罚前置、保障投资人利益、刑事合规和"严而不厉"的角度来进行积极的建构。

关键词：私募；非法集资犯罪；区别对待；投资人保护；严而不厉

私募投资基金，是指以非公开方式向投资者募集资金设立的投资基金。[①]

---

* 常秀娇，北京市社会科学院法治所助理研究员。

① 常秀娇，张志富. 私募基金与非法集资犯罪的法律边界[J]. 南都学坛（人文社会科学学报），2017(4)：77.

我国私募基金发展的起步时间最早可以追溯到1985年1月,中共中央发布的《关于科学技术体制改革的决定》明确提出可以给予高技术开发工作设立创业投资支持,依据该政策,私募股权基金具有了操作的空间。① 私募基金行业发展至今,已成为我国资管行业第二大支柱行业,②在国家经济发展中扮演重要角色。但由于我国私募行业监管起步晚、层级低、效能差,私募基金在开展经营活动中容易触碰刑事法律红线或以私募基金为名行非法集资之实,往往构成非法吸收公众存款罪、集资诈骗罪等罪名,所以将凡是私募基金领域的非法集资行为,符合我国刑法非法吸收公众存款等犯罪构成要件的,具有刑事可罚性的,统称为涉私募非法集资犯罪。

结合监管机构对私募企业行政处罚披露的违法事实和违规执法数来看,我国涉私募非法集资犯罪存在较大黑数,一旦全面暴雷可能危及广大人民群众的财产安全。据笔者检索统计,2017年至2021年我国共判决492件涉私募非法集资犯罪,③其中2018年是最高点,较2017年增长51%,之后虽有所回落,但一直保持在较高位,年均127件上下,犯罪形势较为严峻。我国为维护金融安全,全国自上而下开展了多轮打击金融犯罪的专项行动,2018年P2P暴雷以来办理了大量非法集资案件,对民间投资领域的金融环境进行了肃清,但涉私募基金的犯罪发展态势并没有明显好转,暴雷危机依然存在。在此有必要对我国涉私募非法集资犯罪的刑事司法政策及指导下的司法实践进行总结、批判、反思,建构针对涉私募非法集资犯罪的具体刑事政策体系。

一、我国涉私募非法集资犯罪刑事司法政策观察

我国尚无专门针对涉私募非法集资犯罪的刑事政策,由于这类犯罪发生在私募活动中或以私募的名义展开,涉嫌的罪名主要是非法吸收存款罪、集资诈骗罪等非法集资犯罪,所以相关刑事司法政策体现于我国关于非法集资犯罪、金融犯罪和涉众型经济犯罪等类罪的司法解释、指导判例和规范性文件中。

---

① 王燕辉. 私人股权基金[M]. 北京:经济管理出版社,2009:278.
② 证监会副主席方星海在2022青岛·中国财富论坛发表演讲[EB/OL]. (2022-7-30)[2022-8-17]. http://finance.sina.com.cn/hy/hyjz/2022-07-30/doc-imizirav6063115.shtml.
③ 数据来源于威客先行裁判文书数据库收集的公开上网的判决书,统计口径为公司或自然人违法进行私募活动,被法院判处非法吸收公众存款罪、集资诈骗罪的案件数。

(一)"从严从重"是我国涉私募非法集资犯罪刑事司法政策的基调

涉私募非法集资犯罪是一种破坏金融管理秩序,侵害人民群众财产权的犯罪,这种犯罪扰乱金融市场,破坏金融稳定,影响金融从业机构信用和声誉,降低社会公众对于金融机构的信心,应当依法严厉惩治与打击。最高人民法院《关于贯彻宽严相济刑事政策的若干意见》中,第9条对集资类犯罪等严重危害金融秩序的犯罪作出规定:"要依法从严惩处,维护国家的经济秩序。"我国这种"从严从重"的刑事司法政策,主要体现在如下方面:

1. 犯罪漏斗口径较窄,但一旦进入刑事司法程序,涉私募非法集资犯罪的定罪率高

我国涉私募基金的监管领域倾向于"以罚代刑",大量可能触犯刑事法律红线的私募融资活动未走入刑事程序,存在较大犯罪黑数。如果将整个违法犯罪行为比喻为一个漏斗,只有少部分行为能够通过较窄的口径筛入刑事程序。但一旦进入刑事司法程序,我国在司法实践中采取严厉的刑事司法政策的导向,涉嫌犯罪的定罪率很高,出罪的空间小,无罪案件罕见。例如天津市第二中级人民法院于2015年发布的《涉私募基金刑事审判白皮书》显示,在涉私募基金刑事案件中,非法吸收公众存款罪的定罪率达到了100%。

2. 涉私募非法集资犯罪的刑罚配置较重,一旦构成集资诈骗犯罪重刑率高、监禁刑率高

我国涉私募非法集资犯罪适用的罪名主要是非法吸收公众存款罪、集资诈骗罪。以非法吸收公众存款罪为例,我国刑法一直在提高该罪名的法定刑,刑法修正案(十一)将非法吸收公众存款罪的法定刑增设至三档,第三档即数额特别巨大或者有其他特别严重情节的,处十年以上有期徒刑,并处罚金。该修改使得该罪的法定最高刑由原来的十年有期徒刑调整为十五年有期徒刑。与国外相比,我国对非法吸收公众存款罪配置的刑罚量较重,而国外则明显更轻。如日本对于违法吸收存款的,最高刑仅为三年惩役。再如德国对于未取得《信用业法》许可而故意从事银行业务,如吸收不特定多数人钱款的行为,最高刑亦为三年有期徒刑。

行为人以非法占有为目的实施非法吸收公众存款的行为,则进一步升级构成集资诈骗罪,我国刑罚对集资诈骗罪设置了更重的刑罚量,一度还曾在较长

时间内对该罪名保留了死刑。根据我国刑法有关规定集资诈骗罪数额巨大就能够判处法定最高刑无期徒刑,而涉私募非法集资犯罪涉案数额动辄上亿,远远超过法律规定的数额巨大的标准,这些原因都导致涉私募活动一旦构成集资诈骗罪,被判处轻罪的可能性被大大限缩,往往要被苛以重刑。这一结论得到了司法实践数据的印证,根据最高人民法院披露,2015 年至 2018 年,集资诈骗犯罪案件的重刑率连续 4 年均超过 70%,监禁刑率连续 4 年均超过 90%,远高于同期全部金融犯罪案件的重刑率和监禁刑率。

(二)建立在"犯罪人分链分层"基础上的"宽严相济"和"区别对待"原则

宽严相济刑事政策是我国的基本刑事政策,最早在 2004 年 12 月的全国政法工作会议中提出,是对之前惩办与宽大相结合刑事政策的承继和发扬,具有更为辩证、深刻的内涵。宽严相济刑事政策作为基本刑事政策贯穿于刑事立法、司法和执法的始终,具有重要的指导作用。宽严相济的涵义就是:针对犯罪的不同情况,区别对待,该宽则宽,该严则严,有宽有严,宽严适度。① 裁判者在综合适用宽松刑事政策与严格刑事政策的互济过程中,实现二者的相互依存、相互补充、相互协调、有机统一,实现刑法公正。宽严相济刑事政策指导刑事司法实践,当然也适用于涉私募非法集资犯罪这一类罪的审理活动。

宽严相济刑事政策落实到涉私募非法集资犯罪,集中体现为"区别对待"原则。最高人民法院、最高人民检察院、公安部联合印发的《关于办理非法集资刑事案件若干问题的意见》(以下简称"两高一部《意见》")规定,办理非法集资刑事案件,应当依法合理把握追究刑事责任的范围,做到惩处少数、教育挽救大多数。要按照区别对待原则分类处理涉案人员,做到罚当其罪、罪责刑相适应。

涉私募非法集资犯罪的区别对待是建立在"犯罪人分链分层"的基础之上。笔者尝试对涉私募非法集资犯罪集团内部及其相关人员的分链分层的一般情

---

① 高铭暄. 宽严相济刑事政策与酌定量刑情节的适用[J]. 法学杂志,2007(1).

况进行总结,并对应地分析呈现出的司法裁判规律:[1]

1. 链条分布和层级划分

整体而言,涉私募非法集资犯罪集团及其相关人员按照分工和发挥作用的不同,可以分为两条链条:第一条是业务链(或包括技术链),层级由高到低依次分别包括公司的法定代表人或实际控制人、业务链的公司主管、业务主管、业务口的工作人员等。另一条是辅助链,层级由高到低依次包括为公司运行提供支持和帮助的行政或财务的公司主管、行政或财务主管、行政或财务工作人员等。

2. 针对不同链条和层级的司法裁判一般规律

涉私募基金非法集资犯罪中,不同链条上和不同层级人员的刑事责任不同,这是由我国刑法规定的主客观要件认定决定的,下文总结的司法裁判规律是对一般情况下刑事打击范围的概述。

(1)就业务链而言,司法实践中一般情况下业务主管及以上会纳入到追究刑事责任的范畴,但一般业务骨干人员是否追究刑事责任根据案件情况有所差别。这种刑事司法实践中把握的差别往往以业务骨干成员的收入方式为关键点,如业务骨干人员抽取高比例的佣金,收入水平远远高于同行业的标准,则有可能推定具有犯罪的故意而追究刑事责任。如公司募集资金的方式主要是通过互联网实现,技术链的刑事追究范围基本可以参照业务链。至于总公司和分公司业务线的刑事打击层级,跟案发情况有较密切的关系:一种情况是在总公司案发,则分公司打击的链条上的层级往往较高,一般到实际控制人,更低层级则不追究刑事责任,司法实践中也存在分公司不追究刑事责任情形。另一种情况是在分公司案发,则分公司的打击链条相对完整,同样总公司也会受到较为全面的刑事处罚。

(2)就辅助链而言,司法实践中对于行政辅助人员或财务人员是否要追究刑事责任存在较大的分歧。一般情况下,对于有充分证据证明公司的行政主管人员或财务主管人员明知公司进行的是非法集资犯罪,仍提供公司日常运营或财务支付的管理和支撑,认定构成共同犯罪中的帮助犯,往往认定为从犯,而总

---

[1] 以下为司法实践中的一般规律,用以说明涉私募类非法集资犯罪案件整体上存在分链和分层来划定刑事打击范围的司法实践现状,但具体案件中不同链条上不同作用人员的刑事责任问题,还要结合主客观构成要件要素和在案证据进行综合判定。

公司案发的情况下,分公司的行政管理或财务链一般不会被追究刑事责任。

综上,可以说刑事司法对于涉私募非法集资犯罪的不同链条之间存在打击范围的错位,而对不同链条上的不同层级之间存在区别基础上的宽严相济,具体可见下图:

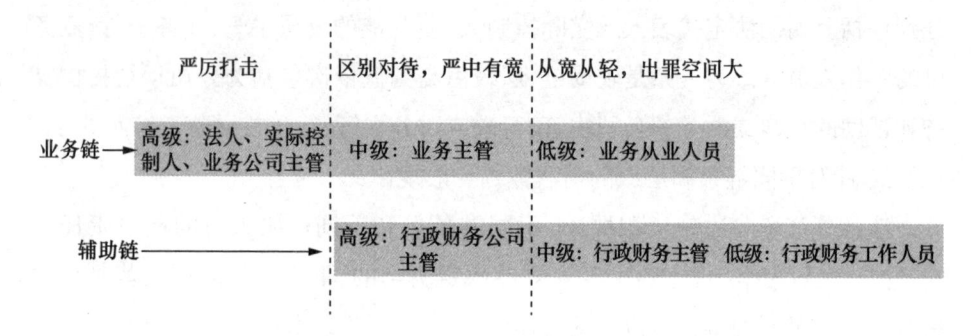

```
                严厉打击        区别对待,严中有宽   从宽从轻,出罪空间大

业务链 ──→   高级:法人、实际控    中级:业务主管     低级:业务从业人员
              制人、业务公司主管

辅助链 ──→                     高级:行政财务公司   中级:行政财务主管  低级:行政财务工作人员
                                主管
```

图一:涉私募犯罪内部不同链条层级上刑事司法政策的体现

(三)严厉打击核心骨干成员,宽缓刑事政策主要适用于低层级人员

由于涉私募非法集资犯罪多数是以组织化的公司形态出现,犯罪集团内部会有分工合作,不同的犯罪嫌疑人发挥的作用和行为的社会危害性程度有显著的差别,所以在刑事司法政策上采取区别对待的原则,严厉打击的是涉私募非法集资犯罪的核心管理层人员和骨干人员,一般是指业务链的中高级管理人员和辅助链的高级管理人员。依法严惩非法集资犯罪中的主犯,对于具有犯罪数额特别巨大、引发群体性事件、严重扰乱金融秩序等情节的主犯,坚持从严打击。最高人民检察院于2017年6月2日发布的《关于办理涉互联网金融犯罪案件有关问题座谈会纪要》(以下简称"最高人民检察院《座谈会纪要》")在规范文件层面明确指出,涉互联网金融犯罪案件涉案人员众多,要按照区别对待的原则分类处理,对核心管理层人员和骨干人员,依法从严打击。而宽缓的刑事政策主要是用于非核心低层级人员。主要是指业务链的从业人员和辅助链的中低级工作人员。上述刑事司法政策适用上的差别在司法实践中表现为不同层级人员的抗辩理由的采纳、主观的认定和犯罪金额的计算等方面。

1. 核心骨干成员关于主观无罪或罪轻的抗辩,如无其他有力证据,很难被采纳,往往被追究刑事责任,而业务链上的低层级人员或行政链上人员的主观

抗辩,被采纳的空间更大

第一,根据最高人民检察院《座谈会纪要》,无相关职业经历、专业背景,且从业时间短暂,在单位犯罪中层级较低,纯属执行单位领导指令的犯罪嫌疑人提出辩解的,如确实无其他证据证明其具有主观故意的,可以不作为犯罪处理。

第二,涉私募非法集资犯罪为了取得投资人的信任自愿交付资金,往往会采取一定的蒙骗性手段,制作或出具所谓政府有关部门的批准文件等虚假证明文件进行对内或对外的宣传。根据最高人民检察院《座谈会纪要》,层级较低的犯罪嫌疑人提出因信赖行政主管部门出具的相关意见而陷入错误认识,不具有犯罪的主观故意的,如果上述辩解确有证据证明,且无证据证明其具有主观故意的,一般不应作为犯罪处理。而较高层级的犯罪嫌疑人往往知晓推动的集资活动与行政部门出具意见所涉及的行为不一致,或故意向行政主管部门虚构事实等以骗取证明文件,或通过利益输送等行为干扰获取证明材料的公正性,因此在主观故意上的抗辩很难被采纳。

第三,非法占有的认定是区分非法吸收公众存款罪和集资诈骗罪的关键点,在全案可能构成集资诈骗罪的前提下,较低层级的犯罪嫌疑人以不具有非法占有目的进行抗辩,具有采纳的空间。司法实践中,对于不同层级的被告人之间存在主观认识不同,或者犯罪目的发生转化,应当根据被告人的主观故意来认定罪名,基于此,同案的共同犯罪人中,高层级的犯罪嫌疑人构成集资诈骗罪,而低层级的犯罪嫌疑人构成非法吸收公众存款罪这一轻罪,并非罕见。

2. 高层级人员的定罪率高,而业务链上的低层级人员或行政链上人员,存在出罪和罪轻的司法空间

刑事司法实践中,要根据行为人的客观行为、主观恶性、犯罪情节及其地位、作用、层级、职务等情况,综合判断行为人的责任轻重和刑事追究的必要性。而犯罪行为人的层级低或者从事与犯罪相关性更小的活动,就基本能够表明行为人的地位低、作用小、层级低等,往往认定为发挥次要作用的从犯,在定罪量刑的过程中有罪轻甚至无罪的可能。而核心骨干成员出罪的概率很小,司法实践中的高定罪率就是典型例证。

(1)从罪轻层面看,最高人民检察院《座谈会纪要》明确指出,对犯罪情节相对较轻、主观恶性较小、在犯罪中起次要作用的人员依法从宽处理。

(2)从无罪层面看,两高一部《意见》明确指出,对于涉案人员积极配合调

查、主动退赃退赔、真诚认罪悔罪的,可以依法从轻处罚;其中情节轻微的,可以免除处罚;情节显著轻微、危害不大的,不作为犯罪处理。最高人民检察院发布的典型案例刘前进等集资诈骗案,①也在"典型意义"部分明确传达了对低层级犯罪嫌疑人宽缓的刑事司法政策要义,即若雇佣人员仅仅是提供劳务、领取工资,其职务、岗位职责虽与犯罪活动密切相关,但与主管人员没有共谋,也没有实施具体的犯罪行为,或只是受指派接受领导参加了非法集资过程中的某个环节的,一般不宜认定为犯罪。

3. 涉私募非法集资犯罪的犯罪金额的计算,低层级犯罪行为人特定资金的刨除,可能降低法定刑幅度,而高层级要合并计算

根据我国刑法和相关司法解释的规定,犯罪金额是决定对犯罪行为人适用法定刑刑档的重要标准,涉私募非法集资犯罪的犯罪金额计算方法直接决定了犯罪金额的具体数值,直接影响法定刑刑档的选择,直接影响犯罪行为人最终被判处的刑期,是必须要明确的问题,不能模糊。司法实践中,不同层级犯罪行为人的犯罪金额计算方式有所差别,主要体现在特定资金的是否刨除问题。根据最高人民检察院《座谈会纪要》,低层级的犯罪行为人吸纳的自身及其近亲属所投资的资金金额、记录在犯罪行为人名下但其未实际参与吸收且未从中收取任何形式好处的资金,不计入该犯罪行为人的吸收金额。但这两部分剔除的吸收金额,对于上一层级负责人的犯罪金额,不得刨除。

关于这一宽缓刑事司法政策在涉私募非法集资犯罪中的体现,还需要进一步强调两点:一是随着我国涉私募非法集资犯罪涉案金额的不断攀升,犯罪金额小部分刨除的司法适用对于宽缓刑事司法政策的导向作用越来越小。二是关于特定资金在犯罪金额计算中刨除的宽缓刑事法政策面临从严政策挤压改变的现状。两高一部《意见》明确指出,存在如下情形的:(一)在向亲友或者单位内部人员吸收资金的过程中,明知亲友或者单位内部人员向不特定对象吸收资金而予以放任的;(二)以吸收资金为目的,将社会人员吸收为单位内部人员,并向其吸收资金的(三)向社会公开宣传,同时向不特定对象、亲友或者单位内部人员吸收资金的。向亲友或者单位内部人员吸收的资金应当与向不特定对

---

① 最高人民检察院法律政策研究室编.金融犯罪指导性案例事务指引[M].北京:中国检察出版社,2018:245.

象吸收的资金一并计入犯罪数额。两部现行有效的司法解释在同一问题上的解释存在分歧,会造成司法适用的混乱,需进一步明确。

二、对我国涉私募非法集资犯罪刑事司法实践的批判

严格地说,刑事政策是在批判刑法的基础上产生的,对现行刑事司法实践进行批判性考察,将刑事法律置于广泛的犯罪治理实践去评价完善,是刑事政策研究的使命。[1] 以我国现行有效的司法解释中设定的涉私募非法集资犯罪的"宽"和"严"的刑事司法政策来审视我国相关犯罪审判实践,也存在很多问题,概括起来就是"应严不严""当宽不宽",犯罪治理的效能较低,部分判决中存在的问题甚至冲击刑事司法权威。在此则要点简要述之:

(一)司法实践不同地区对于"宽"和"严"的把握尺度不一致,存在同案不同判的现象,冲击司法权威

我国刑事法律赋予了刑事审判庭自由裁量权,且在犯罪金额远远超过我国司法解释不同刑档的数额标准时,审判庭的自由裁量权将对判决结果产生重大影响。同时我国关于涉私募非法集资犯罪的刑事司法政策无论是在"宽"还是"严"的层面都规定得比较宽泛,不能提供明确的指引,因此各地在适用时把握的尺度存在较大差别,有的会严格按照金额僵化适用法律,有的会利用认罪认罚制度等宽缓制度对量刑幅度进行比较大的突破,造成性质相同、行为方式相仿、犯罪金额相当的案件在不同地区判决的结果差别很大,这种司法现状直接冲击了刑事司法权威。

(二)拉低入罪门槛,将犯罪构成要件要素扩大化,有违罪刑法定

为了实现打击犯罪的目的,司法实践中存在对犯罪构成要件要素进行扩大化解读的情况,人为地拉低了入罪的门槛,扩大了刑事打击范围。如司法实践中存在以资金链是否断裂来断定行为人是否构成犯罪的倾向,涉私募基金非法集资犯罪的案发很多都是由于投资端资金链断裂或者经营遇到重大变故,未按时返还投资者本金和收益,而导致投资者报案,而根据法律和司法解释的规定,

---

[1] 卢建平. 刑事政策与刑法[M]. 北京:中国人民公安大学出版社,2004:11.

资金链断裂不能偿还并不是入罪的标准。

(三)人为地拉高或者降低对相关犯罪的刑事打击力度

涉私募非法集资犯罪中存在人为拉高或降低刑事追责力度的倾向:一方面是将轻罪升级为重罪进行打击,例如犯罪行为人只构成非法吸收公众存款罪,但由于投资人方给的压力过大,为了平息众怒,甚至是为了给投资人一个被害人的身份予以权利保障,将案件升级为诈骗罪进行定罪量刑。另一方面是将重罪降级为轻罪进行打击,例如犯罪行为人可能构成集资诈骗罪,但由于侦查机关和公诉机关在举证上证明行为人具有"非法占有目的"的难度过大,所以才去降维打击,以追求法院最终能够判下来或者避免错案,这无形中轻纵了罪犯,有违刑法公正。

(四)罚金刑适用金额太小,与违法所得严重不成比例,起不到剥夺犯罪条件的效果

涉私募非法集资犯罪适用的罪名基本为经济犯罪,我国刑法均配备了罚金刑,但是罚金刑的金额均比较小,有的罪名还对罚金刑的适用幅度规定了明确限制,导致了司法实践中对于涉私募基金犯罪判处的罚金刑与犯罪行为人的违法所得严重不成比例。与动辄上亿的违法所得相比,罚金刑简直就是九牛一毛,一批一批的犯罪人在巨大经济利益的驱动下选择铤而走险,犯罪发生后,也起不到剥夺再犯条件的作用。例如最高人民检察院公布的典型案例韩某等非法吸收公众存款案,[1]该案造成资金缺口将近2.9亿元,但对构成非法吸收公众存款罪的主犯仅判处有期徒刑1年缓期1年,并处罚金10万元。

(五)监管严重缺位的情况下,一味地强调刑事打击,有违刑法谦抑

私募基金是一个国家市场经济体制趋于成熟后,必然会出现的一个重要的金融衍生工具,其引进竞争机制、减少交易成本、促进金融创新、提高投资效率,是国家鼓励、支持的金融投资方式,但我国对于私募基金出现后的相关监管并没有跟上。可以说,私募基金在我国出现后经历了一段野蛮生长的阶段,后因

---

[1] 卢建平. 刑事政策与刑法[M]. 北京:中国人民公安大学出版社,2004:11.

暴露出金融秩序和资金安全等方面的问题,监管机构才被迫开始推行监管,但即使到了今天,我国的私募基金监管仍然面临着监管法律依据层级低、监管机构执法机制不健全、行政处罚率较低等问题。对涉私募基金非法集资犯罪进行查询,几乎没有一件案件在进入刑事诉讼之前受到过相关行政监管机构的处罚。那么,在监管缺位的情况下,贸然亮出刑事法律的利剑,等于阻断了这些私募经营机构通过更为缓和的路径走向良性轨道的机会,即放弃了行政监管这一更为灵活更为高效的治理方式发挥作用的空间,刑法不再是其他手段失灵后的最后保障法,有违刑法谦抑原则。

三、对我国涉私募非法集资犯罪刑事司法政策的评价

当前我国涉私募非法集资犯罪的刑事司法政策既具有"宽缓"的一面也具有"严厉"的一面,建立在"犯罪人分层分链"和"区别对待"基础上实现"宽"和"严"的相济,体现了我国科学治理涉私募非法集资犯罪、保障人民群众的财产安全和促进国家经济健康稳步发展的现实需要。在具体评价层面,还是要区分严厉政策和宽缓政策进行分别评价。

(一)涉私募非法集资犯罪的宽缓刑事司法政策符合犯罪治理现代化趋势,但还有进一步扩大司法适用的空间

刑法的宽缓化是现代法治国家发展在刑法层面的体现,我国宽严相济刑事政策的提出和发展也是顺应这一历史潮流的结果。

一方面,我国当前在刑事司法层面对涉私募非法集资犯罪适用宽缓刑事政策的步子可以迈得更大一点,现有一些司法裁判规则所体现的宽缓并不能为犯罪行为人提供真正的刑罚"优惠",如前文提到的特定资金在犯罪金额中的刨除,而且还在被严厉的刑事司法政策不断压缩空间。司法实践中,只要不突破罪刑法定的原则,完全可以做突破性的适用,例如对于主观恶性小,且能够全额退赃,挽回给社会造成的损害后果,即使涉案金额巨大,也可以发挥宽缓的刑事司法政策,免于追诉或者给予缓刑的量刑优惠。

另一方面,在司法实践中少设置程序性的障碍,提高对于宽缓刑事政策适用的数量和力度,特别是刑事司法上的出罪。根据我国司法解释的规定,对于犯罪层级低、发挥作用小的犯罪行为人无论在主观上还是客观上都有出罪空

间,但司法实践中的现状是一旦卷入刑事司法程序,无罪的概率是非常低的,而追究刑事责任的判例中不乏层级比较低的业务工作人员。某研究团队对 alpha 数据库中的非法吸收公众存款无罪案件进行信息打捞,结果就得到 14 个无罪个案,具体到私募投资基金层面,更是屈指可数。

(二)对涉私募非法集资犯罪的严厉刑事政策要进行系统反思,犯罪态势表明未取得良好的司法适用效果

我国对涉私募非法集资犯罪的严厉刑事司法政策是非常明确的,并且在不断挤压宽缓政策的存在空间,司法实践中对于宽缓政策的弃而不适用本身也是在向严厉刑事司法政策靠拢。涉私募非法集资犯罪"严厉"刑事司法政策更为凸显的底层逻辑是为了迎合打击涉私募非法集资犯罪的需要,要对相关犯罪进行一般预防和特殊预防,通过严刑峻法来实现相关犯罪的遏制。但是这种治理逻辑奏效了吗?从近些年来非法集资犯罪数量的持续攀升,以及大型的头部私募公司也涉嫌违法犯罪来看,效果不及预期,反而涉私募非法集资犯罪情势还更为严峻了。那么在这种情况下,就需要对现行的严厉刑事司法政策进行反思,寻求构建更有效的犯罪治理路径。

四、建构完善涉私募非法集资犯罪的具体刑事司法政策

上述分析的我国涉私募非法集资犯罪的刑事司法政策,大体是从宽严相济基本刑事政策、非法集资犯罪的司法裁判规则和相关司法解释分析所得,而对私募投资基金行业的关注度比较低,缺乏针对性,概而言之,我国尚无针对涉私募非法集资犯罪的具体刑事政策。这样的缺失已经表现出犯罪治理上的不力,私募行业违规运行比较普遍,刑事审判中存在背离宽缓刑事政策的趋势,而严刑峻法并没有达到预期的威慑效果,犯罪治理的严峻态势有增无减。笔者认为,有必要结合私募基金的行业特征制定犯罪治理之策,探讨我国涉私募非法集资犯罪刑事司法政策的建构问题。

(一)私募违法监管主导,部分案件要行政处罚前置,刑事为最后手段,集中力量办理严重危害社会案件

刑法具有谦抑性,特别是在行政监管缺位或失灵的情况下,对经济领域

的行为动辄苛以刑责,不具公正性和经济性。所以,在涉私募基金非法集资犯罪的治理上,科学的思维应是以行政监管为主导,以刑事犯罪为最后威慑,行政监管部门积极作为,刑事打击集中力量办理严重危害社会案件。强调如下三点:

(1)构建科学的监管体系是监管部门的长久之策,要健全监管法律依据、完备监管体系、提升监管效能。

当前涉私募基金的机关机构要做如下重点工作:第一,行业协会要去行政化,调动和发挥行业协会的自治作用,发挥行业的专业性特征,克服私募基金发展弊端,服务行业,促进行业健康活力发展。第二,要加大常规执法力度,不得突破合格投资者限制、不得公开宣传私募基金项目、私募基金管理人和基金项目要双备案等内容,在我国私募基金监管的行政法规上都有明确的规定,但实践中大量违规营业没有得到及时发现和处罚纠正,监管机关的责任不言而明。要在制度机制上加大日常排查和执法的力度,将问题发现在早期,给私募基金企业重新步入良性轨道的机会。第三,设立并严格执行良性退出制度,对于严重违规或者存在重大资金损失风险的企业,要积极引导其良性退出,避免为了"补资金窟窿"而在违法犯罪的道路上越走越远,进而造成更大规模的损失,引发更为严重的社会危害性。

(2)对于"四未"型私募基金,原则上设置行政前置程序。

所谓"四未"情形,是指资金链未断裂、法定代表人未卷款跑路、投资人未举报、公司运转未出现异常。当前司法实践中,有一种倾向是对"四未"型私募基金启动刑事侦查,这是不可取的。对于"四未"私募基金,即使存在违规甚至违法行为,可考虑设置行政监管前置程序,先由监管机构责令整改清退,这样更利于资产的保值增效,使投资人的利益得到保障。对于现有资产确实不能偿付投资人本金和银行同期利息的,造成投资人损失,涉嫌构成犯罪的,再动用刑法,依法追究实际控制人的刑责。这样,在最大限度保障投资人利益的同时,为踩着"红线"前行的私募基金企业能够及时纠正违法、弥补损失,沿着更为合法、规范的路径前行有所发展和贡献。

(3)不泛用非法吸收公众存款罪,为行政监管留有空间。

对于以诈骗为目的卷款跑路的涉私募基金犯罪,或者具有典型"非法占有目的"的失联、资产处置等,公安机关必须果断亮剑,依法追究行为人集资诈骗的刑事责任。但对于非法吸收公众存款罪,应采取更为宽松的刑事司法政策,能不入罪就不入罪,给行政部门留有监管空间,以实现市场价值,保护投资人利益。

(二)以保护投资人利益为核心设置刑事司法政策,扩大宽缓刑事司法政策的适用空间

涉私募非法集资犯罪中,参与投资的投资人多为了追求所谓高额的投资利益不惜铤而走险,主动忽视投资中可能遇到的风险,选择偏听轻信,具有一定的"过错"。从我国行政法规的规定可以看出,认为所有参与非法集资活动的投资人具有普遍的过错。如国务院《防范和处置非法集资条例》第25条明确规定,因参与非法集资受到的损失,由集资参与人自行承担。我国刑事法律不赋予投资人"被害人"的身份和相应的诉讼权利,也是这种普遍过错的体现。这种普遍过错的设定对于强化投资人的风险意识,主动进行风险管控和损失承担具有积极意义。但这种诉讼结构的设计,也会带来新的问题,典型的如办案机关在追赃返还投资人利益上的职责弱化和执法惰性,投资人诉讼权利得不到保障产生的社会矛盾纠纷等,总体而言是得不偿失的。这也导致了制度设计和司法实践之间的扭曲和错位,办案机关一方面不承认投资人的被害人地位,另一方面又要给予投资人基本的权益保障。所以对于已经发生的刑事法律风险,投资人的财产面临现实损失的风险,在刑事司法政策的设定上还是要以尽最大限度保护投资利益为核心主线,通过追赃返赃降低投资人的损失,保障人民群众的资金安全,从根源上化解社会矛盾,实现社会公平正义。应该说我国刑事司法实践中对于要以保障投资人利益为核心的理念还没有完全树立起来,应逐步引导,并不断在刑事审判实践中体现。

现实中,确实存在投资人希望通过刑事报案来挽回损失的现象,因为公安机关可以通过侦查手段控制犯罪嫌疑人。但不容忽视的是,一旦涉嫌犯罪,资金的流动性将受到极大限制,"先刑后民"的冲突解决原则,会使民事上的挽回损失手段都陷入停滞,虽然挽回资金的手段更为强硬,但绝对谈不上高效。所以,如果行政监管部门能切实起到管理、惩戒和挽救的职能,积极作为,落到实处,投资人也不会动辄就诉诸刑侦。在刑事司法中,对能够退赃返赃的犯罪嫌疑人适用宽缓的刑事政策,是实现打击犯罪和保障投资人利益平衡的有效路

径,只要为了保障投资人的利益,这种宽缓就不应该设置严格的禁区。可以看到,近年来,为了利于追赃挽损,保护投资者合法权益,宽严相济、认罪认罚等刑事政策已经积极适用于涉私募非法集资等金融犯罪领域。

(三)通过刑事合规制度改革建设敦促私募企业健康发展,保障私募行业的可持续生命力

P2P行业在大规模爆雷之后逐步走向整个行业"归零",为私募行业的发展敲响了警钟,私募行业在蓬勃发展的同时,也已经站在了危机的边缘。在2022年的中国财富论坛上,中国证券监督管理委员会副主席方星海表示,我国私募基金行业蓬勃发展,从无到有、从小到大,自2015年到今年6月末,资产管理规模增加了16万亿元,增长近4倍。截至6月末,在中国基金业协会登记的私募基金管理人2.4万家,管理基金数量13万只,管理资产规模接近20万亿元,基金数量和管理规模均跃居世界前列,仅次于美国。一方面是私募基金蓬勃发展,成为我国资管行业第二大重要的行业支柱,另一方面是私募行业发展不规范、违规违法现象较为普遍。凡是在操作中具有不合法备案、公开宣传募集、突破合格投资者界限、向投资者承诺收益,进而向社会不特定多数人吸收资金等行为的,私募基金的经营者都有可能构成非法集资犯罪。甚至一些大型知名的基金公司也存在违规问题。例如2022年1月4日,深圳市证监局对深圳前海天玑财富管理有限公司、深圳市信诚达资产管理有限公司、深圳前海动产投资有限公司3家知名私募基金进行了处罚,具体处罚的违规行为包括向投资者承诺保本保收益,劝诱投资者进行投资;部分私募产品没有备案;还有向非合格投资募资,金额小于100万。而这些行为表现都可能涉及刑事犯罪。

刑法是国家经济健康稳步发展的保护法、保障法,刑事司法当然要保护私募基金行业的持续发展,打击犯罪的目的之一就是为了通过威慑规范行业的发展路径。我国正在大力推进的刑事合规改革,应积极将私募基金行业纳入改革之中,通过刑事合规制度推进私募基金企业建设完备的现代企业管理制度和风险防控体系,避免触发严重的刑事法律责任。同时对于积极推进合规建设的企业,即使可能被追究刑事责任,也可以放大宽缓刑事政策的适用空间。

(四)严而不厉刑事政策应在涉私募非法集资犯罪刑事司法实践中充分体现

储槐植先生主张我国理想的、应然的刑事政策应是"严而不厉"。[①] 以此标准来审视我国涉私募非法集资犯罪的刑事司法政策,是"厉"有余,而"严"不足。刑事司法层面的"厉"有余主要表现在法定刑刑期过高,打击范围被人为扩大,轻缓刑期的适应空间被压缩,判处的重刑率高等,而"严"不足主要表现在行政处罚取代刑罚,大量犯罪黑数存在等。

基于此要对涉私募非法集资犯罪的刑事司法政策做"严而不厉"改造,择其要者论述之:

1. "厉"层面的改造

要降低刑罚的严厉程度。具体包括:第一,提升适用法定刑不同刑档的犯罪金额数额,当前的涉案金额一般较大,使得低档的法定刑适用空间较小。第二,加大宽缓刑事政策的适用空间,避免僵硬执法,对低层级的犯罪嫌疑人要切实从宽从轻,区别对待。第三,要贯彻宽缓刑事司法政策,设计更多宽缓的司法制度,在保障投资人利益而从宽上不设禁区,如退赔退赃的从宽、刑事合规制度中量刑优惠适用等等。对于宽缓刑事司法政策的扩大适用,可以以"被害人过错"理论为支撑来获得突破。

2. "严"层面的改造

要严密法网、严格追责。具体包括:第一,严密法网。要建立并贯彻全链条打击的政策,切断支撑犯罪的条件。例如一些私募债券领域的案件,除了发行人因自己的违法行为受到法律的制裁,一些存在审计严重失实的会计师和收受贿赂的工作人员也应被追究刑事责任。再如对于制造提供需要证明文件骗取投资人信任的情形,伪造和变造公章为非法集资犯罪提供帮助的行为,也要依法追究刑事责任。第二,严格追责。严格落实行政责任,在行政监管到位的前提下,刑事手段要敢于亮剑,减少犯罪黑数,使刑责和刑罚因确定性而提升正义的维度。

[①] 储槐植. 刑事一体化论要[M]. 北京:北京大学出版社,2007:60-67.

金融犯罪概念的解析

姚 东[*]

摘要：随着金融经济的信息化、全球化，金融犯罪高发。如何防范和打击金融犯罪，已然成为现代社会应直面的重大问题。金融犯罪的治理是一个综合的社会工程，通过制定一部综合性的《反金融犯罪法》将金融犯罪的发生率降到最低点，关系到社会主义法治体系各个有机组成部分之间的有效配合与相互促进。面对金融犯罪严重的社会危害性，依据中央提出的严厉打击金融的刑事政策，理论层面从金融犯罪的概念着手，通过司法实践中的案例，分析当前我国金融犯罪的特点，为制定《反金融犯罪法》提供理论依据和实践支撑。

关键词：金融犯罪；典型案例；重大案件；反金融犯罪法

自有人类社会以来，对社会秩序的犯罪即存在。金融市场自由化的当代社会有利于资金高效快速流动，为社会经济发展提供便利。同时让犯罪者能够便利地取得不法资金。近年来，随着信息技术的高速发展，我国金融犯罪愈演愈烈，呈上升之势，危害金融市场的健康发展，破坏社会主义市场经济秩序。中共中央政治局于2022年7月28日召开会议，分析研究当前经济形势并指出，"要保持金融市场总体稳定……严厉打击金融犯罪"。为此拟从金融犯罪的概念着手，分析当前我国金融犯罪的特点，从反金融犯罪立法的角度为严厉打击金融犯罪提供理论依据。

---

[*] 姚东，北京警察学院教授，北京市犯罪学研究会金融犯罪研究专委会主任。

一、金融犯罪及金融犯罪概念研究现状

无疑,金融犯罪不仅将造成金融机构的损失,也造成个人的损失。然而,对于金融犯罪的概念存在不同观点。目前,金融犯罪的研究成果大体上可分为犯罪学角度的研究、刑法规范学角度的研究,以及网络金融犯罪和互联网金融犯罪研究这三个部分。

(一)犯罪学角度

犯罪学角度是从金融犯罪的现象,原因及其预防等进行探讨。如白宏生的《当前金融犯罪的现状》主要以当地的金融犯罪的不同情况,指出河北省的金融犯罪发案类型较广,在金融科管辖的32种金融案件中,经立案侦查的案件已涉及一半以上。其中以票据诈骗、贷款诈骗和非法吸收公众存款犯罪最为突出,证券期货类犯罪也呈现出上升趋势。再如隋信刚撰写的《当前我国金融犯罪的现状与特点》认为从1985年至1992年是一次高潮和预测,1999年至2002全国金融系统经济罪将出现再次高潮。赵芳、钱波在《广州金融犯罪现状及趋势研究》中从四年来广东省金融犯罪的现状研究和分析广东金融犯罪的发展变化趋势。

进入21世纪随着计算机网络、互联网的发展,学者们对网络金融犯罪展开研究。主要观点是分析网络金融犯罪的形式,原因及其预防,如王东的《网络金融犯罪的成因分析与对策研究》,上海市浦东新区人民检察院课题组《网络金融犯罪治理研究》等,诸如此类的文章如左爽、于航的《预防与惩治辽宁省网络金融犯罪》,韩宇、于航的《网络金融犯罪问题研究》等,同样都是从犯罪学角度进行,对于网络金融犯罪的问题仅仅是网络和金融方面的阐述,认为网络金融是计算机网络技术和金融活动的结合等。也有文章在金融犯罪研究中,针对网络金融犯罪情形进行了阐述,如逄政、吴菊萍、付红梅撰写《金融犯罪情况现状及对策分析——以上海浦东新区刑事检察情况为切入》一文提到的"犯罪分子通过租用境外服务器,开设网络交易平台"。

(二)刑法规范学角度

刑法规范学的角度主要是从概念进行阐述,着重刑法立法规制及其预防等方面。研究成果较为全面的体现,如在 2000 年 11 月的中国法学会刑法学研究会年会上,金融犯罪成为此次会议最热门的议题。根据会后马滔、李玉花《金融犯罪研究综述》所述金融犯罪的概念有 13 种表述,所有这些概念都包含了如下要素:违法性、行为、客体、可罚性、领域、主体、过程和目的。具体观点有二种:第一种认为金融犯罪是指行为人(包括自然人和单位)违反有关金融法律法规,危害国家有关货币、贷款、金融票证、外汇、保险、金融业务专营(包括集资)、证券等方面的金融管理制度,扰乱金融管理秩序,严重危害社会,依照刑法应当加以处罚的行为。第二种认为金融犯罪是指自然人或者单位在金融领域中侵犯金融管理,破坏金融秩序,依照刑法的规定应当受到刑罚处罚的行为。这些行为有:破坏金融管理秩序罪、金融诈骗罪、骗购外汇罪等。

十年后的 2011 年,在上海市犯罪学研究会主办的"后危机时代金融犯罪的惩治和预防"研讨会中,与会者针对后危机时代的金融犯罪的增加和危害从刑法规制方面的研讨较多,如上海市杨浦区人民检察院沈晓君的《刑法禁止令对于金融犯罪的预防作用》等。其他如毛玲玲的《金融犯罪的新态势及刑法应对研究》,也有直接提出金融刑法的,如卢勤忠的《我国金融刑法的观念变革》等。

不可否认,除了 2001 的刑法年会外,针对金融犯罪的概念,不同学者和专家从各自的研究角度提出不同的观点。如刘远、赵玮《论金融犯罪的概念与地位》认为金融犯罪是自然人或单位违反金融法律规范,侵犯或者主要侵犯金融交易秩序或金融管理秩序的一类犯罪。李娜的《金融犯罪的新型认知模式初探——以危害金融安全为视角》一文,归纳出 7 种不同的观点,包括曲新久教授的《金融和金融犯罪》以及刘宪权、卢勤忠所著《金融犯罪理论专题研究》等,认为这些定义没有本质的不同,金融犯罪是违反金融法规与破坏金融管理秩序应受刑罚处罚的行为,进而从金融安全的角度提出危害金融安全犯罪。曹莉薇《金融犯罪的刑法学思考》引用西原春夫的观点"金融犯罪是指金融机关和金融机关工作人员围绕金融和资金筹措而实施的犯罪"(西原春夫),并指出在我国"金融犯罪是指从事金融活动或者相关活动,危害金融管理秩序,依法应当受刑罚处罚的行为。包括刑法分则第三章第四节'破坏金融管理秩序罪',第五节'金融诈骗罪',再加上个别的渎职犯罪和相关犯罪"。也有从不同视角进行的分析,如王志祥、晋涛的《论金融犯罪的解释》从解释的整体策略、规范解释、解释基础方面看金融犯罪的解释与经济发展的同步,进而认为金融犯罪是发生在金融领域的违反金融法规的犯罪。针对金融犯罪出现的新问题,有学者提出新型金融犯罪的概念,如任燕珠、林明宇在《新经济时代新型金融犯罪原因与防范探析》中认为,新型金融犯罪是指与传统金融犯罪不同的新因素,而能冠以"金融犯罪"就是侵犯金融管理秩序,侵犯金融管理秩序以及与金融管理秩序密切相关的其他经济秩序的犯罪。其外延包括金融科技带来的新的金融犯罪手段,新生金融业态对原有罪名涵盖内容的拓展,以及新的金融市场领域发生的犯罪。

(三)网络金融犯罪和互联网金融犯罪研究

随着计算机及信息网络在金融领域的大量运用,出现了网络金融犯罪和互联网金融犯罪的概念研究。(两者之间存在的异同,不是本文研究的内容,在此不再赘述)。

网络金融犯罪早期如万小军的《网络金融犯罪研究》认为网络金融犯罪是指利用计算机实施金融犯罪,是一种高科技、高智商犯罪。此类研究随着我国大量推进互联网产业的发展,针对涉及的网络金融犯罪问题的研究较少,互联网金融犯罪的研究成果较多,如坚凯东的《互联网金融犯罪界定与防范法律问题研究》认为互联网金融犯罪是指从事互联网金融活动的责任主体,在参与互联网新金融模式的行为过程中,实施的危害金融秩序、互联网管理和侵犯公私财产,应当追究刑责的行为。曾荣胜的《互联网金融犯罪刑法规制研究》认为以我国金融犯罪的概念为前提,互联网金融犯罪是指发生在互联网金融领域中,互联网金融活动主体在其本身的业务工作中所形成的,以其自身业务模式为基础的,违反金融管理法律法规及有关规定,危害国家有关货币、银行、信贷、票据、外汇、保险、证券期货等金融管理制度,破坏金融管理秩序,情节严重,依照刑法应受刑罚处罚的行为。有学者简化了概念的表述,如时延安的《互联网金融行为的规制与刑事惩罚》一文认为"互联网金融犯罪仅限于非法从事互联网金融活动并触犯刑法的行为"。

具体犯罪构成问题的研究成果如刘宪权、朱彦的《论互联网金融犯罪中的明知》认为"互联网金融犯罪中的明知在认定上有其特殊性,应以是否知晓行为具有非法性来判断是否具有违法性认识,进而认定是否明知"。具体金融犯罪具体各罪的研究,如劳东燕《金融诈骗罪保护法益的重构与运用》,张明楷的《洗钱罪的保护法益》。

针对金融犯罪新情况,学者从实证的角度进行分析并提出相应的理论支撑,如李瑞华、苗宏的《涉区块链金融犯罪的刑事治理路径——基于338份裁判文书的实证分析》认为涉区块链金融犯罪呈现虚拟领转化等特征,适用于白领犯罪的"便利理论"阻断金融犯罪惩治相关犯罪。

除外,还有一部分涉国际和其他国家、地区的研究成果,如丁灿的《国际银行业金融犯罪监管:案例研究与经验启示》、俞启泳、罗曦的《德国打击金融犯罪相关司法制度及启示》以及陈颖的《海峡西岸经济区地下金融犯罪问题研究——以福建省泉州市为例》等。

二、我国金融犯罪概念存在的不足及其厘清

我国金融犯罪概念存在的不足,从"金融犯罪"研究现状来看,如何准确定义,目前尚无达成共识。需要对金融犯罪概念的存在不足之处进行分析,厘清其原因,才能准确表述金融犯罪概念。

(一)我国金融犯罪概念存在的不足

第一,从犯罪学的层面考量,犯罪与违法界定不清楚。依照犯罪学划分的种类及其定义,金融犯罪无疑属于所谓"白领犯罪"范畴。所谓白领犯罪(White Collar Crime),其定义为"maybe defined approximately as a crime committed by a person of respectability and high social status in the course of his occupation"(译为"大致可以被定义为有名望和高社会地位的人在其职业过程中犯下的罪行")。[1] 从犯罪产生、发展及其趋势而言,作为行为主体实施的行为包括刑法规定犯罪和行政法规定违法行为,因此,一般认为金融犯罪,是指发生在金融界及金融机构的大规模违法活动。

第二,从刑事层面的考察,保护的犯罪客体(社会关系)的范围过大。[2] 从刑法学的层面来考察,仅是形式定义看,一般认为具有违法性,刑法明文规定并

---

[1] Edwin H. Sutherland. White Collar Crime [M]. New Haven: Yale University Press, 1985.
[2] 本文使用犯罪客体的表述,与刑法所保护社会关系含义一致。参照贾宇主编:《刑法学》(上册·总论),高等教育出版社2019版,第99页。"犯罪客体,是指我国刑法所保护的为犯罪行为所侵犯的社会关系。犯罪客体是犯罪构成的必备要件之一"。

处刑罚的行为即为违法性行为,违法性行为只要经由法律规定而给予刑罚,即属犯罪;就犯罪实质内涵看,犯罪是侵害了刑法所保护的社会关系,符合犯罪客观方面、犯罪主体和主观方面要件的构成的应受刑罚的行为。"犯罪首先是一个人的行为……首先必须是行为",[1]可见,金融犯罪首先必须是一种金融行为,作为金融行为区别于其他行为的根本特性是金融属性。何为金融,一般认为"凡是既涉及货币,又涉及信用,以及以货币与信用结合为一体的形式生成、运作的所有交易行为的集合"或者说金融是以银行信用为枢纽的货币流通,并在这种基础上,在不同的市场经济主体之间,通过各种信用形式和中介机构,融通货币之间的活动。金融涵盖的领域:货币的发行、流通与回笼;存款的吸收与支付;贷款的发放与收回;票据的承兑与贴现;银行同业拆借;金银和外汇的买卖;国内、国际的货币收付与结算;股票、债券的发行与交易;财产的信托;融资租赁;证券投资基金;保险;金融衍生品交易;互联网金融等。在如此广泛的金融领域内涉及诸多的金融行为如何界定哪些行为是金融犯罪。

进而言之,就金融行为是否应该受刑罚的处罚构成金融犯罪,首先侵犯刑法所保护的金融市场交易的社会关系,其次是否构成金融犯罪是法定刑罚的法治国家的要求,再次是刑法基本只限于应当谴责的行为,最后只有从刑事政策上考虑为不可缺少的刑罚,[2]就金融犯罪的行为而言,可以理解为与金融机构、金融交易工具或金融交易秩序相关的犯罪行为。如果金融机构受犯罪行为所侵害的行为,与上述特征无关,比如故意毁坏货币的行为不构成金融犯罪,可以适用刑法第275条故意毁坏财物罪,在聚众扰乱金融机构的行为所适用第290条规定相关罪名,并非金融犯罪所要讨论范畴。

然而在各种犯罪中,哪些犯罪与金融机构、金融交易或金融交易秩序有关?以犯罪客体的区别来看,与个人保护的犯罪客体相关罪,可以将其排除在金融犯罪所要讨论的范围之外。而在社会所保护的犯罪客体的层面上,与金融机构、金融交易及金融交易秩序无关的犯罪,比如妨碍社会管理秩序罪等章节的犯罪,也不能作为金融犯罪范畴;但与交易秩序相关的刑法所保护的犯罪客体,

---

[1] 李海东. 刑法原理入门(犯罪论基础)[M]. 北京:法律出版社,1998:17.
[2] [德]岗特-施特拉腾韦特,洛塔尔-库伦·刑法总论Ⅰ——犯罪论[M]. 杨萌,译. 北京:法律出版社,2004:76.

如"在外汇指定银行和中国外汇交易中心及其分中心以外买卖外汇,数额在20万美元以上的,或者违法所得数额在5万元以上的"构成非法经营罪,即非法经营是项金融业务,在概念上应属金融犯罪范畴。在涉及个人的犯罪客体保护的范畴中,因金融机构是法人,所以是专属自然人生命身体保护,诸如杀人、伤害、遗弃等罪,当然与上述金融机构、金融交易与金融交易秩序之保护无关,但各项与财产有关的犯罪,金融机构均有可能成为被害人或牵涉其中,所以保障财产的财产犯罪,在概念上可能会成为金融犯罪所涉法条,比如挪用资金罪等。但对以实施不法的暴力、胁迫等而取得金融机构财产之犯罪行为,比如抢劫、抢夺或窃盗等传统财产犯罪,与金融犯罪概念的范畴没有相联结,针对财产犯罪的不法行为,即单纯以物理性方式在受保障的财产犯罪行为,与金融犯罪没有关系。

(二)从金融犯罪概念之中金融层面的厘清

从金融的角度来思考金融犯罪中金融与犯罪的关联性,可以从金融机构、金融交易及金融交易秩序三方面的内容进行分析。我国金融业务管理实行的是分业经营、分业监管原则,中国银保监会负责银行和保险业的监管,中国证监会对证券业行使监管权。作为中央银行的中国人民银行负责国家货币政策的制定和执行,行使中央银行宏观调控体系职能,维护我国金融业的长期稳定和持续发展。中国银保监会承认25类机构是"银行业金融机构";中国银保监会官方认可6类保险业金融机构;2009年11月30日,中国人民银行调查统计司印发[2009]363号文件发布《金融机构编码规范》,官方第一次明确了我国金融机构涵盖范围,界定了各类金融机构具体组成,规范了金融机构统计编码方式与方法,具体包括32家金融机构。由于交易形式日新月异,因此金融机构的概念及范围是浮动的而且可能会扩大,①以本文的篇幅无法逐一讨论各种金融机构及其他营利事业机构与金融犯罪的关联性及纳入反金融犯罪体系的合理性。

---

① 2021年1月15日,《最高人民法院关于新民间借贷司法解释适用范围问题的批复》(法释[2020]27号)引该《批复》的第一条描述到:"经征求金融监管部门意见,由地方金融监管部门监管的小额贷款公司、融资担保公司、区域性股权市场、典当行、融资租赁公司、商业保理公司、地方资产管理公司等七类地方金融组织,属于经金融监管部门批准设立的金融机构,其因从事相关金融业务引发的纠纷,不适用新民间借贷司法解释。"

但是，如果金融机构欠缺认识客户身份流程并怠于履行对客户应提供必要的注意义务，可能成为犯罪工具，同时也可能成为犯罪的被害人，从此方面看，金融犯罪是以金融机构作为加害对象的犯罪。然而，并非各种对于金融机构所实施的犯罪，均会符合社会上对于金融犯罪之理解，正如前所述。

如何界定金融犯罪，本文借鉴国外相关规定加以说明，英国金融行为监管局（FCA）前身金融服务管理局（FSA）于2011年6月制定公布了《关于金融机构防范金融犯罪的监管指引》（Financial Crime: A Guide for Firms，下称《指引》），旨在帮助金融机构更好地理解和履行法定义务和监管要求。《指引》对机构金融犯罪的系统管控和内部控制提出了总体要求，包括公司治理、组织架构、风险评估、政策和程序、员工管理、监督质量6个方面。金融行为监管局（FCA）还通过对金融机构的检查和评估，不断吸收业界的良好做法，并结合政策制度的变化，适时修订《指引》。[①] 美国《反洗钱法》（Money Laundering Control Act 1986）中"金融交易"（Financial Transactions）的概念，是判断是否构成金融犯罪的标准。该法对金融交易定义划分为二类：一是指以任何方式或程度，足以影响洲际或国际商务的下列三类交易：涉及电汇或其他方式的资金流动，涉及一种或多种的货币交易工具，涉及不动产、车辆、船舶或航空器的头衔移转；二是指以任何方式或程度影响洲际或国际商务，而涉及使用金融机构的交易。[②] 因此，本文参照上述国家法律法规的表述，将金融交易定义为"金融机构的资金转移及货币交易工具的使用，及其他与金融机构有关之资产权利设置或移转，可能影响交易安全秩序的各种交易"。将金融交易加以说明并纳入金融犯罪定义的作用有二：一是可以明确特定金融犯罪的行为性质；二是对于其他犯罪与金融犯罪作出较明确的区分。比如有其他危害交易秩序，但并非以上述金融交易的方式实施的行为也属于本罪范畴。以刑法第181条规定为例，编造并传播证券、期货交易虚假信息，扰乱证券、期货交易市场，造成严重后果的，这种滥用言论自由的行为是散布流言或不实资料，虽然这种犯罪行为并非直接以交易市场进行，但间接影响投资人进行交易的效果，严重时甚至足以造成金

---

① 丁灿. 国际银行业金融犯罪监管：案例研究与经验启示[J]. 金融监管研究, 2017(4).
② 朱立豪. 金融犯罪与洗钱活动之风险管理——以洗钱防制措施为对策[J]. 犯罪学期刊, 2006(2).

融交易市场大幅下跌,无疑属于金融犯罪概念所包摄。可见,定义金融犯罪并不能局限在"金融交易",需要注意非以交易形式但对交易秩序影响较大犯罪。针对金融诈骗罪,由于存在犯罪客体的层面划分和主客观方面的不同,本文认为不属于金融犯罪立法的范畴,具体将另文进行研究,在此不再赘述。

综上,由于金融机构、金融交易的定义具有不确定性,对金融犯罪概念下的定义就更不清楚、更不明确、更不精准。正如学者所言,"法律上的概念本来就是不精确的,而且他们也不需要精确",但是"我们只需要有把握这些概念一定会被实际世界实现,亦即只需有把握让这个描述成为真实(wahr)即可"。① 本文力争对于金融犯罪概念的描述被现实社会所接受,鉴于此本文认为,"金融犯罪是指以金融交易为方法,或是其他相当的方法影响交易秩序的犯罪行为"。具体包括银行业务、证券交易、期货交易、外汇交易,其中银行业务主要是交易类如存借款业务的负债业务、运用资金的资产业务、清算或支付结算的中间业务等。需要注意的是由于洗钱犯罪的特殊性,本文认为此类犯罪存在独立的犯罪客体及其对象,不属于本文所探讨金融犯罪的范畴。此外,涉税类的犯罪也不属于金融犯罪。

---

① (德)英格博格·普珀. 法学思维小学堂[M]. 蔡圣伟,译. 北京:北京大学出版社,2011:35 - 36.

打击和预防跨国金融犯罪的银行管控研究
——以美国指控汇丰银行洗钱案为视角

姚 红[*]

摘要:在金融全球化的现代社会,金融给犯罪带来了便利,打击和预防金融犯罪是各国面临的共同问题。美国司法部及美国金融业监管局以汇丰银行(国际)涉嫌违反洗钱法规为由,对其进行调查,依据相关法律处以高达19亿美元的罚款。洗钱作为金融犯罪的重要犯罪行为是所有银行都可能面临的风险,因为从事非法交易的犯罪分子经常利用合法的金融机构来转移、交换或掩饰犯罪所得资金。通过研究汇丰银行被指控洗钱案的背景、存在问题及其启发提出应对策略。打击和预防金融犯罪,政府负有义务与责任,银行的内部的治理与监督尤为重要,突出银行作为金融公司的典型机构的董事、外部监察人与会计师独立性与其重要性。

关键词:汇丰银行;洗钱与反洗钱;金融犯罪;银行管控

一、研究意义

2012年12月,美国司法部及美国金融业监管局以汇丰银行(国际)涉嫌违反洗钱法规,没有阻止墨西哥贩毒集团、与基地组织有关联的子公司以及被美国制裁名单国家(如叙利亚和伊朗等),使得大量的资金从境外转移到美国为

---

[*] 姚红,北京市犯罪学研究会金融犯罪研究专委会委员。

由,对其处以美国有史以来最高的罚款,即 19 亿美元的高额罚款。在刑事指控方面,纽约东区联邦法院的调查显示,汇丰银行涉嫌犯四项重罪,包括:故意未能维持有效的反洗钱(AML)计划;故意未能对其外国代理机构进行尽职调查;违反《国际紧急经济权力法》和违反《对敌贸易法》。汇丰银行经过权衡,依据美国法律相关规定放弃联邦起诉,同意按照司法机关规定提交相关交易资料,并承担对其犯罪行为及涉案职员犯罪行为的责任。

随信息网络等科技技术的高速发展,金融机构及其业务跨国发展趋于全球一体化,伴随而来的金融风险及其控制成为各国面临的共同问题。银行应对于问题采取何种措施避免这类情况再度发生?银行等金融机构为什么存在这些问题?本文将通过分析美国指控汇丰银行洗钱案的事实认定和法律法规适用,探讨我国跨国金融机构面临上述问题时的预防和处置,期望为建立和完善我国涉外法治体系提供借鉴。

二、美国反金融犯罪发展简介

根据美国国税局相关的立法及解释,洗钱行为起源于逃税。美国第一个洗钱的调查是在 1920 年,以逃税之名指控夏威夷的鸦片贩子,当时美国国税局认为洗钱是"正在进行的逃税"。1970 年,美国国会通过《银行秘密法》,该法要求美国银行报告国内所有超过一万美元的交易。在美国的金融监管之下,汇丰银行并非唯一遭惩处的银行,巴克莱、瑞士信贷等银行过去都曾因违反制裁,与伊朗、利比亚、苏丹和缅甸等国家进行交易而支付罚款。[1]

三、美国指控汇丰银行洗钱案概要

(一)指控背景

这次指控,是美国联邦从 2010 年开始的大规模调查行动的一部分,该行动的调查对象是非法资金通过美国金融体系的活动。因为从事非法交易的犯罪分子经常利用合法的金融机构来转移、交换或掩饰犯罪所得,洗钱成为这次行动的重点调查对象。

---

[1] Arnold, Martin (2018). HSBC Enlists AI to Spot Money Laundering and Terrorist Funds: Banks. Financial Times, April 9, 2018.

针对汇丰银行洗钱案，美国司法部刑事部门创建了一个反洗钱特别小组，汇丰银行是该特别小组调查的最大银行。汇丰银行是世界上最大的金融机构之一，拥有超过2.5万亿美元的资产，8900万客户，30万名员工，在80多个国家地区进行业务，在全球拥有数百个附属机构。汇丰银行的美国分部简称为HBUS，在全美国拥有470多家银行分行，估计有380万客户。因此，鉴于其业务运营规模和全球影响力，其反洗钱问题的规模，不可避免地超过大多数其他金融机构。

(二)调查事实与认定结果

美国参议院常设调查小组委员会公布了一份长达340页的报告，详细说明汇丰银行如何"使美国金融体系暴露于洗钱、贩毒和恐怖主义融资的广泛领域"，并让美国的国家安全面临"由于反洗钱(AML)控制不力而带来之风险"。该银行还从美元支付讯息中删除可以识别这些国家的讯息；故意使用透明度较低的支付讯息，即所谓的掩护性支付；并与至少一个受制裁实体合作以格式化付款消息，从而防止银行的过滤系统阻止被禁止之付款。具体来说，从1990年代开始，汇丰集团的附属公司与受制裁实体合作，在支付讯息当中插入警告说明，包括"受关注制裁国家""不要在纽约提及我们的名字"或"不要提及伊朗"。汇丰集团于2000年意识到这种不当做法。2003年，汇丰集团的合规主管承认，修改付款讯息"可以为(汇丰)集团违反制裁规定采取行动提供依据"。尽管汇丰集团合规部指示终止此做法，但由于政策的豁免，汇丰集团的附属公司仍被允许再从事该业务三年。这起案件最终以违反《银行秘密法》和《对敌贸易法》为处罚依据。

(三)汇丰银行存在不法行为及其启示

汇丰银行洗钱案，涉嫌为毒贩与受制裁国家进行洗钱交易、银行的"投机性"行为、让美国家安全因洗钱面临风险、政府监管部门的失职以及汇丰银行本身的治理能力五个方面的问题。

第一，为毒贩与受制裁国家进行洗钱交易行为。主要认定事实是没有监控同一时期来自汇丰国外受制裁国家分行购买大额美元的状况。具体如从2006年到2010年，墨西哥的锡那罗亚集团，卡特尔、哥伦比亚的北瓦莱集团和其他毒贩藉由美国汇丰银行清洗至少 8.81 亿美元的非法麻醉品贩运收益。

第二，汇丰银行的金融"投机性"行为。在美国参议院的报告当中，特别小组委员会详细地介绍了该银行的监管情况，指责一些官员为追求利润而从事冒险性行为。正如该报告所称，汇丰银行几乎没有清理本应引起担忧的业务与问题，并且汇丰银行在开曼群岛设有分行，没有办事处或员工，但在 2008 年拥有五万个客户账户和 21 亿美元。一些受制裁的企业被美国当局列为贩毒集团，在其他大银行与其停止银行交易业务多年后，汇丰银行开始与他们开展业务。

第三，汇丰银行让美国国家安全面临巨大金融风险的洗钱行为。汇丰银行提供美元服务，包括转移资金、兑换货币、现金货币工具等。若不遵守美国防止洗钱的法律，代理银行业务很可能成为非法资金流动的主要渠道。拥有全球银行业务的汇丰银行及其美国子公司由于反洗钱监控不力，使美国金融体系面临广泛的洗钱、贩毒和恐怖主义融资的风险。因此，在国际恐怖主义、边境的毒品暴力以及有组织犯罪盛行的时代，阻止支持这些暴行的非法资金流动是国家安全的当务之急。

第四，政府监管部门的失职行为。2010 年，汇丰银行被美国联邦监管机构货币审计长办公室认为存在多项严重的反洗钱缺陷，包括未能监控 60 万亿美元的电汇和账户活动；积压 1 万 7 千个有关潜在可疑活动且未经审查的账户警报；在为汇丰附属公司开立账户之前，未能进行反洗钱尽职调查。美国参议院调查委员会的调查人员发现，尽管有充足的证据表明存在反洗钱问题，但在过去六年中，政府监管部门并未对该银行采取正式或非正式之执法行为。[①]

第五，汇丰银行本身的治理能力。汇丰银行存在上述的不法行为，除了自身体量较大、对美国反金融犯罪法律没有深入了解等客观原因外，直接原因在于自身金融交易行为风险的管控不足，银行内部风险监控的结构性松散问题。汇丰银行的综合性结构疏失，如为高风险公司提供服务，规避美国财政部外国资产控制办公室的监督，无视恐怖主义融资联系，隐匿可疑的大宗旅行支票，提供不记名股票账户等问题，都与其内部组织结构风险监控有关。针对这些不法及涉嫌犯罪的行为，汇丰银行按照美国参院特别小组要求进行了一些改革，包

---

① 汇丰因洗钱案被处以巨额罚款. https://www.guancha.cn/Finance/2012_07_27_87302.shtml. 2022.8.22.

括对汇丰附属机构的洗钱风险进行更严格的审查,关闭与恐怖融资有关的银行账户,以及采取措施确保银行不处理与恐怖分子等被禁实体的交易,彻底改革对旅行支票的反洗钱控制,并取消不记名股票账户。①

汇丰银行在被指控洗钱事件后,采取了一系列的整改措施,如从体量上出售一百多家企业,撤出二十多个国家或地区,考虑退出仍在运营的其他六十七个国家中的部分国家,例如百慕大等国,并且关闭在开曼群岛等洗钱天堂的业务。具体措施上,首先是利用科技协助反洗钱人工智能与大数据的方式,协助银行发现洗钱、欺诈和恐怖主义融资,并且使用人工智能来筛选数据。其次是建立高标准的监理机制,在评估外国领事馆时,采用与一般商业客户相同的"五重过滤"标准,即客户在国际联系、经济发展、获利能力、成本效益以及流动性等方面都必须符合标准。同时,汇丰银行的法务人员从2012年的几百人增加到2017年的几千人,并且自2015年以来在合规举措上投资10多亿美元。最后是设置风险委员会,专门负责监督企业风险管理、风险治理和内部控制系统。②

在该事件后,汇丰银行转向拒绝受理具有国家色彩的个人业务。如各国外交人员有时被认为可能涉嫌洗钱,银行因为无法辨认出一些可疑的账户避免金融监理单位的警告,采用直接拒绝的方式。虽然进行了一系列大幅度的整改,但因其不良记录,2021年汇丰银行再度被英国金融市场行为监管局处以6400万英镑罚款,理由是该行在反洗钱过程中存在监管不力。③

四、我国金融机构——中资银行的应对策略

随着我国对外贸易的增长和扩大,在境外投资设置的中资银行,无论是数量上还是资金规模都是巨大的。根据美联储美国外国实体银行办公室的外资

---

① Beith, Malcolm (2012). HSBC Report Shows Difficulty of Stopping Money Launderers: HSBC's Complicity in Laundering Money for Mexican Drug Cartels Shows Just How Difficult It Is to Crack Down on Criminal Cash. The Newsweek/Daily Beast Company LLC [database online], New York, 2012 (accessed October 27, 2021).

② 同上注。

③ 汇丰银行因反洗钱不力被罚款8500万美元. http://k.sina.com.cn/article_1030341137_3d69c2110270134re.html,2022.8.31.

银行结构和股权数据,截至2019年12月,中国大陆共有7家商业银行(比上年增加一家招商永隆银行有限公司)在美国设立了14家分行及代表处(比上年增加2家),总资产1230.1亿美元。[①] 为避免出现类似汇丰银行的事件,应关注以下几个方面。

第一,建立符合新时代中国特色社会主义和具有的全球性的银行结构。让银行更易于管理和控制,在合规管理和风险控制上采取协调一致的方法,正确认识银行业所面临的风险性质,把银行的风险视为银行在业务营运过程当中的正常现象,进而考虑银行组织结构和运作方式。

第二,在世界范围内采用和执行由我国银行主导订定的最高监管标准。这些标准包括:在法律允许的范围内,以风险管理为目的,在中资银行内最大限度地共享信息;在世界各国应用与所在银行的业务具有一致性的方法来掌握所需的客户信息;要求所有中资银行附属金融机构独立完成对与其有代理银行关系的其他附属公司的尽职调查;引入符合全球风险过滤标准的系统,对银行在高风险国家开展业务的方式予以标准化;加强制裁政策的统一性。

第三,在全球增加法律资源投入,强化控制职能之合规性。主要发挥金融专业人员的作用,在公共和私营部门的审计师和其他会计从业人员应积极发挥作用,防止洗钱等金融犯罪和违法行为。针对在美国的中资银行,会计师应该熟悉《银行秘密法》和相关法规的规定,掌握《洗钱法》以及联邦银行监管机构、美国证券交易委员会和证券业自律组织以及美国财政部颁布的规章制度。这些规定管辖金融机构和个人在洗钱方面的大部分登记、记录保存、报告和控制义务,以及对未能履行相关义务的民事和刑事处罚。

第四,建立完善的打击金融犯罪的法治体系。打击金融犯罪不仅是政府的职能,银行自身也应负责监督与金融犯罪和滥用职权有关的事项,尤其是涉及反洗钱、被制裁、恐怖主义组织融资和破坏和平的武器扩散融资以及反腐败等。应从机制和制度方面,形成具有中国特色的反金融犯罪的法治体系,突出打击金融犯罪的奖励机制,弱化以利润为中心的业务激励制度,全面提升我国银行打击和预防金融犯罪的能力。

---

① 美国在当地的中资银行所在城市及联系方式,https://zhuanlan.zhihu.com/p/446076159,2022.8.31.

五、结语

近来发生的多起利用合法金融机构进行的洗钱案件,让银行可能面临犯罪活动的风险。从事反洗钱合规工作人员面临的挑战,即如何防止这种情况发生或将发生这种情况的可能性降至最低。许多银行和金融机构已建立基本的合规性法规,并对于银行和客户提供一定程度的保护。实际上而言,除汇丰银行外,渣打银行、荷兰国际集团、瑞士信贷、苏格兰皇家银行、劳埃德银行集团和巴克莱银行等,在过去几年中都曾被美国外国资产控制办公室制裁,被控曾参与与伊朗、利比亚、苏丹和缅甸等国家的交易。通过对汇丰银行案的分析,对我国跨国金融机构的合规管理和我国涉外反金融犯罪法治体系的建立可以提供一些参考。首先,应要求金融公司,包括金融网络公司,整合后端数据库与前端服务系统,订定信息安全规范。其次,金融单位要加强与各国金融犯罪执法单位、金融情报中心的双边合作,扩大与其他国家在金融监督、执法与情报的合作与范围。最后,银行治理问题与全球合作的重要性已在增加,打击洗钱和恐怖融资需要加强全球合作。

"河南村镇银行"事件启示：
防范村镇银行金融风险研究

赵永平[*]

摘要："河南村镇银行暴雷"事件引发广泛关注,其背后是以犯罪嫌疑人吕某为首的犯罪团伙通过在地方盘根错节的势力,利用河南新财富集团等公司控制村镇银行,在第三方互联网金融平台上发布金融产品,达到敛财的目的。这一事件暴露出地方的中小金融机构的管理问题和监管漏洞,亟待多方发力,共同解决。

关键词:村镇银行;河南新财富集团;金融风险

2022年6月14日前后,河南村镇银行多名储户被强行赋红码,引发舆论关注。[①] 2022年6月18日,河南银保监局、河南省地方金融监管局发布公告称,出现"取款难"问题的村镇银行线上交易系统被河南新财富集团操控和利用。[②]

2022年7月10日,许昌市公安局发布通报:"2011年以来,以犯罪嫌疑人吕某为首的犯罪团伙通过河南新财富集团等公司,以关联持股、交叉持股、增资扩股、操控银行高管等手段,实际控制禹州新民生等几家村镇银行,利用第三方

---

[*] 赵永平,北京市犯罪学研究会金融犯罪研究专委会副主任。
[①] 石青川,张宇轩.河南健康码变色之警示 社区:签下"保证书"才能转绿码[J].中国经济周刊,2022(12);北京商报金融调查小组.河南村镇银行存款"失踪"背后[N].北京商报,2022-6-20(007).
[②] 河南银保监局.河南省地方金融监管局就个别村镇银行有关问题作出回应[Z].https://jr.henan.gov.cn/2022/06-18/2470703.html,2022-6-18.

互联网金融平台和该犯罪团伙设立的君正智达科技有限公司开发的自营平台及一批资金掮客进行揽储和推销金融产品,以虚构贷款等方式非法转移资金,专门设立宸钰信息技术有限公司删改数据、屏蔽瞒报。上述行为涉嫌多种严重犯罪。"①

此后,案件的侦查工作、对储户的垫付工作和几家涉事村镇银行线上交易系统的恢复工作仍在持续进行中。② 回顾"河南村镇银行暴雷"这一事件的经过,不能不令人警醒。为什么村镇银行这类小微金融机构内部会产生这样的问题? 而在互联网金融快速发展,金融市场吸引越来越多参与和关注的社会大环境之下,应该如何避免更多类似事件的发生?

一、河南村镇银行事件始末

(一)河南村镇银行的迅速发展与困境

村镇银行设立的初衷是为当地的农民、农业和农村经济发展提供金融服务,填补农村金融缺口。2006 年 12 月,银监会发布《关于调整放宽农村地区银行业金融机构准入政策,更好支持社会主义新农村建设的若干意见》,提出在四川、青海、甘肃、内蒙古、吉林、湖北 6 省(区)的农村地区开展放宽银行业金融机构准入政策,鼓励在这些地区设立村镇银行。③

2009 年 7 月,银监会发文,计划 3 年内在全国设立 1293 家新型农村金融机构,其中,村镇银行占 1027 家。④ 自从 2008 年 6 月河南首家村镇银行栾川民丰村镇银行开业以来,目前已有 60 多家村镇银行开张营业,覆盖了半数以上的县域,在数量上位居全国前列,而且发展规模还在快速增长中。

在鼓励村镇银行发展的同时,银保监会也出台了诸多政策进行限制。《村

---

① 平安许昌. 警情通报 [N]. https://mp.weixin.qq.com/s/-wCDE1Jw50ucRDC742-N6Q,2022.7.10.

② 张宇轩. 追踪河南村镇银行事件 储户焦急等待分批垫付 意欲起诉平台及银行[J]. 中国经济周刊,2022(14).

③ 中国银行业监督管理委员会关于调整放宽农村地区银行业金融机构准入政策更好支持社会主义新农村建设的若干意见[J]. 中国财经审计法规选编,2007(03).

④ 银监会办公厅. 中国银监会关于做好《新型农村金融机构 2009 年-2011 年总体工作安排》有关事项的通知[Z]. http://www.gov.cn/gzdt/2009-07/29/content_1378636.htm,2009-7-29.

镇银行管理暂行规定》提出,村镇银行不得异地发放贷款、也不得经营包含理财产品在内的业务。① 但是,作为盈利性金融机构,村镇银行又天然地具有追求利润最大化的目标属性,这与村镇银行在建设初期的目的难免产生分歧和矛盾。与此同时,村镇银行受到自身属性、环境和政策的多重限制,还面临资金来源狭窄、农村地区资源过于分散等问题,这使得村镇银行在近些年银行业激烈的竞争之下节节败退,艰难维生。②

(二)互联网金融的机遇与危机

随着互联网金融平台的发展,村镇银行逐渐开始依托网络平台开展异地的储蓄业务。原本被政策或环境限制在当地县城或乡镇的小银行,借着互联网平台走向了全国。

2020年前后,涉事村镇银行在第三方互联网平台推出存款产品。借助度小满、京东金融、小米金融等第三方平台,使得很多储户接触、了解、选择了河南村镇银行储蓄项目。③

监管部门曾经要求叫停网上存款和异地存款。但是监管部门的要求是对于银行等金融机构生效的,无法约束储户。因此,储户在这些互联网平台上的产品下架之后,接到银行电话的引导,将资金再度转移至村镇银行微信小程序存储。

为什么线上的异地客户会对互联网平台上的村镇银行存款产品如此信任?根据《三联生活周刊》对部分储户的采访,可以得知,"从第三方的展示看,无论是它的存款协议,还是保本承诺,都是很正规的"。而且,该存款产品在显眼位置标示了受到国家《存款保险条例》的保护。④

然而,好景不长。2022年4月21日开始,河南许昌三家村镇银行突然宣告

---

① 银监会. 中国银行业监督管理委员会关于印发《村镇银行管理暂行规定》的通知[Z]. http://www.cbirc.gov.cn/cn/view/pages/ItemDetail.html?docId=1874&itemId=928&generaltype=0,2007-1-29.
② 曾雪萍,李强. 乡村振兴背景下我国村镇银行发展的思考[J]. 农业与技术,2022,42(2).
③ 吕倩,李娜. 异地储户资金流入河南村镇银行,第三方平台成"看不见的手"[N]. 第一财经日报,2022-6-23(A04).
④ 李秀莉. 河南村镇银行的危机,是怎么从"村镇"波及全国的?[N]. https://www.lifeweek.com.cn/article/170969,2022(27).

取款提现业务难以开展,随后,四家涉案村镇银行陆续发布公告,表示因银行对系统进行升级维护,网上银行和手机银行暂停服务,线上取款和转账的渠道关闭。这引发了储户的恐慌,并迅速引发了挤兑。当时涉及的存款总额超过了397亿,涉及储户40万户左右。

这次危机波及的银行客户,正是这些通过第三方互联网平台异地办理了涉事银行业务的线上客户,人数在40万左右,金额从几万到几十万、上百万元不等。从合同类型看,他们购买的主要是村镇银行的存款产品。而名不见经传的村镇银行之所以能够吸引如此多的存款客户,与存款产品中承诺的高息自然脱不开关系。银行存款的基准利率在50%左右浮动,通常依照市场的情况调整,而村镇银行会把利率冲到浮动范围内的最高,以此吸纳存款。但是高额的存款利息需要从其他业务中收回,而大部分村镇银行主营的农村贷款业务其实并不赚钱。这种形势下,村镇银行很难从息差中获利。①

这样一个冒险的经营计划是如何制定的?为什么村镇银行能将这样缺乏保障的存款产品,上线互联网金融平台?

二、公开资料所见的新财富集团

在许昌市公安局已发布的警情通报基础上,根据网易清流工作室、上游新闻等媒体的公开报道,可以对"河南村镇银行暴雷"这一事件背后盘根错节的各方关系,尤其是事件中心——新财富集团牵扯出的相关机构和个人进行一个简单的分析。

(一)新财富集团与河南村镇银行

涉事的6家村镇银行中,除了开封新东方村镇银行外,其余5家银行(禹州新民生村镇银行、上蔡惠民村镇银行、柘城黄淮村镇银行、固镇新淮河村镇银行、黟县新淮河村镇银行)均由同一家大股东许昌农商行参股。

许昌农商行2021年财报中显示的第一大股东是许昌德亿田农资有限公司(以下简称"德亿田公司"),而一份裁判文书显示,德亿田公司在2016年与郑州开泰商贸有限公司(以下简称"开泰商贸")签订《股份代持协议》,代其购买许

---

① 同上注。

昌魏都农商行(即如今的许昌农商行)股权。因此,开泰商贸才是许昌农商行的实际股东。

工商资料显示,开泰商贸的法定代表人为闫某,其间接参股河南浩宏机械设备有限公司。而河南浩宏机械设备有限公司的法定代表人为余某峰。余某峰正是新财富集团的法人代表及持股80%的大股东。[①]

此外,余某峰还在11家公司担任高管,其中的郑州尚安商贸有限公司,持有开封宋都农村商业银行股份有限公司7.82%股权。

无独有偶,河南新财富集团前任高管张某、王某等也通过相类似的方式入股或控制着大大小小的金融机构。

除了通过法人代表和前高管充当代持人控制金融机构,渗透股权也是河南新财富集团的惯用手段。新财富集团的两家关联公司郑州建文商贸有限公司、郑州博奥森电器有限公司,分别持有禹州新民生村镇银行8.125%股权和8.75%股权,而许昌农商行持有该行20.5%股权。

河南新财富集团关联公司黟县修齐商贸有限公司,持有安徽黟县新淮河村镇银行股份有限公司7%股权,而许昌农商行持有该行40%股权。

河南新财富集团关联公司安徽感知物联网科技有限公司,持有安徽黟县新淮河村镇银行9%股权,这是许昌农商行持股40%的银行。[②]

(二)许昌投资与许昌农商行

2022年5月25日,许昌市投资集团有限公司(下称"许昌投资")在中国债券网发布公告,称涉事村镇银行为独立法人机构且独立运营,许昌农商行作为股东并不控制其经营管理。同时,公告中还澄清其与河南新财富集团投资控股有限公司不存在股权投资、资金往来或业务合作关系。

从许昌市投资集团有限公司的官网简介可以知道,许昌市投资集团有限公司由许昌市政府批准设立,是一家综合性国有投资公司。在工商信息登记上也

[①] 王晓悦. 村镇银行事件惊天内幕:河南新财富团伙至少渗透13家银行[N]. https://mp.weixin.qq.com/s/EL4TA5Nlp‑Xk85MIRcVLPA,2022.6.25.

[②] 冯培盛. 起底河南新财富集团:股权渗透13家村镇银行,涉嫌转移百亿资金[N]. https://wap.cqcb.com/shangyou_news/NewsDetail? classId=7631&newsId=4926329&staticUrl=https%3A%2F%2Ft.cqcb.com%2F3BnEO,2022.6.19.

可以查到，许昌市投资集团有限公司的大股东和实际控制人即为许昌市财政局。

根据澎湃新闻的报道，2021年7月，许昌投资在回复上交所关于该公司发行公司债的反馈意见时指出，2016年发行人全资子公司财源开发投资3.29亿元入股许昌农商行，占农商行总股本的9.90%，成为第一大股东。

许昌市投资集团在今年4月披露的《2022年第一期许昌市投资集团有限公司小微企业增信集合债券募集说明书》中透露，"根据许昌市政府的安排，2020年4月15日，根据许昌农商行股东会决议，组建了新一届董事会，根据许昌农商行章程，发行人子公司许昌市财源开发建设有限公司向许昌农商行委派的董事会人员数量和表决权比例已经对许昌农商行实现了实际控制"。也正因如此，许昌市投资集团将许昌农商行纳入了合并报表范围。①

而根据网易清流工作室的报道，工商资料显示，许昌农商行持有上蔡惠民村镇银行及柘城黄淮村镇银行51%的股权，已经满足实际控制人的认定，且至少在2021年高管换届之前，许昌农商行向部分村镇银行派驻了高管。

上蔡惠民村镇银行目前的法定代表人兼董事长，正是许昌农商行原来的高管司某伟。而另一家安徽固镇新淮河村镇银行，目前的董事长是张某保，他是许昌农商行原法定代表人兼董事长。

许昌投资公告中还表示，公司与新财富集团不存在股权投资、资金往来或业务合作。但早在2017年，许昌投资全资子公司许昌市财信担保有限公司，曾给德亿田公司一笔1000万元的借款提供担保。该笔借款在2018年逾期，一直到2021年3月才解除。而如前所述，德亿田公司为开泰商贸代持股份，而开泰商贸可以找到与河南新财富集团的联系。

（三）以吕某为首的犯罪团伙

工商登记信息显示，河南新财富集团成立于2011年7月19日，实缴资本1.16亿元，注册地址：郑州市郑东新区天时路2号新世纪大厦3层301号、4层401号、5-6层501号。法定代表人为余某峰，经营范围包括对实业投资、企业

---

① 胡志挺. 许昌农商行实控人：该行不实际控制出现取款难村镇银行的经营管理[N]. https://www.thepaper.cn/newsDetail_forward_18262017, 2022.5.25.

投资与管理。

值得注意的是,河南新财富集团已于2022年2月10日注销。该集团旗下成员企业有6家,其中注销4家,目前存续2家,分别是上蔡县美廉美商贸有限公司、许昌市望海商贸有限公司,法人均是余某峰。①

根据许昌警方的通报,新财富集团正是这次河南村镇银行事件的中心,而新财富集团的实际控制人名为吕某。吕某,原名吕某义,出生于1974年,老家为河南省南阳市镇平县。媒体报道显示吕某的父亲极有可能是镇平县一座占地面积超过3000亩的私人园林吕氏山庄的主人。吕某三是原河南省第四建筑工程公司的法定代表人,涉足家电、高速公路、房地产等领域。

2003年9月26日,河南兰考到沈丘的兰尉高速正式奠基,这一项目由在开封批准三家公司负责高速公路的建设和运营。其中之一就是开封市兰尉高速公路发展有限公司。时年29岁的吕某,是该公司的实际控制人。获得承接权后,吕某以高速收费权抵押获得数十亿贷款。② 之后,吕某把其中部分资金用于参股金融机构,然后再把金融机构的股权抵押融资。就这样,吕某先后参股了国内很多城商行、农商行和村镇银行。但在新财富集团和银行的股东名单里,却几乎从未出现过吕某的名字。他的蛛丝马迹,最终出现在法院的判决书中。

郑州市中级人民法院曾在2018年9月20日作出的刑事判决书中披露,吕某为寻求贷款,曾向郑州银行副行长乔某安借款900多万,又行贿2300多万。在这份判决书里,吕某的身份是新财富集团董事长。不仅如此,郑州博奥森电器有限公司、石家庄文昊商贸有限公司、南京合生和商贸有限公司、河南鼎佳实业发展有限公司、河南新世纪投资股份有限公司、郑州帛珏商贸有限公司等公司均由吕某实际控制。而郑州博奥森电器有限公司正是河南暴雷的多家村镇银行股东,入股的银行包括禹州新民生村镇银行、上蔡惠民村镇银行、柘城黄淮

---

① 冯培盛. 起底河南新财富集团:股权渗透13家村镇银行,涉嫌转移百亿资金[N]. https://wap.cqcb.com/shangyou_news/NewsDetail?classId=7631&newsId=4926329&staticUrl=https%3A%2F%2Ft.cqcb.com%2F3BnEO,2022.6.19.

② 刘培,吕银玲. 起底暴雷的河南村镇银行背后神秘人:谁的白手套?[N]. https://www.163.com/dy/article/HAFPKIRQ055280CT.html,2022.6.22.

村镇银行、新淮河村镇银行。① 吕某借助老乡、下属、合伙人等控制了大量公司。据凤凰网《风暴眼》不完全统计,新财富集团的势力网至少涵盖上百家关联公司,这些关联公司背后的主要股东之间常常交叉持股,高管姓名上带有明显的宗族关系,而且背后股东以及任职人员频繁变更,外界难以一一穷尽和穿透。

通过这些关系网络直接或间接入股农商行,新财富集团渗透到金融体系最末端的毛细血管。而近期暴雷、储户被赋红码的河南村镇银行事件,暴露的只是吕某在金融圈违法敛财的冰山一角。②

三、村镇银行的金融风险

村镇银行主要是指按照原银监会发布的法律法规为依据,以农村地区为经营范围为小微企业和农户群体提供金融服务的新型农村金融机构。跟大银行相比,民间资本入股村镇银行这类小银行更为容易。

而近年来村镇银行与互联网第三方金融平台的广泛对接,能在短时间内帮忙吸储。据不完全统计,曾接入河南村镇银行存款产品的银行包括度小满、携程金融、360 你财富、天星金融以及中国人寿旗下的滨海国金所等。③

村镇银行为何成为以吕某为首的犯罪团伙敛财路上最顺手的工具?这一问题可以从以下三个方面分析:

(一)村镇银行的法律制度

目前,我国村镇银行的法律制度的基本框架是:以《村镇银行管理暂行规定》《村镇银行组建审批工作指引》和《中华人民共和国公司法》为设立准则,同时参照《中华人民共和国银行业监督管理法》《中华人民共和国商业银行法》和《公司法》等相关法律法规进行监督管理。

村镇银行以民营资本作为注册资金的主要来源,主营业务是以涉农的信贷

---

① 深蓝财经.河南村镇银行 400 亿暴雷背后:吕奕的发家、行贿、逃亡史[N]. http://www.mycaijing.com.cn/news/2022/06/21/469582.html,2022.6.21.
② 刘培,吕银玲.起底暴雷的河南村镇银行背后神秘人:谁的白手套?[N]. https://www.163.com/dy/article/HAFPKIRQ055280CT.html,2022.6.22.
③ 深蓝财经.河南村镇银行 400 亿暴雷背后:吕奕的发家、行贿、逃亡史[N]. http://www.mycaijing.com.cn/news/2022/06/21/469582.html,2022.6.21.

服务为中心。按照银监会规定,村镇银行在县(市)、乡(镇)设立,不得跨区经营,是具有独立法人资格的资产规模相对较小的银行业金融机构,实质是农村社区银行。服务"三农"是村镇银行的根本宗旨,同时作为自主经营,自担风险,自负盈亏,自我约束的企业,村镇银行也实行市场化操作。

  自然条件和农业自身特性决定了农村金融必然具有需求小额分散、缺乏抵押物、信息不对称等特点。如果照搬城市商业银行模式,必然会产生水土不服的问题。目前村镇银行虽然采取股份有限公司形式,但在股权结构上普遍存在大型商业银行"一股独大",股权过分集中的现象。按照《村镇银行管理暂行规定》第25条规定:"村镇银行由境内外金融机构、境内非金融机构企业法人、境内自然人出资,其最大股东或唯一股东必须是银行业金融机构,并且最大银行业金融机构股东持股比例不得低于村镇银行股本总额的20%。"此项制度被称为"主发起银行制度"。这一制度的建立是为了有利于维护金融市场秩序,保证村镇银行经营安全。但也使得村镇银行在一定程度上沦为了主发起银行的附属,抑制了其他投资主体的投资积极性,难以形成股权制衡。

  村镇银行的股东作为所有者,最关心的是自己所投入资本的使用情况和资金回报率,这就使部分村镇银行无意"高风险、高成本、低收益"的三农业务。而以现有商业银行、政策性银行甚至是外资银行作为发起人或大股东的组织模式可能导致村镇银行延续发起行的商业模式———过分注重吸收存款。[①]

(二)村镇银行的外部监管[②]

  监管部门在实际监管过程中存在着对村镇银行监管过于宽松的问题。这是由多方面的不利条件制约所导致的。首先是村镇银行的监管法律缺乏系统性,村镇银行监管法律文件主要的来源是原银监会出台的规范性文件,这就导致监管规定分散,在具体操作上"无法可依",以及法律层级较低的监管细则无法受到地方监管部门重视的问题。再次则是监管方式的问题,由于村镇银行缺乏合理的内部监管制度,因此主要通过外部监管来管理规制,这就导致监管主体压力过大,内外部监管无法相协调。最后是监管主体不够明确、权责不清以

---

① 李蕊. 我国村镇银行法律制度的完善——以可持续发展为视角[J]. 法学杂志,2012(11).
② 钱清华. 我国村镇银行监管法律制度研究[D]. 南京财经大学,2019.

及力量不足的问题。

(三)村镇银行的内部控制①

如前所述,村镇银行的相关规定中,并未强制要求其应有完整的内部控制体系,一些村镇银行往往并不设立监事会,即便设立了,也形同虚设。② 而且,村镇银行自身的局限性也导致无法招募到足够的专业人才,协助建立一个有效的内部控制体系。地域限制一方面要求村镇银行紧密贴合当地农村市场,而在乡、县域中并没有那么浓厚的契约意识,人情社会是农村金融市场的基础,这样的现象使村镇银行在合同审批、资质审查上出现松懈的可能性加剧。农村金融机构之间的核心竞争力就是私人关系贷款,村镇银行在招聘员工时主要强调求职者对当地的熟悉程度而非知识、技能水平,一些部门的岗前培训工作也比较简单草率,不注重员工的专业培训和警示教育。另一方面,村镇银行的地理位置也影响到其人员配置效能,使得村镇银行无法大力引进构建完善的内控系统所需的专业人才,还有可能面临核心人才缺失的情况,网点在职人员的流动性也很大。这些对村镇银行内控制度的发展都产生了很大的影响。③

四、结语

本次河南村镇银行事件,给广大储户造成了巨额的损失,引发多方的关注和讨论,也暴露出村镇银行本身的管理制度缺陷,中小型金融机构的监管漏洞等亟待解决的问题。大规模的金融犯罪,往往会对金融体系甚至经济系统产生影响,损害国家的良好信用和整体形象,导致公众的信任危机,不利于社会的稳定和国家的长治久安。因此,为了防范金融风险,避免监管盲区的暴露令犯罪分子有机可乘,应当提倡多方发力,协作为村镇银行这类中小型金融机构构建风险防控的安全网。

一方面是立法机关应当尽快出台系统性的法律法规,督促这类金融机构加强内部控制体系建设,防范由于股权结构等问题出现的规则及制度漏洞,成为

---

① 毛萱.村镇银行内部控制研究[D].南京邮电大学,2020.
② 钱清华.我国村镇银行监管法律制度研究[D].南京财经大学,2019.
③ 曾雪萍,李强.乡村振兴背景下我国村镇银行发展的思考[J].农业与技术,2022(02).

金融犯罪的温床。另一方面是监管机构需要和政府部门协调协作,平衡地方经济发展和金融风险控制的关系,做好对金融机构的监管和预先提示风险工作,以及加强对涉及互联网金融平台的监管,规范互联网金融平台上架的各类金融产品。最后,主管单位应当加强与教育、培训机构的合作,推进金融安全知识的普及和金融法的普法工作,加强金融机构工作人员及参与金融活动的个体对金融犯罪的警惕,防范不法分子以高利率的金融产品设下的陷阱。

金融诈骗犯罪中非法占有目的的证明路径研究

刘柳明[*]

摘要: 金融诈骗犯罪中非法占有目的现行的证明路径是结果型推定证明,理论上违背了行为与目的同时存在的原则,降低了对金融诈骗未完成形态犯罪的打击可能性,无法满足司法实践的需求,其原因在于对非法占有目的的内涵解读不透彻,忽视了从客观行为出发证明的研究,同时司法推定基础实施的认定也缺乏科学标准和程序。基于上述分析,构建出三条非法占有目的的证明路径,即:以行为为中心的行为型证明路径,该路径下包含了前提条件、实质条件和主观条件三个证明层面,以及完善的司法推定程序路径和待证事实的要素扩容路径。

关键词: 非法占有目的;行为型证明;司法推定;金融诈骗

作为对传统刑法立法的突破,我国刑法第三章第五节从客观行为的角度规定了金融诈骗罪,各个具体罪名的成立均要求非法占有目的,这已是理论界和实务界的普遍共识。[①] 但作为犯罪构成要件,理论界至今尚未构建出完善的证明机制,而司法实践所适用的建立在最高人民法院印发和出台的《全国法院审理金融犯罪案件工作座谈会纪要》(以下简称《纪要》)和《关于审理非法集资刑事案件具体应用法律若干问题的解释》(以下简称《解释》)两个文件的结果型

---

[*] 刘柳明,重庆大学硕士研究生,研究方向为刑法学,现任职南京市鼓楼区人民法院。
[①] 陈兴良.论金融诈骗罪主观目的的认定[J].刑事司法指南,2000(1).

判断标准,也无法适用于金融诈骗犯罪发生和发展的全过程。特别是在现今互联网金融几乎等同于互联网金融犯罪的背景下,金融犯罪在电子化、信息化网络等新型技术的加持下,不仅金额巨大,且受害人出于分散状态,甚至跨越国家的管辖范围,[1]因此结果型推断式证明显然加重了检控的举证难度,而层出不穷的互联网金融犯罪要求金融风险在异化和扩张之初就得以被识别和预防,上述结果型判断标准并不能满足对该类犯罪当下扩张性的刑事预防政策需要。基于此,笔者尝试从现行非法占有目的证明路径的现实问题出发,分析研究非法占有目的证明困难的原因,并基于此尝试构建多维度的具有可操作性的证明路径,以期对非法证明目的的证明机制有所裨益。

一、现行非法占有目的证明路径的现实问题

(一)单纯依赖由果溯因式的结果型推断证明

诚如有学者所言,上述《解释》和《纪要》等文件通过列举的方式确立的司法推定模式是由果推因,并非对目的的直接认定,[2]列举的事实均存在于集资诈骗罪的犯罪结果出现以后,实际上是以犯罪结果的出现与否来判断犯罪目的的存在与否,犯罪结果变成了决定犯罪目的的依据。[3] 该种单纯依赖由果溯因式的结果型推断证明,虽不可否认其在对非法占有目的立法模糊和理论解读不透彻的情况下对司法实践起到的一定作用,但也存在相应的问题。

首先,从理论上说,该证明路径违背了行为与目的同时存在的原则,导致不当扩大打击范围。对目的犯而言,犯罪的成立要求客观行为与主观目的同时存在,主观目的至少应在行为人实施行为前或者行为时就已产生,犯罪既遂后产生的主观目的,不能作为犯罪成立的有责性依据。而结果型推断式证明路径,单纯的依靠行为人事后行为的基础事实,推断犯罪成立时的主观目的,虽然在技术上将证明方式由直接证明调整为推定,但是无法达到推定的是行为时的主观目的唯一因果性,可能存在事后的行为推定的是事后产生的主观目的。基于此种可能性的影响,司法实践中易将客观行为结合事后故意认定为一个新的犯

---

[1] 毛玲玲.金融诈骗犯罪的新型特征与定罪模式的思考[J].上海金融,2010(4).
[2] 侯婉颖.集资诈骗罪中非法占有目的的司法偏执[J].法学,2012(3).
[3] 王占洲.金融诈骗罪"非法占有目的"的判断标准[J].政治与法律,2008(6).

罪,造成将不具有刑事可罚性行为纳入刑法规制,不当扩大了刑法的打击范面,例如非法集资后发现正常的生产经营活动不能归还资金本金和利息,行为人遂产生拒不归还资金的目的,若依据结果型推断证明为事前的目的,结合客观的行为表现,上述行为就会被认定为集资诈骗罪,显然这一结论是不可接受的。

其次,从实践上讲,降低了对金融诈骗未完成形态犯罪打击可能性,导致不当缩小规制圈围。现行金融诈骗犯罪将犯罪构成的闭合点放在了金融交易的结果上,而结果型推断证明路径的证成逻辑是基于犯罪行为出现结果以后证明其作为犯罪构成要件的主观目的,这一逻辑运行的必然结果是金融诈骗罪以打击具有实害结果的既遂犯为主,对预备、中止和未遂等同样对金融法益具有严重侵害的未完成形态犯罪的打击只存在于理论上的可能性,缺乏司法实践的可操作性,不利于金融风险的防范和化解,不仅导致将本应纳入刑法规制的金融风险排除在规制的圈围之外,而且导致金融风险放大后的动辄上亿元的直接损害后果不可挽回,因此此种证明路径导致刑法规制触角不当的缩限,从而错过在风险异化初始阶段打击犯罪的最佳时机,不利于犯罪的预防。

最后,从逻辑上看,教条式的列举无法满足司法实践的需要。第一,社会生活千变万化的复杂性决定了《解释》和《纪要》列举的情况不可穷尽,最终立法者也只能采用兜底条款"其他非法占有资金的行为"进行概括,司法实践往往只能在上述列举的情形中寻找适用的依据,从而不能规制层出不穷且花样翻新的金融骗局行为。第二,推定需要高素质的司法人员,在缺乏必要的理论和素质的情况下适用上述推定,不同的主体可能有不同的见解,强调上述结果型推定的适用导致法官们在审理金融诈骗案件时只注意那些教条化的客观事实,而忽视了行为人主观上非法占有目的的考察和判断,[①]导致了司法适用的随意性。[②]

(二)将非法占有目的的本质解读为偿还能力

仔细观察《纪要》和《解释》中各个具体列举的情形,几乎都是以是否具有还款能力作为出发点认定主观目的,例如《纪要》"行为人通过诈骗方法非法获取资金,造成数额较大不能归还,并具有如下情形之一的……"的表述,以及《解

---

① 刘宪权,吴允锋. 论金融诈骗罪的非法占有目的[J]. 法学,2001(7).
② 徐新励,沈丙友. 金融诈骗犯罪主观目的诉讼证明的困境与对策[J]. 刑事法判解,2003(1).

释》"不能返还的""逃避返还资金的"等表述,都是将还款能力作为认定非法占有目的的首要因素,甚至是决定性条件,进而导致司法实践中过分关注行为人的经济能力,出现不考虑行为人行为时的主观态度等情况,直接以事后偿还能力的有无来认定主观非法占有目的的成立与否,显然这样一种司法偏执是将事后的偿还能力作为主观目的核心的理解和把握,违背了主客观一致的基本原则,并营造出"定罪不论行为只看还钱的假象"。应该说经济能力是可以佐证非法占有目的的一个因素,但不应是重要因素,更不能是首要因素。[①]

二、金融诈骗罪非法占有目的证明困难的原因分析

如上所述,现行的非法占有目的的证明路径存在一定的唯结果型的司法偏执,造成此种证明困难的原因笔者认为:一方面由于实体根源上对于非法占有目的的内涵解读不透彻,没有提炼出具有清晰的证明方向和标准。另一方面从方法论的角度采用了英美法系国家普遍适用的推定方法,[②]但是既没有对推定的证明方法进行程序上的严格限制,同时忽视了从客观行为上寻找直接证明或者推定非法占有目的的理论研究。

(一)金融诈骗犯罪中非法占有目的内涵解读不透彻

一方面,从性质上讲,非法占有目的是对金融诈骗行为的主客观的整体描述,并非单纯的主观要素的描述。通说认为目的犯中的犯罪目的是主观的超过构成要件要素,[③]刑法构成要件中的行为并不要求对应该目的,因此有学者认为只需要确定行为人有无诈骗行为即可,无需再去查明行为人主观上出于何种目的,放弃以对金融诈骗罪主观目的的考量,不代表放弃对主观罪过的要求,一旦能够确定诈骗行为的成立,就无需对非法占有目的进行证明。[④] 根据司法推定所能成立的逻辑看,既然能够凭借列举的基础事实推定非法占有目的,就说明目的犯中的目的虽然不能被规定在法律条文中的犯罪行为所涵盖,但是可以被

[①] 张忠明,孙丽,李雪,王博.金融诈骗犯罪中非法占有目的的证明问题研究[J].中国检察官,2021(9).

[②] 陈兴良.刑法的格致[M].北京:法律出版社,2008:250.

[③] 陈兴良.目的犯立法探析[J].法学研究,2004(3).

[④] 卢勤忠.金融诈骗罪的主观内容分析[J].华东政法大学学报,2001(3).

客观存在的作为推定的基础事实所涵盖,而作为犯罪结果的基础事实也是作为金融诈骗罪既遂的构成要件要素,因此实际上非法占有目的是对金融诈骗罪中主客观行为的概括描述。① 据此,笔者认为非法占有目的与客观行为并非完全不能对应,尤其在金融诈骗行为中,其本身就包含了将他人财物不法所有的意图,因此与金融诈骗主观的犯罪故意存在重合之处,即行为者的行为自身规定着所追求的非法占有的目的,只要实施了骗取财物的行为,就实现了其非法占有目的。② 在重合的情况下,非法占有目的的意义等同于直接故意中的目的,是直接故意的当然组成部分,③如行为人恶意透支信用卡,其明知这种行为必须通过欺诈并导致不法侵占资金,仍然积极促进信用卡透支的实现,此时所要求的信用卡诈骗罪成立的非法占有目的因为与直接故意重合而具有内在联系。

另一方面,从内容上说,金融逻辑下的非法占有目的要素提炼不够准确。传统刑法理论中的诈骗罪非法占有目的,有力学说认为是指排除权利人,将他人的财物作为自己的财物进行支配,并遵从财物的用途进行利用、处分的意思,即由"排除意思"与"利用意思"构成。④ 由于诈骗罪和金融诈骗罪在立法上具有历史沿革性的分解立法联系,⑤两者之间构成普通法条和特别法条的竞合包容关系,因此,传统诈骗罪中的非法目的应该适用于金融诈骗这一独特的研究语境之下。但遗憾的是,理论界并未从金融逻辑的角度提炼出适用于金融诈骗研究语境下的非法占有目的的构成要素,仍然从传统诈骗非法占有目的的概括式解读出发进行司法适用,如有学者提出金融诈骗罪的主观目的可以是行为人意图非法改变公私财产的所有权,也可以是通过非法控制以骗用、获取其他不法利益。⑥ 这种缺乏金融语境下进行非法占有目的的要素提炼,盲目适用传统诈骗罪中关于非法占有目的的内涵理解,导致在金融诈骗罪中出现水土不服的局面。例如,按照传统诈骗罪中非法占有目的的构成,需要在金融诈骗罪中去

---

① 刘传华,文姬. 诈骗罪中"非法占有为目的"的思考[J]. 甘肃政法学院学报,2006(2).
② 张明楷. 诈骗罪与金融诈骗罪研究[M]. 北京:清华大学出版社,2006:283.
③ 邓宇琼. 非法占有目的:犯罪成立体系的比较[J]. 昆明理工大学学报社会科学版,2008(9).
④ 张明楷. 刑法学(第四版)[M]. 北京:法律出版社,第847页.
⑤ 吴玉梅,杨小强. 中德金融诈骗罪比较研究——以行为模式和主观要素为视角[J]. 环球法律评论,2006(6).
⑥ 张艳丽. 论票据诈骗罪之"非法占有目的"[J]. 经济研究导刊,2011(36).

证明行为人"利用意思"存在,而在金融诈骗罪中,只要行为人试图将财产脱离行为人的实际控制包括所有权联系,并由于自身主观意志以内的原因,就应该肯定非法占有的目的,例如非法集资后行为人积极创造障碍阻碍投资人的兑付要求,就应认定有非法占有投资款的目的。

(二)推断证明路径缺乏科学认定基础事实的程序和标准

基于司法实践中对于非法占有目的的直接证明困难,直接证明向推定证明方式的转变一定程度上减轻了司法机关的举证难度,这对于金融犯罪行为的规制诚有必要。虽然基于司法实践进行要素的列举能够推定非法占有目的的常态规律行为类型,对司法审判具有一定的指向作用,但社会历史总是向前发展的,一方面,花样翻新的基础事实能否总是被要素式列举囊括概尽存有疑虑,另一方面,如何判断一种新的行为类型是否应被纳入基础事实的范围也是急需解决的问题。究其原因,现行的推定证明路径缺乏标准且科学的基础事实认定程序,其中包含列举基础事实的依据和判断标准的问题,非法占有目的认定基础事实和待证事实之间的联系深度问题,被告人解释的程度问题,被告人是否应该自证的问题等,都没有清晰的标准,导致司法实践中一方面过度关注教条列举的非法占有目的的认定基础事实,另一方面对于新生的没有列举的行为存在司法认定混乱的情况。

(三)忽视行为型的非法占有目的证明路径研究

如上所述,《解释》和《纪要》列举的集中判定非法占有目的的情形是结果型推定的基础事实,而实际上,金融诈骗行为的主观目的从行为人实施行为之初就已产生,这也是目的犯成立的时间要求。因此,证明非法占有目的的研究路径应该最先从客观行为中去找寻,基于行为和主观目的同时存在的原则,人的活动是人的主观思想的外向化、客观化,客观行为和非法占有目的具有时间上的紧密贴合性,从客观行为出发所证明的事实相比于结果型的推定更具证明效力,这应该是非法占有目的证明路径的最优解。但司法实践由于受到结果型推定证明要素列举的影响,以及缺乏金融逻辑语境下的要素提炼,忽略了从客观行为中尝试对非法目的证明路径的研究,导致非法证明目的的唯结果性。

三、金融诈骗罪非法占有目的证明路径构建

基于上述对现行证明困难的原因分析,笔者尝试在金融语境下提炼出非法占有目的的要素,并同时考量直接故意中关于非法占有目的的重合内容,结合司法推定程序的完善,尝试构建以下证明路径。

(一)路径一:以行为为中心的证明路径

如上所述,从客观行为中找寻非法占有目的的证明路径是解决难题的最优解,但实现这一任务的前提是提炼出金融语境下非法占有目的的要素,从文义上来说,非法占有目的包含"非法"和"占有"两个方面,非法即一般意义上的不法,占有即所有,[1]同时按照传统诈骗罪中非法占有目的排除意思的理解,笔者认为金融诈骗罪中关于非法占有目的的证明要素解读可以分为三个方面,具体而言之:

1. 前提条件:非法控制或准备控制他人财物

这是金融诈骗罪中非法占有目的行为型证明路径的第一层面,对应非法的含义。尽管非法占有目的本质上属于行为人主观的内心思想,无法直接被客观量化和认知,但其是随着客观行为的实施逐步显化的过程,是行为发生的根本原因,客观行为是其唯一的载体。从这个逻辑上来说,主观目的上的非法是一个逐渐外化为非法客观行为的过程,即外化为事实上的非法行为或者意图事实非法的行为,这一外化事实是认定主观目的的前提条件和必要条件。

具体到金融诈骗中,非法占有目的的客观外化即已经实施或者着手准备实施的非法控制他人财物的行为,这一行为既是非法占有目的的客观体现,同时也是认定非法占有目的的可能性前提。这其中包含两层意思:一方面,合法的客观行为不能作为非法占有目的的载体,即非法占有目的对应的必须是非法控制资金的行为,例如,集资诈骗中如果行为人并没有采取欺诈的方式诸如虚构投资项目、虚假承诺投资回报等,而是具有真实的投资项目,行为人的行为不具有非法性,因此无从认定非法占有目的。另一方面,只有非法的行为才能证明占有目的的非法,这种非法不仅仅局限于刑事禁令,应该作为一般广义上的违

---

[1] 马克昌. 金融诈骗罪若干问题研究[J]. 人民检察,2001(1).

法所理解。

因此,证明非法占有目的的第一层面便是证明行为人是否非法控制或准备控制他人财物,对于非法控制的理解可以从以下几个方面进行探究:一是考察行为人是否具有实施某种金融行为的法定资格或身份条件。金融犯罪属于法定犯,往往具有某种特定资格的要求,如果行为人不具有这种法定资格,就足以证明行为的非法性质,例如保险诈骗罪中可以考察行为人是否是投保人或者受益人,信用卡诈骗中是否是信用卡持有人或者委托持有人等。二是考察行为人是否采取的欺诈的方法。欺诈行为本身具有违法性,例如行为人虚构投资项目、编造保险事故等,都无疑具有非法性。三是考察行为人在金融活动中是否违反了法律的强制性规定,例如行为人设立的金融机构是否达到了准入条件,否则因违反法律的强制性规定而具有违法性。

2. 实质条件:实施脱离被害人对财物控制的行为

这是金融诈骗罪中非法占有目的行为型证明路径的第二层面,对应占有的含义。如上所述,行为人非法控制被害人的财物只是证明非法占有目的的前提条件,仅仅具有证明非法占有目的的可能性,其并不一定能证明非法占有目的的确切存在,往往需要进一步进行深入证明占有的构成要素。由于非法占有即非法所有的意思,故在金融诈骗研究的语境下,非法占有的实质就在于将受害人财物变更为自己所有,并尝试割裂被害人对财物联系的行为,如果行为人已经控制了被害人的资金,并进一步实施试图使被害人脱离对资金的控制和联系的行为的,则实现了非法占有目的证明的实质条件。例如,非法集资以后,行为人能够足以保证权益的兑付,始终保持公众和投资款之间的正常联系,则只构成非法吸收公众存款罪,不构成集资诈骗罪。倘若行为人在非法集资的基础上,积极实施割裂这种控制联系的行为诸如转移财产、携款潜逃或挥霍投资款的,则应该认定投资人不再对财产具有控制联系,则应该被认定为集资诈骗。

3. 主观条件:意志以内的原因

这是金融诈骗罪中非法占有目的行为型证明路径的第三层面,对应主观故意的本质。非法占有目的是行为人的主观心理态度,非法控制他人财物以及积极追求被害人对财物的失控联系都是行为人主观意志积极追求的结果,而非意志以外的因素,因此在行为人非法控制他人财产并积极试图割裂被害人同财产联系的客观行为下,还需要证明该行为是行为人意志以内的因素造成的。特别是在尚未发生被害人对财物失去控制联系的结果下,考察没有发生这一实害的原因是否是因为行为人主观意志以内的原因就成为了非法占有目的成立与否的关键因素,这对规制未完成形态的犯罪具有极为决定性的意义。例如,行为人非法集资后进行跨国投资,因为该地区战争导致投资款不能收回,进而无法兑付投资人的权益的,由于丧失财物控制联系的原因并非行为人自身意志因素,而是意志以外的不可抗力导致的,因此不能认定行为人的非法占有目的。反之,非法集资后进行赌博、高风险投资的,都应被认定为是行为人意志以内原因积极追求致使或者试图割裂投资人和财物联系的行为,因此能够认定非法占有目的。

(二)路径二:司法推定的程序完善

作为证据裁判原则的例外,对于案件事实的认定并非完全需要依靠证据予以直接证明,而是可以采用推定等替代证明的方式,推定是解决主观要件等无法直接证明的困难的一种模式,实际上是对证明方式的调整,在司法实践中早已用于毒品犯罪中明知的认定。[①] 如前所述,在金融诈骗罪非法占有目的的认定的司法实践中,实际上已经采用了推定的认定方法,但缺乏标准科学的基础事实认定程序。在金融诈骗非法占有目的这一主观要素的认定实践中,应该继续采用推定的认定方式,但是必须对其标准程序予以完善,具体而言从以下几个方面:

一是规范基础事实和待证事实之间的联系。推定的逻辑是以基础事实取代待证事实,只要有证据证明基础事实的存在,那么便推定待证事实的存在,由此可见,推定的应用,实际上是缩短了基础事实和待证事实之间的逻辑距离,降低了举证证明的难度,那么什么样的逻辑距离被认定为是合理的就是一个值得研究的问题,笔者认为应该从以下两个方面把握:第一,常态规律性,即基础事实和待证事实之间必须存在某种常态的规律性联系,出现该种基础事实多由待证事实引起。第二,直接的因果关系性,即出现基础事实的结果只能由推定事实引起,不能由其他原因引起。

二是规范被告人合理解释的程度。司法推定的运用降低了证明难度和标

---

① 褚福民.证明困难的解决模式[J].当代法学,2010(2).

准,这种后果实际上变相损害了被告人的诉讼权利,为了弥补这一不足,司法实践中出现了允许被告人反证和被告人合理解释的方式,以防止错案的发生,但是这无疑是变相的转移公诉机关的证明责任至被告人上,实际是为了迎合打击犯罪的需要牺牲被告人的权利。为了尽可能的减少被告人权利的损害,被告人对于基础事实的抗辩和否定仅仅需要提出合理的解释,这一解释的限度需要符合常识常理常情,同时以行为人自身为立场,从行为人自身的条件、生活阅历等出发,以一般理性人的态度,从生活经验的角度判定解释是否合理。其中对于被告人提出解释所依据的事实,仅仅要求被告人提出线索,不要求被告人明确进行举证,根据线索由追诉机关予以查证,如果要求被告人明确的进行举证,既不现实,也违背了举证原则。

三是注重司法推定的程序保障。例如对于基础事实举行听证,充分听取控辩双方的意见,引入听证程序,证据交换时引入陪审员参加等,切实保证据以推定非法占有目的的基础事实是正确的,同时也能避免司法者的主观擅断。

四是积极发挥指导性案例的作用。《解释》和《纪要》是从司法解释的角度列举的基础事实,在我国的实践中,还可以充分发挥指导性案例的作用,对于典型的基础事实类型,应该及时的以指导案例的形式进行确认,既能够发挥指导实践的作用,也能够适用社会生活变迁的需要。但值得注意的是,指导案例的作用不仅仅局限于正向列举某些事实可以作为基础事实,还应该同时注重以反向列举的方式,对于那些实践中不宜认定为非法占有目的的具体情况,也应该以指导案例的形式确认。

(三)路径三:待证事实的要素扩容

如上所述,金融诈骗罪中非法占有目的同犯罪故意存在事实上的重合,那么实际上从犯罪故意的内容来说,就包含了行为人明知非法占有他人财物的行为性质,因此,非法占有目的实际上和故意中明知非法占有的行为性质具有相当的意义,可以说行为人明知自己非法占有他人财物的行为性质是非法占有目的的另一主观侧面。故从证明的角度来讲,待证事实的要素扩容包含了明知行为性质的内容,证明了行为人主观上的明知中行为的性质,也即证明了非法占有的主观目的。

虽然行为人明知自己非法占有他人财物的行为性质也同属于主观的要素,

但是对于明知和非法占有他人财物行为性质的理解,实务上具有更成熟的操作方式。对于"明知"的理解,在毒品犯罪中,司法解释就将其解释为包含"应当知道"。在金融诈骗罪中,可以参考这一证明模式,即行为人应该知道非法占有他人财物行为的性质的,就应该认定为主观上的非法占有目的。因此,在金融诈骗罪的案件审理中,应注重寻找证明应该知道的证据,应当知道的判断标准同样也应该以行为人自身出发,结合一般人的理性标准,在符合常识常理常情的原则下进行规范判断。而对于非法占有他人财物行为的性质的理解,由于属于规范要素的判断,可以运用外行人领域同行评价的理论,即不要求证明行为人确切知道该行为的性质,只需要证明知道和该行为同等性质的内容的事实即可,例如在金融诈骗罪中,行为人知道自己用集资款赌博是不对的,就应认定为知道自己行为是非法占有他人财物的性质。

四、结语

本文所提出的三条证明金融诈骗罪中非法占有目的的路径是基于对当前司法现状的分析,并结合非法占有目的内涵提出的,上述三条路径具有一定的先后顺序,即在司法实践中,应该先从客观行为出发直接证明非法占有目的,然后在完善司法推定程序的情况下,运用司法推定进行认定,最后再证明非法占有目的要素扩容后的待证事实,即证明明知非法占有他人财物的行为性质。由于非法占有目的是主观的要素,实践中具有很大的证明难度,只有不断总结常态规律性的基础事实,并不断的研究证明方式和路径,才能不断满足司法实践的需要。

期货经营机构与从业人员涉刑事风险问题研究

陈礼毅　邹　樱　王　超[*]

摘要：近年来,我国对证券期货领域的立法以及执法态势进一步趋严。2022年8月1日,《期货和衍生品法》正式生效;2022年5月15日,最高人民检察院、公安部修订后的《关于公安机关管辖的刑事案件立案追诉标准的规定(二)》正式实施。以上法律的实施对期货经营机构与从业人员确立了更完善的监管框架,结合上述背景及实务观察,本文通过分析《期货和衍生品法》与刑法衔接适用中的亮点,完善了关于对内幕信息、内幕信息知情人的定义;对市场操作行为中增加了"挤仓操纵""跨市场操纵"等行为的补充;在刑事实务中,单一协议和终止净额结算机制的增设可能会导致关键证据和赃款赃物的灭失。通过期货经营机构与从业人员刑事风险数据分析,分析期货经营机构与从业人员内外刑事风险。通过对新《立案追诉标准(二)》的分析,把握司法实务中操纵市场罪认定标准的变化。

关键词：期货交易；刑事合规；刑事犯罪

近年来,中央政府日益重视证券期货市场的健康发展,在相关会议中,从政策角度明确提出要依法从严打击证券违法活动,对证券期货犯罪"零容忍",要求查处重大违法案件,加大刑事惩处力度。2021年,中共中央办公厅、国务院办

---

[*] 陈礼毅,北京市本同律师事务所律师;邹樱,北京本同律师事务所高级合伙人;王超,北京本同律师事务所高级合伙人。

公厅印发了《关于依法从严打击证券违法活动的意见》,在总体要求中明确指出:坚持统筹协调。加强证券期货监督管理机构与公安、司法、市场监管等部门及有关地方的工作协同,形成高效打击证券违法活动的合力[①]。在从严监管的法律、政策背景下,国家一方面严格监管资本市场,对市场操纵、内幕交易、证券欺诈、虚假陈述等案件加大处罚力度;另一方面,从资本市场犯罪造成的经济损失、社会影响与处罚程度可见,开展资本市场的刑事风险防控建设非常必要,使市场内控与外部监管形成合力双管齐下,保障市场健康长远的发展。[②]

2022年4月20日,第十三届全国人大常委会第三十四次会议表决通过了《中华人民共和国期货和衍生品法》(以下简称《期货和衍生品法》)。自此,我国期货及衍生品交易市场的法律阙如将被弥补。该法设十三章,共155条,系统化地建立了期货和衍生品交易的各项规则,在为期货和衍生品交易参与者提供行政法保护的同时,也为《刑法》中期货类犯罪的理解和调整提供了指引和依据。在该法律规制体系下,无论是证监、证券犯罪侦查、检察、审判等执法司法机关,还是亟须进行风控优化的期货经营机构,抑或是期货从业人员、普通交易者等市场参与主体与交易者,都迫切希望在这场资本市场机制创新、规则重构中寻求法治逻辑的升级。身处其中的市场参与者、执法者、司法者等都能明显感知到这样一种问题意识——如何优化期货市场的刑事风控管理。

一、《期货和衍生品法》与刑法衔接适用中的亮点

2020年3月1日,我国最新修订的《证券法》正式生效,通过对该法条文大篇幅的调整,新《证券法》基本能够与我国刑法规范配套,成为《刑法》的前置法律规范。然而,由于此前我国在期货相关法律方面长期处于空白,导致实务部门在办理涉及操纵证券、期货市场罪、内幕交易罪、泄露内幕信息罪、编造并传播证券、期货交易虚假信息罪等罪名的期货案件中束手束脚。而《期货和衍生品法》的生效,将为今后办理期货刑事案件提供不可或缺的法律支持,本章以《期货和衍生品法》的视角,研究其施行后与刑法衔接适用后存在的亮点。

---

① 参见《中共中央办公厅 国务院办公厅印发〈关于依法从严打击证券违法活动的意见〉》,载中华人民共和国中央人民政府网站, http://www.gov.cn/zhengce/2021-07/06/content_5622763.htm,访问时间2022年9月1日。

② 孙智阳. 从证券犯罪浅析企业合规[J]. 法人,2022(7).

(一)《期货和衍生品法》相比于《期货交易管理条例》的修改

2020年新《证券法》的施行,关于证券类犯罪的具体犯罪行为有了进一步的完善,从整体上看,证券法扩大了证券类犯罪行为模式的列举范围,总体扩大了内幕信息及内幕信息的知情人范围,还对操纵证券市场、利用未公开信息交易、编造并传播虚假信息或误导性信息等行为及其处罚进一步完善和规制。新法的修订加大了对证券违法行为的惩处力度,这在已处罚的案件中基本有案可循,例如,操纵证券、期货市场罪、欺诈发行证券罪的构成要素的完善源于《证券法》等前置性法律法规,在《证券法》出台后,相关罪名的入罪范围的逐渐扩张。

刑法作为所有部门法的后盾与保障,证券期货类犯罪均为法定犯、行政犯,兼具行政不法和刑事不法的双重特征,是违反国家行政管理方面的法律、法规的规定,情节严重,依法应当承担刑事责任的行为。行政犯是否成立,首先需考察是否违反前置性相关法律法规,这就意味着行政犯的入罪门槛随前置法规定的改变而改变。

无论是犯罪圈的划定还是刑事责任的追究,既要在形式上受制于其保障的前置法之保护性规范的规定,更要在实质上受制于其与前置法之保护性规范共同保障的调整性规范的规定。[①] 对于前者,刑法是补充法、救济法;对于后者,刑法是从属法、次生法。因而前置法定性与刑事法定量的统一,不仅是包括民事犯与行政犯在内的所有刑事犯罪的认定机制,而且是对刑法与其前置法在犯罪规制上的定性从属性与定量独立性关系的揭示与反映。

因此,在《期货和衍生品法》未施行以前,我国期货类犯罪的前置法为国务院2017年3月1日施行的《期货交易管理条例》,那么我们研究《期货和衍生品法》相比《期货交易管理条例》的改动部分,对今后期货类犯罪的判罚将具有一定的参考和预测意义。

1.《期货和衍生品法》首次将"衍生品交易"纳入法律调整的范围

《期货和衍生品法》相比于《期货交易管理条例》,首先在法律名称上将各类衍生品纳入了法律调整的范围,使该法成为一部跨部门、跨领域,全面统领期货和其他相关衍生品的基本法律。

[①] 田宏杰.行政犯的法律属性及其责任——兼及定罪机制的重构[J].法学家,2013(03).

对此,《期货和衍生品法》对"衍生品"的定义作出了专门规定,其第 3 条规定"本法所称衍生品交易,是指期货交易以外的,以互换合约、远期合约和非标准化期权合约及其组合为交易标的的交易活动。"

目前,国内外的场外衍生品市场主要由 ISDA 体系下的外资机构柜台市场、NAFMII 体系下的银行间场外衍生品市场以及 SAC 体系下的证券期货场外衍生品市场构成。《期货和衍生品法》生效后,上述场外衍生品市场下的各类衍生品均将纳入法律调整的范围,受到《期货和衍生品法》的监管。

那么,《期货和衍生品法》施行后,是否会扩大刑法对期货概念的解释呢? 从法益侵害的角度来看,衍生品的交易往往影响的是场内外更大领域的市场,因此衍生品交易将具有更大的交易风险,衍生品相关犯罪容易造成大规模的体系性金融风险,因此涉及期货衍生品的犯罪与涉期货类犯罪具有同等的刑罚该当性,应纳入刑法规制范围内。

从与前置法律衔接的角度来看,《期货和衍生品法》第二章中便有规定,国务院期货监督管理机构对期货衍生品的交易具有一系列监管的义务,如果刑法将衍生品排除在外,那就将留下刑事责任的空白,无法满足全国人大对"法法衔接"的相关立法要求。

因此,立法机关应根据《期货和衍生品法》的相关规定,综合考虑,及时调整刑法中的相关罪名。

2.《期货和衍生品法》对内幕信息的定义完善

在证券期货类犯罪中,对"内幕信息"皆采用空白罪状表述,即对于"内幕信息",刑法条文没有直接地规定其构成的特征,而是指明"内幕信息"需要参照的法律、法规的规定。《期货交易管理条例》与《期货和衍生品法》的相关规定存在差别。如表 1 所示:

表 1　内幕信息内容的比较

	期货交易管理条例	期货和衍生品法
定义	指可能对期货交易价格产生重大影响的尚未公开的信息	指可能对期货交易或者衍生品交易的交易价格产生重大影响的尚未公开的信息

续表

	期货交易管理条例	期货和衍生品法
列举	1. 国务院期货监督管理机构以及其他相关部门制定的对期货交易价格可能发生重大影响的政策； 2. 期货交易所作出的可能对期货交易价格发生重大影响的决定； 3. 期货交易所会员、客户的资金和交易动向； 4. 国务院期货监督管理机构认定的对期货交易价格有显著影响的其他重要信息	1. 国务院期货监督管理机构以及其他相关部门正在制定或者尚未发布的对期货交易价格可能产生重大影响的政策、信息或者数据； 2. 期货交易场所、期货结算机构作出的可能对期货交易价格产生重大影响的决定； 3. 期货交易场所会员、交易者的资金和交易动向； 4. 相关市场中的重大异常交易信息； 5. 国务院期货监督管理机构规定的对期货交易价格有重大影响的其他信息

从调整可以看到，《期货和衍生品法》对内幕信息也作出了扩大化的规定，将"期货结算机构作出的""正在指定或者尚未发布的""相关市场中的重大异常交易信息"都列举为内幕信息的内容，因此，此举修改相应扩大了刑法中关于期货市场内幕交易、泄露内幕信息罪的打击范围，进一步保障了投资者的合法权益。

3.《期货和衍生品法》对内幕信息知情人的定义完善

在期货类犯罪中，"内幕信息知情人"的认定则通过引证罪状来表述。《关于办理内幕交易、泄露内幕信息刑事案件具体应用法律若干问题的解释》第1条第2款规定"期货交易管理条例第八十五条第十二项规定的人员"属于内幕信息知情人员。《期货交易管理条例》与《期货和衍生品法》的相关规定存在差别。如表2所示：

表2 内幕信息知情人范畴比较

	期货交易管理条例	期货和衍生品法
定义	指由于其管理地位、监督地位或者职业地位，或者作为雇员、专业顾问履行职务，能够接触或者获得内幕信息的人员	指由于经营地位、管理地位、监督地位或者职务便利等，能够接触或者获得内幕信息的单位和个人

续表

	期货交易管理条例	期货和衍生品法
列举	1. 期货交易所的管理人员以及其他由于任职可获取内幕信息的从业人员； 2. 国务院期货监督管理机构和其他有关部门的工作人员； 3. 国务院期货监督管理机构规定的其他人员	1. 期货经营机构、期货交易场所、期货结算机构、期货服务机构的有关人员； 2. 国务院期货监督管理机构和其他有关部门的工作人员； 3. 国务院期货监督管理机构规定的可以获取内幕信息的其他单位和个人

从调整我们可以看出，除了与内幕信息配套改动保持一致性外，本次《期货和衍生品法》首次确认单位可以作为"内幕信息知情人"，这一处改动也与刑法的内容相适配，内幕交易、泄露内幕信息罪可以由单位构成。

(二)《期货和衍生品法》赋予的新的犯罪行为的认定

1. 挤仓操纵行为

(1) 挤仓操纵的法律依据。《证券法》规定了八种操纵市场的行为方式，分别是连续交易操纵、相对委托操纵、洗售交易操纵、蛊惑交易操纵、虚假申报操纵、抢帽子操纵、囤积现货操纵、跨市场操纵。[①]《期货和衍生品法》第12条除以上方式外，新规定"(八)在交割月或者临近交割月，利用不正当手段规避持仓限额，形成持仓优势"，也就是资本市场中的"挤仓操纵"行为。这一市场操纵类型并非《期货和衍生品法》首创，早在2019年11月18日证监会发布的《关于〈期货交易管理条例〉第七十条第五项"其他操纵期货交易价格行为"的规定》中予以禁止。

(2) 挤仓操纵的产生原因。挤仓产生的原因是商品期货市场实物交割制度的存在。目前，我国商品期货市场均采取实物交割制度，在交割月最后交易日之后，合约空头头寸持有者须履行交货义务，否则便要承担交割违约责任。无论是中国期货市场还是欧美等期货市场，绝大部分交易者并无交割意愿和交割能力，期货市场的客户可分为套期保值客户、套利客户和投机客户。投机客户和套利客户赚取的是价格波动的盈利，因此没有参与交割的动机；按照经典套期保值

---

① 阮传胜,赵润东. 刑法修正案与新《证券法》有效衔接[J]. 检察风云,2021(05).

理论或者现代套期保值理论,套期保值的功能是通过期货市场对冲企业资产或者负债价格波动的风险,因此大部分套期保值客户尤其是买入套期保值客户亦不需要进行实物交割。① 在合约临近交割月或交割月最后交易日之前,投资者多以平仓方式了结头寸。

在大部分投资者不参与实物交割的情况下,一些人单独或者联合,通过不正当手段规避持仓限制,形成持仓优势,并持仓捂盘导致合约流动性急剧下降,迫使无交割意愿和能力的空头在较高价位斩仓离场,从而实现获利的目的。

(3)挤仓操纵的构成要件。根据中国证监会的起草说明,挤仓操纵的构成主要有两个要件:一是行为要件,一些投资者单独或联合,采取分仓、虚假申请套保额度或其他不正当手段规避限仓规定,获取持仓优势,从而具备对其他投资者进行挤仓的前提。因此,"利用不正当手段规避持仓限制,形成持仓优势"作为挤仓操纵的行为构成要件。二是结果要件,构成挤仓操纵,要求行为人的持仓优势对期货交易价格造成了影响。认定价格是否受到影响,可以从行为人构成持仓优势后期货合约价格的走势,期货合约与邻近合约的价差等多个维度进行认定。值得注意的是,即使最终期现货价格一致或者接近,并不能作为违法行为人未影响期货价格的抗辩理由。

(4)挤仓操纵的刑事规制。在刑事规制上,2019年最高人民检察院、最高人民法院颁布的《关于办理操纵证券、期货市场刑事案件适用法律若干问题的解释》(以下简称《市场操纵解释》)虽未明确将挤仓操纵作为犯罪行为予以刑事规制,但司法解释采用了兜底条款的方式处理了这一难题。以其他方法操纵期货市场的,情节严重的,依然构成犯罪。操纵作为行政犯,行政法律法规是刑法的前置法,现行的行政法律法规已将挤仓操纵作为违法行为予以规制,对情节严重的挤仓操纵,对其进行刑事打击并不违反罪行法定的原则。

2. 跨市场操纵行为

(1)跨市场操纵的法律依据。随着世界各国经济的不断发展和创新,金融商品市场之间关联性也不断加强,较为典型的是期货与衍生品,期货本身具有

---

① 参见《证监会明确禁止四种操纵期货价格行为》,载中证网,https://www.cs.com.cn/xwzx/hg/201902/t20190216_5923944.html,访问时间2022年9月1日。

规避投资风险,降低市场的波动率以及实现多元化投资等作用,得到了越来越多投资者的青睐。① 但由于期货与其衍生品本身具备较强的关联性,导致市场操纵者滥用交易手段,实现期货市场和衍生品市场的跨市场操纵。

对此,2020年颁布的《证券法》以及两高《市场操纵解释》就已将期、现货跨市场操纵纳入操纵期货市场的行为类型中,却并未涉及其他跨市场操纵类型。而此次颁布的《期货和衍生品法》第12条第2款第9项规定:"利用在相关市场的活动操纵期货市场",则意味着跨期货和衍生品市场操纵正式被法律所禁止。

随着期货和衍生品交易的深入发展,涉及期货交易的跨市场操纵已具有相当的社会危害,《刑法修正案(十一)》对操纵证券、期货市场罪规定进行了修正完善。其中,将"幌骗交易操纵""蛊惑交易操纵""抢帽子交易操纵"三种新型操纵市场行为予以立法确认。但是,对于该罪规定中"以其他方法操纵证券、期货市场"这一兜底条款的具体适用,仍存在问题,亟待探讨明晰。

(2)跨市场操纵的定义及类型化。跨市场操纵,是指操纵的行为和结果涉及两个或两个以上具有直接价格影响关系的市场的操纵形式。该行为可以类型化为市场力量型操纵和价格关联型操纵:

一是市场力量型操纵,就是指在采用实物交割机制的市场中,行为人利用其所具备的垄断性力量,包括在基础资产市场上的控制性地位和金融合约市场上的支配性头寸,以及利用实物交割机制下合约对手方无法交割或接受交割的易受损性,来扭曲市场价格。市场力量型操纵通常发生于期货市场与现货市场之间,其典型的行为模式被称为"囤积"。如果某交易者只在期货市场拥有支配性多头头寸,虽然其未控制相应的现货商品,但由于可交割现货供应不足情况的出现,该交易者就可以通过威胁交割,迫使空头方以高价对冲其头寸,此种行为就构成"逼仓"。②

二是价格关联型操纵,是指行为人以某种手段造成一个市场的价格变动,从而影响另一个关联市场的价格的操纵形态。无论是操纵现货影响期货价格,还是操纵期货影响现货价格,在行为模式上并没有根本区别。

---

① 胡艳.股票市场与股指期货市场跨市场操纵行为法律规制[D].西南科技大学,2019.
② 钟维.跨市场操纵的行为模式与法律规制[J].法学家,2018(03).

(3)对于跨市场操纵的立法建议。笔者认为,应当立足于法秩序统一性原理,以同一法益保护为原则,当前置法(即《期货和衍生品法》)对新型操纵证券、期货市场行为存在明确禁止规定(跨市场操纵)时,可将其径直认定为刑法第 182 条所规定的兜底条款行为。因此,鉴于刑法相对于金融市场存在滞后性,相关的刑法保障仍处于空白,有必要予以增补。

此外,在后续的立法补充中,还应当对跨市场操纵具体的行为特征、构成要件及认定方法等作出更为详细的规定,从而实现对跨市场操纵的有效规制。

(三)单一协议、瑕疵资产和终止净额结算机制对刑事的影响

1. 单一协议、瑕疵资产和终止净额结算机制的法律沿革

单一协议、瑕疵资产和终止净额结算三项制度相辅相成。此为国际掉期和衍生品协会(ISDA)的《ISDA 协议》首创,是金融衍生品交易领域的基本制度原则和有效维系国际金融衍生产品市场平稳发展的行业惯例,也被我国《NAFMII 协议》和《SAC 协议》所移植采纳。本次《期货和衍生品法》关键条款之一是首次明确了单一协议、瑕疵资产、终止净额结算等衍生品市场基础制度。同时,国际掉期与衍生产品协会(ISDA,International Swaps and Derivatives Association)也在期货和衍生品法通过后的次日(2022 年 4 月 22 日),在其官网"净额结算立法"一栏已将中国由"待观察"更新为"已采纳",认可中国属于有效支持终止净额结算不可撤销的司法管辖区。鉴于此次立法对中国期货及衍生品市场发展的重大意义,笔者以刑事角度分析其带来的影响。

早在 2021 年 11 月 26 日,中国银保监会便发布了《关于衍生工具交易对手违约风险资产计量规则有关问题的通知》,通知表明,此时在证券期货市场衍生品交易监管实践层面,已经确立了终止净额结算制度。

2. 单一协议、瑕疵资产和终止净额结算机制的制度亮点

本次《期货和衍生品法》第 37 条将实践中已经采用的终止净额结算制度予以明确:"衍生品交易,由国务院授权的部门或者国务院期货监督管理机构批准的结算机构作为中央对手方进行集中结算的,可以依法进行终止净额结算;结算财产应当优先用于结算和交割,不得被查封、冻结、扣押或者强制执行;在结算和交割完成前,任何人不得动用。依法进行的集中结算,不因参与结算的任

何一方依法进入破产程序而中止、无效或者撤销。"

上述条文与场外衍生品原理和实务高度契合,特别是第 37 条提及了"终止净额结算"与破产程序间的关系,在法律规范层面认可了我国衍生品交易的终止净额结算机制不受交易一方进入破产程序的影响,是一大突破。按照特别法优先于一般法的效力层级,单一协议和终止净额结算机制将优先于《破产法》适用。

3. 刑事视野下上述机制待完善的部分

在刑事的视野下,本法依然有以下待完善的部分:

第一,《期货和衍生品法》第 33 条对单一协议和终止净额结算机制设定了限制性条件,即"本法第三十二条规定的主协议等合同范本,应当按照国务院授权的部门或者国务院期货监督管理机构的规定报送备案。"而第 33 条规定备案的监管主体为"国务院授权的部门",但是在现行的监管体系下,监管机关一般随衍生品交易的基础资产或参考资产,或者参与主体划分,金融衍生品交易不可避免地面临着跨系统、跨部门的风险。特别是面临刑事犯罪风险时,这种分散的监管体系不利于跨行业间金融衍生品的监管,大大降低了监管效率,不利于监管的执行。

第二,净额结算优先于刑事的查封冻结扣押,本法第 31 条规定:"经国务院批准或者同意设立的黄金交易组织机构和结算机构、支付机构等名义开立的各类专门清算交收账户、保证金账户、清算基金账户、客户备付金账户,不得整体冻结,法律另有规定的除外。"

而《公安机关办理刑事案件适用查封、冻结措施有关规定》第 30 条第 13 项规定:"经国务院批准或者同意设立的黄金交易组织机构和结算机构等依法按照业务规则收取并存放于专门清算交收账户内的特定股票、债券、票据、贵金属等有价凭证、资产和资金,以及按照业务规则要求金融机构等登记托管结算参与人、清算参与人、投资者或者发行人提供的、在交收或者清算结算完成之前的保证金、清算基金、回购质押券、价差担保物、履约担保物等担保物,支付机构客户备付金"不得冻结。

衍生品结算机构属于国务院批准设立的结算机构,可见净额结算制度优先于刑事措施,但这也可能将导致刑事案件中关键证据和赃款赃物的灭失。

二、期货经营机构与从业人员刑事风险数据分析

前文已经释明新法实施对期货行业刑事部分理论的影响,为了客观说明实践中,期货经营机构与从业人员涉刑事风险的现状,本章以 Alpha 数据库中所收录的我国近五年的 261 份涉期货犯罪的裁判文书为样本进行实证分析,考察此类案件司法认定问题。

(一)关于外部罪名的统计

经本次检索,破坏社会主义市场经济秩序罪共 177 起,其中非法经营罪 155 起,非法吸收公众存款罪占 11 起,合同诈骗罪占 3 起,内幕交易、泄露内幕信息罪占 2 起,操纵证券、期货市场罪占 2 起,利用未公开信息交易罪占 1 起,组织、领导传销活动罪占 1 起,走私废物罪占 1 起,走私普通货物、物品罪占 1 起;侵犯财产罪 73 起,诈骗罪占 71 起,挪用资金罪占 2 起;妨害社会管理秩序罪 6 起,开设赌场罪占 3 起,非法获取计算机信息系统数据、非法控制计算机信息系统罪占 2 起,寻衅滋事罪占 1 起;渎职罪 1 起,为滥用职权罪。

1. 关于非法经营罪

经过对 155 起非法经营罪的梳理,有 2 起案件免予刑事处罚,98.06% 的案件都适用了罚金作为附加刑,有 5 起案件没收财产。其中 150 起适用有期徒刑,有 121 起适用 3 年以下的有期徒刑,有期徒刑缓刑的有 66 起占比 42.58%,有 65 起适用三年以上十年以下的有期徒刑占比 41.93%,4 起适用十年以上的有期徒刑,4 起案件适用拘役,其中拘役缓刑的有 3 起。其中,有 109 起案件占比 70.32% 有从犯情节,61 起案件占比 39.35% 有自首情节,41 起案件进行了退赃退赔,共占比 26.45%,有 4 起案件取得了被害人谅解。

经查,期货类犯罪认定为非法经营罪的通常行为模式为被告人成立交易平台,发行期货产品,未经国务院期货监督管理机构批准,不具备开展期货交易的合法资质,所经营的产品均未通过省金融办登记备案,相关公司也均无实物备货。涉案交易平台违法违规从事期货交易,诱导客户与之对赌,造成客户交易资金并未流入真实市场,而是流入被告人平台公司。

2. 关于诈骗罪

经过对 71 起诈骗罪的梳理,有 2 起案件免予刑事处罚,88.73% 的案件都使用

了罚金作为附加刑,1起案件适用剥夺政治权利。其中63起适用有期徒刑,这之中有40起占63.49%的都适用于三年以下的有期徒刑,缓刑的有26起。其中,有61起案件占比85.9%有从犯情节,22起案件占比30.9%有自首情节,34起案件占比47.89%有退赃退赔的情节,有2起案件取得了被害人的谅解。

经查,期货类犯罪认定为诈骗罪的通常行为模式为被告人与大宗商品交易公司签订合作协议,以成为该公司下属公司或综合会员单位的形式招揽投资者进行投资上述公司的大宗商品,并且约定投资者交易产生的手续费按比例分成。在此种基础上,通过将公司员工包装成"金融分析师"骗取投资者信任,隐瞒投资者亏损,故意诱导投资者反向交易等方式骗取投资者的亏损和手续费,再将平台返还的亏损和手续费非法占有。

3. 关于非法吸收公众存款罪

经过对11起非法吸收公众存款罪的梳理,90.91%的案件都使用了罚金作为附加刑,2起案件适用剥夺政治权利。其中10起适用有期徒刑,这之中有4起占40%的都适用于三年以下的有期徒刑,缓刑的有3起。其中,有8起案件占比80%有从犯情节,6起案件占比60%有自首情节,5起案件占比50%有退赃退赔的情节。

经查,期货类犯罪认定为非法吸收公众存款罪的通常行为模式为被告人成立投资公司,以投资期货等理财产品为名,对不特定的社会公众进行宣传,并向前来投资的客户承诺高额收益吸引客户的资金。

(二)关于内部罪名的排查

1. 职务犯罪类型

新型职务犯罪	传统职务犯罪
内幕信息交易罪	非国家工作人员受贿罪
利用未公开信息交易罪	非国家工作人员挪用资金罪
操纵证券、期货市场罪	职务侵占罪
编造并传播虚假信息罪	非法经营罪
欺诈发行证券罪	/
违规披露、不披露重要信息罪	/

2. 行政案件与刑事案件比例

根据证监会统计,2020年全年共办理案件740起,其中新启动调查353件(含立案调查282件),办理重大案件84件,同比增长34%;全年向公安机关移送及通报案件线索116件。2019年共办理案件552件,移送公安机关58件;2017年共办理案件478件,移送公安机关31件。行政案件向刑事案件转化率逐年递增,2020年可达到15.6%。

(三)大数据对刑事合规部分的启发

刑事司法实践中,关于期货对赌行为的定性还存在较大的争议。通过"Alpha"搜索期货对赌的裁判案例,涉及期货对赌的案件一共419件,其中定性为诈骗罪的有229件,占比54.65%;定性为非法经营罪的有134件,占比31.98%;定性为开设赌场罪的有33件,占比7.88%。

由此可见,如何界定开设赌场罪、非法经营罪和诈骗罪,关键在于对于犯罪行为,即期货对赌手段的定性。

1. 期货对赌行为的定义

期货对赌实际上是一种场外假盘交易,从事期货对赌的公司会按照真实的市场数据让客户与公司作为交易对手进行期货交易,不进入真实的交易市场,客户和公司进行零和博弈,客户亏损公司盈利,客户盈利公司亏损。

实践中从事违法期货对赌的公司往往存在以下问题:

一是因为期货交易平台需要经营资质,期货对赌公司没有第三方监管的银行账户保管客户的资金,而是通过其他手段使用私有银行卡作为入金账户,这之中的过程可能涉及妨害信用卡管理罪等刑事犯罪,同时因为无人监管,也存在出金风险。

二是期货对赌公司往往会培训一些"业务专家"作为销售,骗取客户信任,反向投资者推荐期货,以获得公司盈利。

三是期货对赌公司是在内部封闭的盘里进行交易,模拟真实的市场交易数据,有个别平台会修改相关数据欺骗消费者。

四是正规的期货交易平台是客户与客户间进行交易,互有盈亏,而期货对赌公司则是客户与平台进行交易,平台把众多交易者集中在一起进行买入卖出,并非交易者之间的自由交易,形式上也由法院认定为集中交易。

五是因为期货交易与常规证券交易不同,存在"T+0"的交易模式,也有期货对赌公司要求客户反复进行买入卖出操作,以赚取高额的手续费的。

2. 实践中司法认定的观点

根据最高检发布的指导案例,期货对赌类案件的认定,主要从以下方面进行审查:

(1)平台是否实施了诈骗行为。

判断分析师是否实施了诈骗行为,需要判断以下几个方面:

一是平台(包括负责人和金融分析师等)主观上是否具有非法占有的目的;

二是是否实施了欺骗行为,并引起或维持了被害人的错误认识;

三是被害人因认识错误而处分自己的财产;

四是被害人遭受财产损失

关于非法占有目的可以考虑的因素有:

其一是获利比例。大多数情况下,对赌盘的利益来源主要是交易手续费以及客户的亏损,但是还要注意交易手续费与客户亏损之间的比例。因为审查平台利益来源,主要是为了看平台是否主要以赚取客户亏损来盈利。如果客户手续费在总的利益来源内占比较高的,可以一定程度上排除非法占有目的。

其二是被害人资金监管情况。一般正规的期货平台会将客户的入金金额存入单独的监管账户,其他人无法进行挪用,而对赌平台往往使用私人账户操作客户的入金出金。但是审查资金流向,主要是实质上看客户是否对资金具有控制权,如果平台不具有限制出金的目的,而且每次出金都及时打到客户个人账户,即使在私人账户内,也不能认为客户丧失了对资金的控制。平台如果在出金上没有任何限制,那么基本上属于客户自负盈亏的状态,难以体现出有非法占有客户资金的目的。即使是平台通过某些方式吸引客户入金投资,但是正规的期货平台也会采取一定的方式来吸引客户投资,因此也难以证明具有非法占有目的。

关于错误认识可以考虑的因素有:

其一,是否虚构了盈利的假象。客户的亏损主要来自期货交易本身就具有的高风险性,但投资者往往因"金融分析师"赚钱的期许盲目入场,如果"金融分析师"展示的赚钱案例并非真实案例,提供的金融咨询也均为反向操作,那么可以认定存在欺骗的行为,造成被害人形成错误认识。

其二,是否隐瞒对赌事实。正规的期货交易,是客户与客户间的交易,平台方仅作监管,并不入场交易。而期货对赌案例中,平台方是否隐瞒对赌的事实,客观表现为平台所实施的行为具有造成亏损的可能性风险,而这个风险并不会被客户知晓,那么平台欺骗客户进行与其的零和博弈的行为,应认定为引起了被害人的错误认识。

关于处分财产可以考虑的因素有:

虽然投资活动均有风险,但是基于前述行为,被害人对风险认知存在障碍,基于对"期货对赌"产品的信任进行投资而处分财产的行为应认定为被害人因认识错误而处分自己的财产。

关于财产损失可以考虑的因素有:

如果要确切地证明亏损与行为之间存在因果关系是比较困难的,因为因果关系的认定本就比较难,一般都缺少证据证明有因果关系。

可以从这些方面入手:是否有证据证明投资者确实按照分析师的建议进行了投资,是否有证据证明分析师的建议确实与行情相反才导致亏损,客户盈利的次数占总次数的比例等。有的可以证明没有因果关系,有的可以证明"证明存在因果关系的证据不足"。

还有,投资者都可能已经从事期货交易或者进行其他投资活动很长时间了,对高风险性往往会有比较充分的认识,而且也明确知道交易规则是"高杠杆""T+0"模式,会产生较高的交易费,所以隐瞒对赌事实跟亏损没有直接的联系。

在以上之外,最终界定此罪与彼罪的关键还在于,行为特征是否符合期货交易的特征。

(2)行为是否符合期货交易的特征。

根据2013年12月31日中国证监会《关于认定商品现货市场非法期货交易活动的标准和程序》规定,期货交易包括形式要件和目的要件:

第一就目的要件而言,期货交易主要是以标准化合约为交易对象,允许交易者以对冲平仓方式了结交易,而不以实物交割为目的或者不必交割实物。

第二就形式要件而言,期货交易的商品以标准化合约形式出现,交易方式为集中竞价交易,实施保证金交易制度。

以对赌形式进行的期货交易,比较符合做市商机制。做市商机制是指具备一定实力和信誉的法人、其他经济组织等，不断地向买卖双方提供报价，并按照自身提供的报价付出资金或商品与之成交，从而为市场提供即时性和流动性，并通过买卖价差获取利润而形成的交易制度。

做市商机制的运作平台主要进行一对多的期货买卖，平台作为买方或者卖方的交易对手，不用撮合其他卖方和买方之间进行交易，但是也仍然需要符合期货交易的特征。

标准化合约是指除价格、交货地点、交货时间等条款外，其他条款相对固定的合约。期货交易主要为了投机赚取差价，以标准化合约为交易对象，不以实物交割为目的。区别于现货交易，其是以实物商品为交易对象。即使平台存在部分实物交割的情况，但是此实物交割是在投资者爆仓后迫不得已进行的，那么也不影响期货交易的认定。

集中交易是指由现货市场安排众多买方、卖方集中在一起进行交易，并为促成交易提供各种设施及便利安排。集中交易的含义就是公开进行撮合买卖双方报价交易，但是如果交易双方仅仅是一对一进行的交易，或者说平台上投资者数量不多，交易价格不经过撮合，仅由客户选择时机通过对冲平仓方式了结交易，互相赚取对方亏损金额，该交易模式不符合集中交易特征。

综上所述。如果交易平台上没有众多的买卖双方进行统一交易的，形式上不符合期货交通的特征，一般难以认定为经营期货。如果形式上都不具备期货交易的特征，那么也就很难排除诈骗的意图。

三、新《立案追诉标准（二）》对期货经营机构与从业人员的新要求

新《立案追诉标准（二）》对证券期货犯罪案件的立案追诉标准进行了系统修改，与《刑法修正案（十一）》形成有效衔接，进一步细化和明晰行政执法和刑事立案追诉的界限。结合上述背景及实务观察，在此对新《立案追诉标准（二）》的相关修订对期货经营机构与从业人员涉刑事风险带来的影响予以分析。

（一）操纵市场的常见类型和手段

从《刑法修正案（十一）》以及新《立案追诉标准（二）》的调整看，操纵市场类型从最初的两大类——交易型操纵和其他方法操纵，演变为四大类——交易

型操纵、信息型操纵、虚假申报操纵以及其他方法操纵。此外,对不同操纵市场类型的手段也做了进一步的分类和明确(八小类)。

此调整顺应了司法实践中操纵市场手段呈现出多样化的特点,操纵市场的手段并非仅依靠资金或持股优势(交易型操纵)进行,随着资本市场的逐步发展,利用信息、虚假申报或其他新型技术(如程序化交易)等操纵手段也可单独成为或配合资金/持股优势成为操纵市场的类型。

(二)明确各类型操纵市场的立案追诉标准

根据此次新《立案追诉标准(二)》的修订,各类型的操纵市场情形的立案追诉标准得到进一步明确。

首先,对于交易型操纵,针对对倒交易和洗售交易,降低连续交易天数的要求,将"连续20个交易日内成交量累计达到该证券或者期货合约同期总成交量20%以上的"降低为"连续10个交易日",同时,针对操纵期货市场涉及的相关保证金金额也进行了明确。

其次,对于信息型操纵,明确成交额应达到1000万元以上。可见新《立案追诉标准(二)》的相应调整明晰了信息型操纵罪与非罪的界限,也顺应了实践中涉嫌操纵市场所涉金额往往较大的客观变化。

最后,对于虚假申报型操纵,明确撤回申报的期货合约占用保证金数额应在五百万元以上。总体而言,新《立案追诉标准(二)》对于操纵证券、期货市场罪的立案追诉标准趋严,并进一步细化和明晰了操纵证券、期货市场罪在行政处罚和刑事立案追诉间的界限。

(三)操纵市场的违法所得认定

根据新《立案追诉标准(二)》,获利或者避免损失数额在100万元以上即满足立案追诉标准,大大降低了操纵市场行为的入刑门槛。

但是,鉴于违法所得计算时点在认定上仍然客观存在较大难度,在司法实践中并无统一的认定标准。根据证监会制定的《证券市场操纵行为认定指引(试行)》(现已失效)第50条规定:"违法所得的计算,应以操纵行为的发生为起点,以操纵行为终止、操纵影响消除、行政调查终结或其他适当时点为终点。"其中就列举了四个"终点日",而这四个日期认定没有适用的优先顺序,逻辑也并不相同。

四、结语

《期货和衍生品法》是中国自 30 多年前开始在期货及衍生品市场交易以来,第一部在国家立法层面出台的有关规范期货和衍生品的法律。作为中国期货市场的基本法律,该法规范了期货及衍生品市场的整体监管框架,整合了以往的《期货交易管理条例》等有关期货及衍生品市场的条例,为衍生品市场交易的可预期性、可执行性及交易的稳定性提供充分的法律依据。

本次期货市场立法坚持市场化、法治化、国际化方向,全面系统规定了期货市场和衍生品市场各项基础制度,大大提升了非金融机构企业、业务证券公司、保险公司和外国投资者等参与中国衍生品交易的制度保障,为衍生品市场进一步深化对外开放提供了制度基础。该法为打造一个规范、透明、开放、有活力、有韧性的资本市场提供了坚强的法治保障,具有非常重要而又深远的意义。

纵览全文,在对期货市场监管整体趋严的大情形下,对于期货经营机构与从业人员涉刑事风险方面:首先,建议若在案件未进入刑事程序但在面临行政调查时,或可依据相关法律尝试与行政机关达成承诺认可,以避免案件被移送公安机关。其次,建议期货经营机构与从业人员在构建内部合规风险防范机制的过程中,务必需要将刑事合规的内容纳入金融监管合规制度构建之中,依本文分析建议与专业律师配合工作,做好刑事涉罪和行政监管风险的提前防范。

食药环知犯罪

危害药品安全犯罪案件中的认定意见初探

陈 涛[*]

摘要：新修订的《关于办理危害药品安全刑事案件适用法律若干问题的解释》已于2022年3月6日实施。该司法解释的颁行回应了危害药品安全犯罪案件办理的现实需求，对破解危害药品安全犯罪案件的定性难题和法律适用难题发挥着重要的规范性作用。司法解释将"足以严重危害人体健康"，民间传统配方等难以确定的，或直接判断为假药、劣药的情形，规定由药品监督管理等部门出具认定意见。本文通过对认定意见的属性剖析，以及对药品监督管理部门的职责和出具认定意见的能力等分析，提出认定意见出具的终极解决措施和阶段性路径。

关键词：司法解释；认定意见；犯罪；路径

2022年3月4日最高人民法院、最高人民检察院发布了修改后的《关于办理危害药品安全刑事案件适用法律若干问题的解释》（下文简称《药品司法解释（2022）》）并于2022年3月6日实施。该司法解释的颁行是在《药品管理法》修改和《刑法修正案（十一）》颁布后，回应危害药品安全犯罪案件办理的现实需求应时而出的，对破解危害药品安全犯罪案件的定性和法律适用难题发挥着重要的规范性作用。审视《药品司法解释（2022）》，针对"足以严重危害人体健康"，民间传统配方等难以确定的，或直接判断为假药、劣药的情形，规定由药品

---

[*] 陈涛，北京警察学院教授，《北京警察学院学报》副主编，北京市犯罪学研究会副会长、秘书长。

监督管理等部门出具认定意见。此规定一方面寄希望于将药品专业性问题交由专业的药品监督管理部门负责;另一方面也明确了上述问题的最终认定权在于司法机关。但执法、司法实践中药品监督管理部门能否承担起对这三种情形出具认定意见的重责值得考量。为此笔者拟通过对认定意见属性分析和药品监督管理部门出具认定意见的可能性分析,提出出具认定意见之路径选择。

一、《药品司法解释(2022)》关于认定意见的规定

《药品司法解释(2022)》关于药品监督管理部门出具认定意见规定了三种不同的情形。

(一)"足以严重危害人体健康"的认定

"足以严重危害人体健康"是构成妨害药品管理罪的核心客观要件,但对危险状态的判断一直是横亘在司法裁判者面前的鸿沟,毕竟面对药品的专业性和复杂性,司法裁判者无疑是外行般的存在。虽然第7条第1款规定了9项应当认定为"足以严重危害人体健康"的情形,其中前8项规定的相对较为明确,第9项则作为兜底规定来防止挂一漏万,但司法实践的复杂性远超于此,即使是前8项的适用也不是可以简单地按图索骥,而"其他足以严重危害人体健康的情形"的规定司法实践中更难以操作。为此两高将认定"足以严重危害人体健康"存疑或有争议的要求"根据地市级以上药品监督管理部门出具的认定意见,结合其他证据作出认定。"换言之,本规定是在适用第七条第一款规定的九种情形难以确定的情况下,由地市级以上药品监督管理部门对此做出认定并出具认定意见。

(二)是否属于民间传统配方的认定

我国拥有历史悠久且灿烂的中医药传统文化,其中的民间传统配方是民间老中医或中医药研究者长期经验的总结,属于我国中医药传统文化的重要组成部分,也是值得深入发掘的瑰宝。囿于前阶段对于我国中医药文化和科学机理的认识不够,以及现有技术无法突破的屏障,很多中医药传统配方缺乏专业深入的研究,也无法用现有西药的理论分析对待,以至于我国曾经对民间传统配方严格限制甚至打击,对我国中医药的健康良性发展带来严重影响。为此在

《药品司法解释(2014)》时就已经做了出罪的探索,《药品司法解释(2022)》则在总结经验的基础上做了进一步规定,即第11条第2款规定"销售少量根据民间传统配方私自加工的药品,……没有造成他人伤害后果或者延误诊治,情节显著轻微危害不大的,不认为是犯罪"。第18条第2款进一步规定"对于是否属于民间传统配方难以确定的,根据地市级以上药品监督管理部门或者有关部门出具的认定意见,结合其他证据作出认定。"对民间传统配方的认定存疑的也要求由地市级以上药品监督管理部门或其他部门予以认定并出具认定意见。结合民间传统配方的中医药属性,其他部门应该是指中医管理部门(一般设在卫生健康部门内)。

(三)不需检验的假劣药的认定

由于《药品管理法》第121条规定,"对假药、劣药的处罚决定,应当依法载明药品检验机构的质量检验结论"。这在药品执法、司法实践中引起诸多争议,尤其针对《药品管理法》第98条第二款第二项、第四项及第三款第三项至第六项规定的假药、劣药,执法、司法实践中无需检验即可根据包装、外观、说明书和对相关数据的查询比对做出准确判断。此时再要求对涉案药品检验既多此一举也有可能导致检验合格的药被认定为假药、劣药的尴尬,且会浪费大量的执法、司法资源。为此《药品司法解释(2022)》第19条第二款规定,"对于《中华人民共和国药品管理法》第98条第二款第二项、第四项及第三款第三项至第六项规定的假药、劣药,能够根据现场查获的原料、包装,结合犯罪嫌疑人、被告人供述等证据材料作出判断的,可以由地市级以上药品监督管理部门出具认定意见"。据此对上述情形的假药、劣药的判断亦交由药品监督管理部门认定后出具认定意见。

二、认定意见之属性剖析

(一)认定意见的涵义

所谓认定意见,在此法律视阈下是指药品监督管理等部门基于药品专业知识体系支撑基础上,出于本部门或其他部门办案需要的请求而对与涉案药品有关的专业性问题做出的判断性主张。

首先，认定意见的出具主体是药品监督管理等部门。根据本解释之本意，"等部门"应是指卫生健康部门或中医药管理部门。在我国现行药品监督管理体制下，省级以下不单独设立药品监督管理部门，而由市场监督管理部门承担药品监督管理的职责。因此地市级以上药品监督管理部门应该包括地市级市场监督管理部门、省级药品监督管理部门和国家药品监督管理局。

其次，认定意见的出具应该是基于专业的药品知识体系的支撑。认定意见作为行政执法部门出具的具有一定权威性和公信力的法律性文书，不能随意出具，必须应该由药品专业人士或专家做出专业判断的基础上才能出具，否则其真实性、可靠性和科学性必然受到质疑。

第三，认定意见的出具必须慎重。认定意见的出具必须是出于案件办理的需求，且应该由具备药品专业知识的专业人员，基于科学严谨的分析的基础上，做出专业性判断。

最后，认定意见的性质属于判断性主张。既然是判断性主张，必然带有做出判断性主张的主体的个人主观认识，并被其主观认识所左右。因此认定意见不能简单地拿来去认定案件事实，而应该对其严格审查。这在司法解释中也有明确规定，即"结合其他证据做出认定"。

(二) 认定意见的属性

随着行政犯法网的织密，越来越多违反行政法的行为被纳入刑罚的视野，鉴于司法鉴定管理范畴的限定和专业难度，行政部门认定意见的适用范围也日渐广泛。但认定意见究竟是否具备证据的属性，即能否在案件办理中作为证据适用引发诸多争议。

1. 认定意见是否属于证据范畴

刑事诉讼法对证据的范畴做了明确的界定。根据刑事诉讼法第50条第1款规定，"可以用于证明案件事实的材料，都是证据"。但在第2款中又明确规定了八大类证据形式。从此规定来看，所有可以用来证明案件事实的材料都是证据。本文所指的认定意见，本身就来自与案件有关的材料，并且认定意见的出具就是为了用来证明案件事实，从此意义上看认定意见必然属于证据的范畴。

但刑事诉讼法所明文规定的八大类证据形式并不包括认定意见，换言之，认定意见不符合法定的证据形式,因此不是法定证据形式。这也就引发了司法裁判的尴尬,如果不认定认定意见为证据,那么对于药品案件的定性就无专业证据的支撑,司法裁判人员在缺乏药品专业知识的基础上更难对药品案件予以准确定性。但是作为证据的话,又很难归类于哪一大类证据,与其属性最相近的莫过于鉴定意见。但认定意见又不是由鉴定机构的专业鉴定人员做出,而是行政机关出具。由此看来认定意见本质上属于广义的证据范畴,但又不符合法定证据形式。

2. 认定意见是否可以作为证据适用

从《药品司法解释(2022)》修改前的司法实践审视,药品监督管理部门所作的假药、劣药的认定意见成为绝大多数危害药品安全犯罪案件必备证据材料,如果公安机关提请逮捕或移送起诉的案件缺少认定意见,检察机关一般会做出退回补充侦查的要求,在缺乏假药、劣药认定意见的情况下,法院一般也难以做出定罪量刑。虽然有的裁判者并不一定完全认同认定意见,但从搜集的裁判文书来看,几乎每一起危害药品安全的犯罪案件都有相关药品监督管理部门出具的认定意见。这就意味着在司法实践中,公检法机关事实上将认定意见作为证据适用,但在对证据进行分类列举时,则或不明确类别,或干脆不作出说明。

三、药品监督管理部门出具认定意见之争议分析

从司法实践来看,大多出具认定意见的部门就是前端行政执法阶段的执法主体,即由执法者出具认定意见,这本身就违反了"任何人不得为自己案件的裁判者"的规则,这种由行政执法部门出具认定意见的做法多年来就已经引起诸多争议。而《药品司法解释(2022)》不仅没有弱化对认定意见的依赖,反而进一步强化了认定意见适用的范围,把三项事实认定的责任交给药品监督管理等部门,但药品监督管理部门是否有职责、有能力承担此重任值得考量。在此从职责权限、专业能力、合法性等视角进行深入分析。

(一)药品监督管理部门的职责分析

作为行政执法机关,药品监督管理部门是否具备出具认定意见的职责是认定意见出具的前提。从不同层级的药品监督管理部门的官方网站所公开的职

责来看，各级药品监督管理部门的主要职责大体相同，但由于权力层级的区别存在一些职责差异。

从其公开的职权来看，各级药品监督管理部门均具有药品质量监督管理的职责，可以理解为承担着假药、劣药认定的职责，但并没有规定对涉案药品的危险性进行认定和评估的职责。而药品监督管理部门虽然承担民族药的监督管理职责，但是否具有对中医药的民间传统配方的认定职责值得商榷。从司法解释的具体规定来看，对民间传统配方的认定既没把话完全说死，也给部门间推诿留下操作空间。

(二) 药品监督管理部门出具认定意见的能力分析

一是地市级市场监督管理部门出具认定意见的专业性质疑。

目前药品监督管理体制下地市级药品监督管理部门设在市场监督管理部门内部，主要负责药品零售和使用环节的监督检查，而涉案药品的认定意见多以市场监督管理部门的名义出具，有的地方甚至是以市场稽查执法部门的名义出具。这些认定意见的专业性、科学性、权威性难免受到质疑。

二是药品监督管理部门出具认定意见的难度较大。

此三类认定意见中，无需检验而"能够根据现场查获的原料、包装，结合犯罪嫌疑人、被告人供述等证据材料作出判断的"直接出具认定意见的争议应该不大。但药品监督管理部门对另两种情形是否具备专业认定能力就勉为其难了。涉案药品是否具有"足以严重危害人体健康"的危险可能存疑时，要求药品监督管理部门出具认定意见。所列九项在此不去分析是否真的具备"足以严重危害人体健康"的事实危险，司法实践中如何适用这九项规定也是严峻的挑战。除了第2项可以结合在案证据直接认定外，其他情形均较难以确定，如第1项具体怎么"综合生产、销售的时间、数量、禁止使用原因等情节"认定；第3项"适应症、功能主治或者成分不明"怎么认定；第4项是否只要检出化学药成分即可以认定；第五项境外是否合法上市的查证；第6项则需要证明实验用药品为虚假实验用药品；或证明有瞒报；第7、8项需要证明药品安全性、有效性和质量可控性受到影响；第九项的兜底条款的扩大解释更难以确定。

笔者认为要求"地市级以上药品监督管理部门或者有关部门"对民间传统配方作出认定意见显然不是出具"认定意见"那么简单，需要药品监督管理部门和卫生健康部门对该配方的"传统"属性进行考察,还要对该药方是否有疗效,有没有毒副作用,以及毒副作用的大小做出评估。在地市级缺乏专门的药品监督管理部门和中医药管理部门的情况下,显然无法承担此重任;而省级药品监督管理部门和中医药管理部门是否有意愿去考察、评估和认定则见仁见智。

(三)司法解释授权的合法性分析

药品监督管理部门作为政府的职能部门之一,属于行政机关,作为司法机关的最高人民法院、最高人民检察院是否可以要求行政机关提供认定意见?如果有法律明确规定,那么行政机关则必须配合司法机关做出认定,如果没有法律依据,二者则是协作关系,可以出具也可以不出具。《药品管理法》第113条第2款规定,"公安机关、人民检察院、人民法院商请药品监督管理部门、生态环境主管部门等部门提供检验结论、认定意见以及对涉案药品进行无害化处理等协助的,有关部门应当及时提供,予以协助"。从文义解释来看司法机关要求药品监督管理部门协助出具认定意见是有行政法依据的。但从《药品管理法》立法本意分析应该是指对假药、劣药的认定,只怕不包括药品危险性和民间传统配方的认定。结合《药品司法解释(2014)》《食品药品行政执法与刑事司法衔接工作办法》等规定,也多是针对假药、劣药难以确定的,由地市级以上药品监督管理部门出具认定意见,并没有要求其承担涉案药品的危险性和民间传统配方的认定责任。以此看来,要求药品监督管理部门对药品危险性和民间传统配方进行认定,在现阶段药品监督管理体制改革不彻底,地市级未建立独立、专业的药品监督管理部门之状况下,如果强行推进则有强人所难之疑,其结果显而易见将陷入僵局。

此外,从刑法罪责刑相统一的原则来看,如果各地药品监督管理部门对同一类问题出具差异较大甚至完全不同的认定意见,司法机关予以采纳是否违背罪责刑相统一的原则不得而知。

综上,从司法实践经验来看,未来可能的情形是司法机关依此规定要求每个案件都要药品监督管理部门出具认定意见,没有认定意见不受理案件或不起诉、不审理,这对药品监督管理部门在职责、能力和合法性方面都存疑的情形下无疑是巨大的挑战。更有可能的是不同区域的药品监督管理部门对同一个问题出具差异很大的认定意见,导致同类案件不同定性,这在食品类案件中已经屡见不鲜。

四、药品认定意见出具的路径选择

上述三种情形的认定均涉及案件定性的核心问题,终极破解在于国家尽快构建涉案药品司法鉴定体系和中医药传统配方的研究和确认机制。现阶段由药品监督管理部门出具认定意见只不过是司法鉴定体系和民间传统配方确认机制缺位的情形下的权宜之举。

(一)终极破解——药品司法鉴定体制和中医药传统配方确认机制构筑

1. 药品司法鉴定登记管理制度的构建

行政执法机关出具认定意见的尴尬将伴随着本司法解释的实施,在药品监管渎职罪的压力背景下所作出的认定意见的专业性、科学性也必然会受到质疑,在可预见的视阈内或会引发药品监督管理部门被动式不合作或消极应对。司法实践中,在涉案物品检验报告的基础上出具专业性的判断意见属于司法鉴定的范畴。专业的事情应该由专业的人员来做,本问题争议的最终化解必然需要将药品正式纳入司法鉴定登记管理的范畴,由中立的第三方司法鉴定机构对涉案药品进行专业的鉴定并出具鉴定意见。但"路漫漫其修远兮",鉴于药品的专业性、复杂性和危害的难测性,现有司法鉴定机构难以承担其责任,短期内很难看到药品纳入司法鉴定登记管理的范畴。难度大不代表可以止步不前,不仅药品,其他涉案物品诸如食品等也存在类似问题,这就需要司法机关与药品监督管理部门联合进行专项攻关,对涉案药品司法鉴定登记管理制度进行专项深入研究,找准涉案药品司法鉴定登记管理制度构建的难点和瓶颈,通过科学创新予以破解,而不是停滞于要求药品监督管理部门承担认定意见出具责任的层面。

2. 中医药民间传统配方发掘、保护、确认机制的构筑

多年来,在西医药的强势之下,我国传统的中医药文化的弘扬较为尴尬,甚至在民间备受质疑,中医药民间传统配方一度备受打击。伴随着《中医药法》的颁行和《中共中央国务院关于促进中医药传承创新发展的意见》的出台,让我们看到了中医药文化复兴的春天即将到来。但"国家建立和完善符合中医药特点的科学技术创新体系、评价体系和管理体制,推动中医药科学技术进步与创新"

等原则性规定缺乏具体实施细则等配套法规规章的推动;虽规定古代经典名方"具体目录由国务院中医药主管部门会同药品监督管理部门制定"以及"开展法律、行政法规规定的与中医药有关的评审、评估、鉴定活动,应当成立中医药评审、评估、鉴定的专门组织,或者有中医药专家参加",但各地对民间传统配方的发掘、保护、确认缺乏足够的重视,对民间老中医在长期诊疗实践中创新的配方更缺乏足够的支持,现有的规定门槛过高,对各自为战的民间老中医来说可望而不可即。

2022年3月3日国务院印发《"十四五"中医药发展规划》强调"加强开展基于古代经典名方、名老中医经验方、有效成分或组分等的中药新药研发",为此应尽快推动至少在省级中医药管理部门内成立中医药民间传统配方保护部门,从专业人员、技术、经费、组织保证等方面予以大力支持,以主动调研、发掘、研究、保护、认证我国民间传统配方,并明确民间传统配方的保护、认定职责,在服务于我国中医药文化传承与发展的同时也为药品执法、司法提供专业、科学的认定工作。

(二)现实应对——构建涉案药品认定意见出具机制

终极之举虽然理想但不可能一蹴而就,而危害药品安全案件的办理却迫在眉睫,《药品司法解释(2022)》确定的规则虽然难度较高,但毕竟是解决问题的渠道。而认定意见的出具事关重大,直接关涉当事人的罪与非罪,对当事人本人及其家庭乃至我国中医药的发展都会产生直接的不可估量的影响,必须慎之又慎,不可草率行之。为此,现阶段在《药品司法解释(2022)》指导下,司法机关和药品监督管理部门应该尽快构筑专业、科学、规范的涉案药品认定意见出具机制。

1. 明确认定意见出具的责任部门

在地市级专业、独立的药品监督管理部门缺位的情形下,由市场监管部门出具认定意见的专业性和认可度值得商榷;由地市级卫生健康部门出具民间传统配方认定的权威性目前来看也不够。为此建议提升认定意见出具的行政级别,一律由省级药品监督管理部门或中医药管理部门出具,做到统一出口,提高认定意见出具的权威性和专业性,防止认定意见出具的地区差别和任意认定。

2. 建立专门的认定委员会

各地无序的认定意见出具必然会导致自由裁量主义之下的"葫芦僧判葫芦案",因此建立专业的认定委员会可以作为解决该问题的有效举措。认定委员会应由省级以上药品监督管理部门联合卫生健康等部门遴选的不同专业的专家组成,并制定委员会活动规则和认定意见出具规范,按照不同认定意见出具的需求,根据专业随机抽选专家对涉案药品进行论证后以认定委员会的名义出具。

3. 建立认定意见复议复核制度

司法实践中尤其是当事人对涉案药品认定意见不予认可时,因缺乏相应的救济制度而无能为力,因此救济制度应该成为认定意见出具机制的重要组成部分。当事人或司法机关对认定意见存有异议时,有提请复议的权利,由国家药品监督管理部门或国家中医药管理局设立的认定委员会组织专家进行复议。而省级认定委员会认定的意见也应报国家级认定委员会进行复核后备案,并在官方网站内公布,以后各地遇到类似情形可以直接引用该认定意见;其他省级认定委员会对同一问题有不同意见的,应提交国家级认定委员会组织专家重新确定认定意见。

4. 加强涉药典型案例的司法引领

虽然涉案药品种类繁多问题也不一而足,但案件的典型性和代表性比较明显,因此各地不同地区所办涉药案件都有一定的共性。为此最高人民法院、最高人民检察院应该加强涉药案件典型案例共建工作,共同遴选每一类涉药案件的认定意见进行权威司法认定,指引全国司法机关在案件侦办和审理过程中对涉药案件认定意见的审查和运用。

5. 推动认定意见信息共享平台建设

执法、司法机关之间和区域间的信息壁垒使得药品安全信息的共享困难,也带来了案件定性的地区差别。而信息数据技术的发展为信息共享提供了强大的技术支持,各地信息系统平台建设已经较为成熟。为此国家药品监督管理部门应推动建立全国统一的药品认定信息共享平台,分门别类将与出具药品认定意见有关的信息上传平台实现全国共享,并向司法机关办案人员进行授权,办案人员在平台搜索同类问题后可以直接引用该认定意见。

"刑以辅政,弗获已而用之也。不当锐意以快其心。然有便宜从事,用其刑者,必须事出权变,以去巨蠹,安齐民为,非可常用"。刑罚关涉当事人的命运甚至社会的稳定,不可谓不慎重。涉案药品的定性事关重大,显然不属于"便宜从事"的领域,更不可轻易"权变",因此"非可常用"更需要"既明且慎"。当然,此路径下的认定意见出具在机制构建之初必然面对大量案件需要认定而省级职能部门短时期内应接不暇的局面,司法机关则面对办案期限与认定意见出具难的选择。但是相对于刑罚加身对当事人、对社会带来的影响,应是可以承受之重。一旦该机制运行顺畅后,必然会统一案件办理标准,推动案件顺畅的办理,并为涉案药品纳入司法鉴定登记管理奠定坚实的基础。

危险废物型污染环境罪
刑事判决样态分析及问题出路

卿亚宁　孙文苑[*]

摘要：环境保护一直是历久弥新的议题，优良的环境是新时代新征程上实现经济社会高质量发展、推进美丽中国建设的题中应有之义。危险废物型污染环境罪危害巨大。梳理2013年至2022年污染环境罪刑事判决发现，在刑事司法与刑事政策的严格高压下，犯罪态势得到了基本遏制。但判决显示尚存在省份之间不平衡、单位与个人刑事责任不一致等问题。笔者试图运用实证分析等方法揭示该类犯罪司法裁判现状，并在此基础上探究犯罪成因，提出解决之策。

关键词：危险废物；污染环境；刑事判决

环境问题从20世纪以来就已经成为全人类最关心的话题，经济快速发展，世界各国工厂数量在近十年呈井喷式增长。随之而来的则是被工业废水、废气、废物污染的土地、河流。为了有效遏制环境污染，以习近平同志为核心的党中央高度重视环境保护工作，提出了一系列加强环境保护工作的新理念、新思想和新战略。党的十九大所提出的习近平生态文明思想具有一套相对完善的生态文明思想体系，形成了绿色发展的四大核心理念，成为新时代马克思主义中国化的思想武器。然而，环境保护问题与社会、经济、文化、

---

[*] 卿亚宁，四川内江人，西南科技大学法学院2020级刑法学硕士研究生；孙文苑，山西财经大学法学院2020级法律（非法学）硕士研究生。

法律制度等多种因素是密切相关的,只有深入贯彻实施习近平生态文明思想,明确决不能以牺牲生态环境为代价换取经济的一时发展,对于盲目牺牲环境来换取经济利益者应由相关法律制度施以惩罚,社会公众协同助力,才能实现污染环境犯罪的有效规制。在各类环境污染犯罪中,危险废物型污染环境罪的危害性更甚,无论是学界还是司法实践,针对危险物质型污染环境罪均存在诸多争议。

一、检视现状:危险废物型污染环境罪判决样态

笔者在"聚法"案例数据库中,以裁判文书中"本院认为"部分的"危险废物"、"污染环境"作为关键词,检索到相关刑事裁判文书。该案件数量逐年分布情况如图1所示,可以看到与危险废物相关的污染环境案件数量自2013年开始逐年增加,至2020年开始案件数量开始下降。前期案件数量的快速增加与我国司法部门对污染环境类案件的逐渐重视不无关系,如最高人民法院、最高人民检察院于2013年及2016年两次发布了《关于办理环境污染刑事案件适用法律若干问题的解释》。2020年之后案件数量下降的主要原因可能是新冠疫情出现带来的全国经济发展放缓的影响。

图1 危险废物型污染环境犯罪刑事案件逐年分布图

从案件的省份分布来看,该类案件出现的省份具有一定的聚集性,集中在河北、江苏、山东、广东、河南等省份。与各省工业型企业营业收入作对比,可以

发现,工业较为发达的省份,产生的危废物质也较多,该类案件的发生数量也比较多。另外一些省份,如山西省、辽宁省、河北省,煤炭经济占总体经济发展很大比重,围绕煤炭上下游的化工、冶金、钢铁等重污染产业也相对较为发达,因此这些省份的危险废物型污染环境犯罪案件较其它省份数量也较多。

表1　2021年危险废物型污染环境案件数量排名前十的省份

地域	河北省	山东省	江苏省	广东省	浙江省	河南省	辽宁省	江西省	安徽省	山西省
案件数量	687件	560件	494件	355件	276件	220件	205件	183件	161件	96件

考虑到二审案件中,一般而言,公诉方及被告方对事实认定及法律认定争议较大,可以更好地体现司法实践中案件的矛盾和争议焦点,这也应当是我们研究的重点。因此笔者将案件范围进一步缩小至二审案件,将案件裁判时间限定为2020年及2021年,得到236份裁判文书,其中2020年162份,2021年74份。

经统计,236份裁判文书中,驳回上诉、维持原判的有189份,占全部案件总数的80%;撤回上诉的有5起案件。有42起案件在二审期间被改判,改判的原因分布如表2所示,可以看到因事实认定、法律认定发生错误进而改判的只占到了很小的比例,大多数案件是因为被告人在二审期间缴纳了罚金、生态修复费用等进而从轻判决,或减少刑期或判处缓刑。其中原因在于,上诉人及亲属积极缴纳罚金、保证金、鉴定费用并愿意修复被污染的环境,可见上诉人已经充分认识到了其犯罪行为给生态环境造成的危害,具有悔罪表现及具体行为,人身危险性较小;同时也减轻了其犯罪行为对环境造成的损害,实现了更好的生态效果,因此符合条件的,可以从轻判决或者判处缓刑。

表2　危险废物型污染环境犯罪二审改判原因分类统计

二审改判原因分类	二审改判原因	案件数量(件)
二审期间出现新的影响量刑的事实	二审期间缴纳罚金、生态修复费用;主动修复环境	19
	二审期间有立功情节	3
	二审期间认罪认罚	2

续表

二审改判原因分类	二审改判原因	案件数量(件)
事实认定错误	共犯身份认定错误(是否从犯)	3
	危险废物数量认定错误	2
	犯罪形态认定错误(是否未遂)	1
	立功不成立	1
定罪量刑错误	定罪错误	1
	罚金数额计算错误	1
	违法所得金额计算错误	1
	量刑不当	2
	没有宣告禁止令	1
其他	民事部分改判	2
	刑期计算起止时间不当	1
	折抵刑期计算错误	1

分析所统计的236份裁判文书中被告人、辩护人所提出的上诉理由以及公诉机关的抗诉理由,可以发现案件争议较大的部分集中在非法处置行为与犯罪未遂之区别、单位犯罪的定罪量刑标准以及违法所得和污染物数量计算这三大问题上。

二、原因分析:危险废物型污染环境罪问题之探微

(一)污染环境罪未遂问题

自《刑法修正案(八)》将重大环境污染事故罪修改为污染环境罪并延用至今,学界对于污染环境罪中的法益、单位犯罪、数额计算等问题一直存有争议。2019年最高人民法院、最高人民检察院、公安部、司法部、生态环境部联合发布《关于办理环境污染刑事案件有关问题座谈会纪要》,明确了污染环境罪存在未遂情形,即行为人已经着手实施非法排放、倾倒、处置有毒有害污染物的行为,由于有关部门查处或者其他意志以外的原因未得逞,可以污染环境罪(未遂)追究刑事责任。通过整理,不难发现,司法实践中有关污染环境罪既遂未遂的争议集中在以下几点:

1. 未遂之非法处置行为

非法排放、非法处置、非法倾倒行为均属于污染环境罪的客观行为之一，其中，非法处置行为在司法实践中的认定常存在争议。例如，陈某某污染环境罪一案中，陈某某租用他人的炼油厂房以及裂解釜等相关设备，以购买的废旧轮胎以及废油作为原材料，雇佣工人利用上述设备炼制"烧火油"，并将生产过程中产生的大量废水、废渣以及废气，未经任何处理分别排放到渗坑以及大气中，非法储存、处置的废油、废渣共计118.02吨。陈某某辩护人提出陈某某已购置但未用于提炼的175桶废油的行为构成犯罪未遂；司法机关认为现场堆放的废油具有毒性已属于危险废物，其行为已经造成污染环境罪既遂，不能将未使用的废油与炼油行为割裂开来。由本案可知，处置行为与排放、倾倒行为应是并列而非包含关系，行为人将危险废物暴露于生态环境之中，足以对生态环境造成侵害，不能因为非法处置行为相较于非法倾倒、非法排放危险废物是更为缓和的行为，就认为行为人是犯罪未遂。

非法处置行为包含两种类型，第一种即行为人通过储存、堆放、收纳等行为将危险废物"搁置"，而并未对危险废物进行二次加工。例如岳某子、洛南县保丰高铅矿业有限公司污染环境罪一案。[①] 被告人岳某子在明知保丰公司未取得危险废物经营许可证情况下，以该公司名义从陕西锌业公司购买浸出渣11667.088吨，堆放于其公司选厂大门外河滩耕地里，经洛南县环境保护局责令改正后，被告人岳某子将洛河河滩耕地里剩余的1000多吨浸出渣运至该厂硫化池内，后从别处拉来泥土将浸出渣的耕地覆盖。被告在上诉中辩称其行为是非法利用行为，不是处置污染物的行为。二审法院认为上诉人保丰公司、岳某子无危险废物经营许可证从危险废物中提取有关金属经营牟利，虽属于非法利用行为，不是《固体废物污染环境防治法》规定的处置行为，但依据司法解释的规定，该利用行为应当视为处置行为。可见，根据《最高人民法院、最高人民检察院关于办理环境污染刑事案件适用法律若干问题的解释》第16条规定："无危险废物经营许可证，以营利为目的，从危险废物中提取物质作为原材料或者燃料，并具有超标排放污染物、非法倾倒污染物或者其他违法造成环境污染的情形的行为，应当认定为'非法处置危险废物'。"在无证利用危险废物并造成环

---

① 参见陕西省商洛市中级人民法院(2019)陕10刑终56号刑事判决书。

境污染的情况下,这种"利用危险废物"应当视为"非法处置危险废物"。第二种行为即对危险废物的二次加工,例如提炼、提纯等方法。非法处置行为同样包含作为与不作为两种形式。作为的非法处置行为如将危险废物拆解、焚烧、加工;不作为的非法处置行为如贮存、堆放、泄露等,此种情形下行为人对有毒有害污染物不加管制地贮存或者任意堆放,使污染物流于外部生态环境进而严重污染环境。在司法实践中,区分既遂未遂需牢牢把握非法的定义与处置行为的界定。"非法"即行为人并未取得相关处理资质,处置行为则需要结合案情探究处置的对象是否属于危险废物,以及处置行为是否使危险废物与外部生态环境直接接触,造成严重污染环境的结果。

2. 未遂之未得逞

犯罪未得逞的意思是行为人的行为并未满足全部犯罪构成要件,即行为人主观上未实现犯罪的预期目的,客观上未实现所追求的危害结果。笔者通过相关法律文书了解到,污染环境罪的未得逞一般为下列表现形式:行为人欲实施污染环境的非法处置行为,但由于被揭发或被有关部门查处,无法对已获得原料进行非法处置。如邢某武、山东路泰新材料科技有限公司等污染环境罪一案。邢某武系单位副总经理,为了处置单位的残留废油的包装物,在明知周某没有危险废物经营许可证的情况下,委托其处置包装物。周某在明知刘某无危险废物经营许可证的情况下将包装物卖予刘某,刘某因被公安机关发现,上述残留废油的包装物未被处置。法院认为,三被告系共同犯罪,刘某已着手实施非法处置危险废物的行为,未处置的60.8吨危险废物系因有关部门查处而未得逞,属犯罪未遂,可以比照既遂犯从轻或者减轻处罚;因系共同犯罪,被告人邢某武、周某亦应以污染环境罪未遂处罚。[①]

(二)单位犯罪问题

目前学界对污染环境罪的研究主要集中在自然人犯罪问题上,对公司等单位实施的污染环境罪研究并不多。从污染环境罪的司法实践来看,由于实践中的利益权衡及地方保护主义,触犯污染环境罪的单位往往被模糊处理。同时,不同于自然人主体,单位内部分工严明、规章制度完善,极大可能存在犯罪黑

---

① 参见辽宁省锦州市中级人民法院(2021)辽07刑终212号刑事判决书。

数。正因如此,单位犯罪行为所导致的危害后果也会更加严重。为了预防犯罪及惩罚犯罪,贯彻习近平生态文明思想,为我国环保事业添砖砌瓦,单位的犯罪行为不容忽视,追究单位主体的刑事责任非常之必要。司法实践中单位犯罪存在如下问题:

1. 较自然人处罚较轻

对于污染环境罪的单位犯罪,其刑罚通常是对单位施以罚金,对单位主管人员及直接负责人员则处以监禁刑。自然人污染环境的危害性大多小于单位污染环境罪,但在司法实践中,污染环境罪的单位犯罪中单位直接负责人员刑期通常在几个月至三年不等,且适用缓刑。在污染环境的行为造成的社会危害性相差无几的情况下,仅仅因为实施犯罪行为的主体不同,就对不同主体采取不同力度的刑罚处罚,容易滋生不公平现象。如徐某等 3 人污染环境案。[①] 该案中,被告三人在不具备相关处理资质且无有关部门授权的情形下将腐蚀性化工废水运至骆马湖岸边水塘或低洼处倾倒,总计约 96 吨,此次污染的土壤处置价格共计人民币 430 余万元。被告三人分别被判处有期徒刑二年、三年、三年零六个月,并处罚金。而在江西正鹏环保科技有限公司等环境污染一案中,[②] 被告公司主要负责人将从多处收购来的污泥直接倾倒至市区多处地块,经鉴定,上述被倾倒的污泥共计 1.48 万吨,造成土壤、水及空气污染,所需修复费用 1446.29 万元。被告公司主要负责人判处有期徒刑二年二个月至有期徒刑十个月不等。后案的经济损失较前案超出三倍以上,但相关负责人判处的刑期却较前案更短。单位犯罪和自然人犯罪在处罚标准上存在明显差异性,在定罪量刑标准上存在这种不确定性必然导致司法不公。

2. 追诉难问题

污染环境的危害有目共睹,污染环境罪中造成最大社会危害性的往往是公司、企业等单位的排污行为。污染环境罪的单位犯罪比一般自然人危害性更大、危害范围更广。但在司法实践中,我国对污染环境罪的判决以自然人主体居多,公司等法人犯罪较少。截至本稿前笔者通过聚法网以"单位污染环境罪"为关键词检索得到的裁判文书仅 39 件,以"污染环境罪"为关键词则检索到约

---

① 参见江苏省新沂市人民法院(2013)新环刑初 0002 号刑事判决书。
② 参见江西省九江市中级人民法院(2019)赣 04 民初 201 号民事判决书。

1.82万件裁判文书,两者数量相差之大令人咋舌。

单位犯罪追诉难的原因主要在于:第一,司法实践中,刑罚设置过于单一,难以实现恢复性司法。我国刑法规定,针对单位犯罪,由直接负责人员和主要管理人员承担资格刑,而单位仅需承担罚金刑。现实情况中,单位污染环境造成的危害性极大,对土壤、空气、河流等污染甚至可能是持续性的,造成经济性损失金额往往也不菲。鉴于不同单位之间存在经济效益差距,仅判处罚金刑似乎难以实现刑罚的目的。第二,地方保护主义盛行。运行良好且规模较大的公司、企业等单位能为当地经济带来不容小觑的增量,这就导致部分当地政府机构为保障当地经济稳步发展,对该类企业"睁一只眼闭一只眼"。然而,一味地纵容带来的可能是更严重的经济受损。

(三)数额计量问题

最高人民法院、最高人民检察院于2013年联合颁发《关于办理环境污染刑事案件适用法律若干问题的解释》第1条第9款规定:"违法所得或者致使公私财产损失三十万元以上的,应认定为严重污染环境。"司法实践中,行为人触犯污染环境罪有多种类别:第一种,通过对危险废物的销售处理谋利。如台州市翔进医疗废物处置有限公司、陈祥正、曾恩富污染环境罪一审刑事案中,[①]两名被告承包了台州市翔进医疗废物处置有限公司的医疗废物塑料粉碎业务,未按相关规定将医院收集的医疗废物进行高温焚烧处置,擅自对医疗废物进行分拣并进行粉碎,将塑料粉碎料销售获利,共计171余万元。第二种,也是最常见的类型,是指行为人一般怀揣侥幸心理,为省时省力省钱将危险废物污染物非法排放、处置、暴露于生态环境之中。该种类型的犯罪行为一般不包含获取违法收入,而是通过污染环境行为间接获取犯罪利益。然而,实务中对于行为人应当判处多少罚金刑、违法所得如何计量以及未遂与既遂的数额界分问题均存在模糊处理的情况。

1. 违法所得数额计量问题

《关于办理环境污染刑事案件适用法律若干问题的解释》第17条规定"违法所得",是指行为所得和可得的全部违法收入。该解释意味着应以行为人的

[①] 参见浙江省温岭市人民法院(2018)浙1081刑初641号刑事判决书。

所有收入计算,而不需减去营业成本等。该司法解释与2010年《环境行政处罚办法》第77条第1款"当事人违法所获得的全部收入扣除当事人直接用于经营活动的合理支出,为违法所得"的规定形成冲突。① 规范冲突必然带来司法判决的差异,之所以出现差异,正因为司法解释所采用的是总额制,行政处罚规定采用的是净额制。笔者通过查阅裁判文书网,以"污染环境违法所得"为关键词共检索到四篇裁判文书。其中,刘某宏污染环境罪一案、②赖某兵、黄某平污染环境一案,③均采用总额制计算违法所得,其余两个案件并未明确说明计算方法。

2. 公私财产损失界定问题

在一般的污染环境罪罚金刑裁量过程中,多依赖法官的自由裁量。

客观而言,罚金刑在污染环境罪中的适用亟需调整、革新。④ 最高人民法院、最高人民检察院《关于办理环境污染刑事案件适用法律若干问题的解释》中规定,"公私财产损失",包括实施刑法第338条、第339条规定的行为直接造成财产损毁、减少的实际价值,为防止污染扩大、消除污染而采取必要合理措施所产生的费用,以及处置突发环境事件的应急监测费用。其中,针对污染扩大、消除污染的费用学界有较多争议。如牛坤玉等学者认为消除污染的费用应当是实际产生的费用,不宜是虚拟评估的费用。喻海松则认为宜理解为为防止污染扩大所采取必要合理措施所产生的费用以外的其他应急处置费用。笔者认为,行为人触犯污染环境罪理应对其行为产生的危害结果负有止损、还原的义务,包含为防止污染扩大而当下采取的措施的费用是合理的。众所周知,污染环境的影响深远。实务中存在评估较长时间以后处理污染的情况,随着时间推移物价也不可同日而语,这种评估是不合理且损害被告人利益的。因此,笔者建议公司财产的认定可包括实施合理措施及当下应急措施所需的费用,对于长远的

---

① 刘峰江,徐丽姗.关于污染环境"违法所得"的数额计算问题[J].乐山师范学院学报,2019(3).

② 参见江苏省徐州市铁路运输法院(2020)苏8601刑初17号刑事判决书。其中,被告以300元每吨的价格处理3692.78吨,违法所得共计人民币1107834元。

③ 参见广东省汕头市潮南区人民法院(2018)粤0514刑初322号刑事判决书。其中,被告人赖某兵租用连某武位于汕头市潮南区司马浦镇塭美村的楼房三楼作为印花工场。同年7月,被告人赖某兵先后雇佣被告人黄某平、黄某冲到该工场从事印版工作。工场日常生产中产生的废水未经有效处理直接排入市政管道。2017年2月至同年8月非法牟利共计人民币1,462,629元,其中,7月至8月非法牟利408,824元。

④ 储槐植,何群.论我国数量刑法学的构建[J].中国法学,2019(3).

环境恢复所需费用不应考虑。

三、路径探析：危险废物型污染环境罪应对措施

（一）厘清：未遂问题

笔者发现，《关于办理环境污染刑事案件适用法律若干问题的解释》中明确列出应当认定为严重污染环境的十七条具体情形，其中例如第 2 条非法排放、倾倒、处置危险废物三吨以上的、第 9 条违法所得或者致使公私财产损失三十万元以上的，有具体数值的条文。前文已经说明未遂、既遂的界分原则。实务中必然出现某一行为人既遂数额未达到严重污染环境的数值，但既遂与未遂数额之和却达到了或者远远超过该数值。换言之，行为人 A 未遂数额 50 吨，既遂数额 2.9 吨；行为人 B 仅既遂数额 3 吨，在此等条件下似乎很难得出行为人 B 的社会危害性大于行为人 A 的结论。尽管笔者通过检索中国裁判文书网并未发现污染环境罪类似案例，但通过类案检索搜索到到王某明合同诈骗一案与刘某生、周某夫污染环境一案，①进而探析既遂与未遂并存问题在污染环境罪中应该如何处理。

首先，该案被告购进废旧电瓶壳 105.557 吨，实际处置危险废物 98.8657 吨，因被查处未来得及处置及转移别处的废物共 6.69 吨，6.69 吨属意志以外未得逞，为犯罪未遂。根据《解释》第 3 条第 2 项规定，非法排放、倾倒、处置危险废物一百吨以上的应认定为"后果特别严重"。本案较特殊的点在于是否将未遂数额计入。如果未遂数额计入则三被告达到了"后果特别严重"的量刑幅度；如果不计入则不满 100 吨，不属于"后果特别严重"的情形。

笔者认为，在并无明确司法解释言明污染环境罪中既遂与未遂并存应该如何处理的情形下，可适当参考其他罪名关于既遂未遂并存时如何处理的司法解释。例如最高人民法院、最高人民检察院《关于办理诈骗刑事案件具体应用法律若干问题解释》指明："诈骗既有既遂，又有未遂，分别达到不同量刑幅度的，依照较重的规定处罚；达到同一量刑幅度，以既遂处罚。"2010 年《最高人民法院、最高人民检察院关于办理非法生产、销售烟草专卖品等刑事案件具体应用

---

① 参见江西省新余市渝水区人民法院（2019）赣 0502 刑初 339 号刑事判决书。

法律若干问题的解释》规定:"销售金额和未销售金额分别达到不同法定刑幅度的,在处罚较重的法定刑幅度内酌情处罚。"上述司法解释为实践中污染环境罪既有既遂又有未遂的情形的处罚提供了重要参考,可以适当借鉴并参照上述规则处理。

具体而言,既遂未遂并存型污染环境罪中存在三种情形。第一种情形,既遂已经达到定罪数额,既遂较未遂对应的量刑幅度更重或者既遂与未遂的量刑幅度相同,则按照既遂的量刑幅度,酌情从重处罚。第二种情形,既遂未达到定罪数额,未遂数额较大,则按照未遂的量刑幅度,酌情从重处罚。第三种情形,既未遂均未达到定罪数额,但是总额达到了定罪数额的,将总额作为定罪数额,并认定有未遂情节,酌情从轻。总之,在既未遂均存在的情形下,审判人员需秉承"以法律为准绳、以事实为根据"的理念,在法律适用上综合考虑行为人的社会危害性、再犯可能性等作出符合法律原则、兼顾惩罚犯罪与保障人权的判决。

(二)纠偏:单位犯罪

1. 统一单位与自然人犯罪量刑标准

单位内部人员犯罪与单位犯罪存在相互独立又相互依存的关系。如果立法上不将单位犯罪与自然人犯罪的量刑标准统一,那必然会存在部分自然人犯罪为"钻空子"使用一切手段将自己的犯罪行为与出于单位意志的行为混淆,伪装成单位犯罪。该种情形无形中会导致司法不公与浪费司法资源的后果。同时,单位犯罪中,直接管理人员及其他负责人员,均为单位的中心枢纽,不难发生披着单位利益的外衣行个人利益之事。因此,办理单位污染环境罪案件应当牢牢把握并区分单位意志与直接负责人员及主管人员的意志,贯彻宽严相济刑事政策,既要防止不当缩小追究刑事责任的人员范围,又要防止打击面过大。

2. 破除地方保护主义

经济的长久持续性发展必然依靠和谐优良的环境。在我国现行的行政体制框架中,每一层级的环保职能部门都归同级地方政府领导,一些地方难免出于税收考虑对当地缴税大户的污染环境问题"视而不见"。环保是高质量发展的重要目标,也是推动经济高质量发展的重要手段。[①] 地方政府必须形成合力,

---

① 吴舜泽,林昀,王勇. 生态环保视角下的2018年政府工作报告解读[J]. 环境保护,2018(6).

防止局部利益法律化、地方保护主义法律化。环保问题不能自查自纠,而有待多方的共同努力。第一,需加强中央有关部门垂直管理,上一级环保管理部门对下级环保管理部门工作定期检查。第二,行政机关应联合检察机关、公安部门及时发现、查处污染环境的个人或单位,并及时在政府相关网站进行通报,对于依法不予追究等情形,检察机关应及时给予检察意见。第三,发挥舆论及媒体的作用。完善环境污染案件检举措施,设立专门的检举通道。第四,积极宣传环保知识,加强公民环保意识。运用新时代社交网站、公共平台等宣传环保知识,针对中老年群体则开展现场宣传活动,务必令"环境保护,人人有责"理念深入人心。

3. 应扩大单位污染环境犯罪责任

单位犯罪是客观存在的、危害性较大的犯罪行为。为有效规制单位污染环境罪犯罪率扩增态势,势必要提高刑罚的威慑力。第一,应效仿《刑法》第 37 条关于从业禁止的规定。针对实施严重污染环境罪的单位,应禁止其一定时间段内从事有关冶炼、火电、化工(石化)、电镀、制浆及造纸、印染、麻纺、制革、水泥制造(仅有粉磨站除外)、焦化行业企业;自备火电、城镇污水处理、城镇生活垃圾填埋(焚烧)、集中式工业污水处理、危险废物处理、医疗废物处理等行业。公司、企业等单位一般规模较大且在当地有一定的信誉及固定的客户群,放弃行业机会与福利无异于对单位施加无形的枷锁,增加刑罚的威慑力。第二,对单位污染环境罪的惩罚不应仅限于罚金刑。对于经济实力雄厚的企业甚至可能出现花钱买"污染额"的情况,这不仅对保护环境非常不利,也会减轻刑罚威慑效果。因此,秉承保护环境之要义,应效仿盗伐林木罪中责令补种树木的处罚措施,针对实施污染环境罪的单位应责令其派出人员参与一定的公益活动或自发进行环境保护的活动,直到环境恢复原状为止。简而言之,对于单位犯污染环境罪的,不应仅施以罚金刑,而应适当增加资格刑及"补救措施",让单位相关人员参与到恢复环境的过程中来,才能有效地实现社会效果和法律效果的统一。

(三)审视:违法所得计量

前文所述,《环境行政处罚办法》与《关于办理环境污染刑事案件适用法律若干问题的解释》中关于适用总额制抑或是净额制并无明确的条文规定,规范性文件之间的冲突势必会导致司法适用的差异。因裁判文书网相关数据缺乏，笔者只能结合相关理论作出结论。根据《立法法》第 88 条和第 92 条"上位法优于下位法"、"新法优于旧法"的规定，《环境行政处罚办法》为 2010 年颁布，《关于办理环境污染刑事案件适用法律若干问题的解释》则为 2016 年颁布。因此，在该司法解释的效力层级高于《环境行政处罚办法》且时间上新于后者的情况下，应当优先适用司法解释，即在污染环境罪中违法所得的定义应为全部收入，而不用另行扣除行为人犯罪所付出的成本。污染环境类犯罪威胁全人类的生存，适用总额制在一定程度上也能增加犯罪成本，遏制部分为图利益铤而走险的人群适时悬崖勒马。在实务中，司法机关应合理判定行为人违法获得的利益金额，并委托专门机关评估行为人污染环境的行为为自身减少的废物处理费用，相加而得"违法所得"。

知识产权犯罪中违法所得的认定

付继存[*]

摘要:知识产权犯罪认定的核心与难点是违法所得的计算。违法所得的认定标准存在获利说和销售收入说。从刑法规范体系、知识产权犯罪罪量要素的历史沿革、知识产权刑事保护法益等角度看,违法所得是犯罪嫌疑人因侵犯他人知识产权的特定违法行为而获得的净利益。这种净收益在本质上是不当得利,并有积极利益与消极利益两种类型。为了按照市场价值来相对客观地执行严格保护知识产权的刑事政策,办案实践应优先适用许可费用。若无法认定符合刑事证据要求的许可费用,传统环境下的违法净收入就是全部收入扣除物质载体价值的数额,网络环境下的违法净收入就是全部收入。

关键词:知识产权犯罪;违法所得;净收益增加

《刑法修正案(十一)》将知识产权犯罪的罪量要素缩减为"违法所得"与"情节"两个。这两个要素是销售假冒注册商标的商品罪、侵犯著作权罪与销售侵权复制品罪的并列要件。假冒注册商标罪,伪造、擅自制造注册商标标识或销售伪造、擅自制造的注册商标标识罪,假冒专利罪与侵犯商业秘密罪的单独情节要素也可以使用违法所得来评价。所以,违法所得是知识产权犯罪的核心

---

[*] 付继存,中国政法大学知识产权法研究所副教授,北京市犯罪学研究会商事犯罪研究专业委员会主任。

要素。然而,违法所得的实践认定有获利说与销售收入说两种。[①] 认定标准不统一,直接影响定罪量刑的公正性。

一、违法所得的内涵

知识产权犯罪的"违法所得"是犯罪嫌疑人因侵犯他人知识产权的特定违法行为而获得的净利益。第一个支持理由源于刑法规范体系。《刑法》共有10个条文采用"违法所得"表述。通常,立法者在同一部法律中使用的同一概念应当具有相同的含义。但是,第64条是在动词意义上使用,旨在强调"一切财物"与"违法"具有因果关联关系。而且,为了惩罚犯罪行为,供犯罪所用的行为人财物也因此归入没收的财物范围。相比之下,第175条、第180条、第214条、第217条、第218条、第225条、第318条、第321条与第393条则是在名词意义上用来指称所获得的东西或者资财收入,强调财产不当增加的部分。依此逻辑,《关于办理内幕交易、泄露内幕信息刑事案件具体应用法律若干问题的解释》第10条规定,《刑法》第180条的"违法所得"是指通过内幕交易行为所获利益或者避免的损失。《关于审理非法出版物刑事案件具体应用法律若干问题的解释》第17条规定,《刑法》第225条的"违法所得数额"是指获利数额,并与"经营数额"有明显区别。

第二个支持理由,采取销售收入说的依据主要是2014年《关于办理非法集资刑事案件适用法律若干问题的意见》与2020年《关于办理侵犯知识产权刑事案件具体应用法律若干问题的解释(三)》关于违法所得的规定。但是,《刑法修正案(十一)》将"销售金额"改为"违法所得数额和其他严重情节"显然不是同义反复,否则就无必要修改。同时,"向社会公众非法吸收的资金"并未包含任何合法的财产利益,即没有可以予以扣除的直接成本。在商业秘密的违法所得认定上,将"其他财产性收益"纳入违法所得范畴,旨在囊括实践中行为人将侵犯的商业秘密作价入股、作技术出资等情形。而且,如果员工侵犯商业秘密获得的的年薪、安家费等与其自身具备的技能、经验有关时,这些酬薪就不能直

[①] 陈玲.知识产权刑法保护的立法发展与教义适用——以刑法修正案(十一)的相关规定为中心的展开[M].上海法学研究(集刊),2021.(14).

接认定为违法所得。① 其中包含的法理正是违法所得不包含任何合法财产或者其任何的转化形式。因此，虽然这两种情形规定的违法所得的计算方式似有差异，但是名词意义上的"违法所得"的内涵具有内在一致性。

第三个理由源于知识产权犯罪所侵害的法益。虽然知识产权是财产权，但是《刑法》将侵犯知识产权犯罪归入破坏社会主义市场经济秩序罪之中就表明，该类犯罪的法益侵害至少应包括市场竞争秩序。事实上，商业秘密只是一种合法利益，并不符合财产权的特征，而其之所以被纳入知识产权犯罪类型，原因就在于侵犯商业秘密的行为手段违反了诚信的商业伦理，破坏了公平的市场竞争秩序。《知识产权强国建设纲要（2021—2035年）》明确提出，要"塑造尊重知识、崇尚创新、诚信守法、公平竞争的知识产权文化理念"。维护公平、诚信的市场竞争秩序，就需要对违反诚信的商业行为予以规制。刑法作为对知识产权侵权行为的二次规范，并未将所有严重侵犯知识产权的行为都纳入犯罪行为，其内在的价值逻辑也在于维护市场竞争秩序。例如，刑法制裁的冒名行为仅限于美术作品而非全部作品，主要原因就是规范艺术品的公开拍卖市场秩序。否则，难以解释排除其他冒名行为的合理性。因此，知识产权犯罪认定的基础与前提是区分公平竞争与不当竞争。不当竞争在本质上是没有对价地获得了竞争优势，增加的财产价值是其表征，因而获利才是认定知识产权犯罪的基本出发点。

第四个理由是违法所得的因果关联关系。"所得"的修饰词是违法行为，即只有违法行为产生的收益才应当纳入计算范围。在违法行为的全部收入中，可能存在部分价值是由合法财产转化过来的情形。例如，侵权复制品的纸张就可能是行为人利用合法财产购买的，就与违法行为无因果关系。这一理解的法理就是行为人不能从其不法行为中获利，但其从合法行为中获得的利益应当获得保护，且不论这种利益以何种形式呈现。

二、违法所得的类型

违法所得在本质上是不当得利，并有积极利益与消极利益两种类型。积极

---

① 林广海，许常海. 关于办理侵犯知识产权刑事案件具体应用法律若干问题的解释（三）的理解与适用[N]. 人民法院报，2020-10-29（5）.

利益或称获利，是指通过侵犯他人知识产权而增加的利益，是通过知识产权产生的收益。这部分收益是违法行为所产生的全部收入扣除其中的合法利益的净值。如果持扣除合理支出或者直接成本的观点，在区分与核定直接成本和间接成本上就会存在分歧，既缺乏合理理由，又增加了不必要的计算困难。同时，《刑法》规定的知识产权犯罪行为大致可以区分为在传统环境下的与在网络环境下的。在传统环境下，知识产品需要与物质载体相结合，因而违法所得是扣除载体价值的收益。在网络环境下，知识产品的利用与传播不需要直接的物质载体，因而违法行为产生的全部收入都可以归为违法所得。

消极利益或称避免的损失，是指使用他人享有知识产权的生产要素应当支付而未支付的许可费用。这部分消极利益自始就属于行为人的获利。这两部分利益不可并存。因为一旦支付了许可费用，积极利益的增加就是合法的，所得与违法之间的因果关系也就被切断。在实践中，侵权产品给行为人带来的积极利益千差万别，且取证难度较大，而且不符合知识产权的市场价值导向，容易使刑罚失之过宽。相对而言，消极利益正源于市场价值，既符合公安机关在办案实践中提出的侵权产品正品化计价理念，又能合法地执行遏制知识产权犯罪的刑事政策。[①] 因为正品价值扣除其中的非知识产权因素的价值之后就是知识产权的市场价值或者许可价值，也是行为人的违法所得。这种计算方法符合知识产权刑事保护的立法规范。因此，违法所得的认定优先选择许可费用，既有效率又有利于打击知识产权犯罪。

除此之外，违法所得与权利人遭受的实际损失以及法定赔偿均不同。知识产权法确定的民事赔偿标准有权利人的实际损失、侵权人的获利、许可使用费与法定赔偿四种，分别对应权利人损失的利益、侵权人的不当得利、知识产品的市场价值以及估计损失四种法益形态。这些赔偿标准与知识产权作为绝对权的保护理念相一致。即使侵害知识产权的利益难以精确计算，私法也应当予以救济，从而实现财产权保护的目标。与民法理念不同，刑法遵循谦抑原则。知识产权犯罪类型只涉及确定性较高的侵权行为，而不涉及商标仿冒行为、专利侵权行为等存在较大不确定性的行为。因而，知识产权犯罪行为应是民事侵权

[①] 郎俊义，张国栋. 试论知识产权刑事保护领域侵权产品正品化计价问题[J]. 中国应用法学，2020(4).

行为。犯罪行为的罪量要素则需要根据二次规范的立法目的及其所保护的法益进行确定。罪量要素的判断具有相对独立性。

在实践中,法定赔偿不是知识产权犯罪的罪量要素。这主要是因为法定赔偿是一种不符合刑事证据要求的估计损失。权利人遭受的损失也并非行为人的违法所得,但是符合刑事证据标准,可以在一定程度上反映危害的严重程度。侵害越大,社会影响力越大,对市场竞争秩序的破坏也就越明确,具有的可罚性也就越清晰。因而,对权利人的侵害程度可以作为犯罪情节的考量因素之一。

三、结语

知识产权犯罪的违法所得是违法行为增加的净利益。这种利益有知识产权许可费用与违法净收入两种类型。为了按照市场价值来相对客观地执行严格保护知识产权的刑事政策,办案实践中应优先适用许可费用。若无法认定符合刑事证据要求的许可费用,传统环境下的违法净收入就是全部收入扣除物质载体价值的数额,网络环境下的违法净收入就是全部收入。法定赔偿既不是违法所得,也不得作为罪量要素。权利人的实际损失不是违法所得,但可以用来评价情节严重程度。当然,在违法所得不足以构成犯罪的情形下,情节要素还可以发挥补充评价作用。

指示交付下成品油交易案件的定性分析

艾行利*

摘要:石化行业交易量大,变票和虚开获利巨大,行业内普遍存在采用"油票分离"的销售方式降低成品油成本增加利润,已经形成了完整的灰色产业链,甚至某些地域人员在全国范围内"开枝散叶"广泛从事这一产业。实践中司法机关多以虚开增值税专用发票罪追究相关企业和人员的刑事责任。虚开增值税专用发票罪入罪门槛很低,一旦认定,相关人员往往面临十年以上有期徒刑乃至无期徒刑。如韩轶教授所言,实践中普遍存在的误区是"机械化的把货票分离作为是否虚开的标准,对本罪的形式标准认定简单化,而实质标准认定泛化",进而导致该罪名适用的扩大化。保护民营企业和民营企业家不是一句口号,在经济下行的背景下,部分司法机关的逐利趋向增强,让对这一实践误区的纠偏更显得任重道远。近期笔者与团队律师共同承办了某省督办特大虚开增值税专用发票案,通过抽丝剥茧分析"油票分离"背后的交易关系,成功打掉了虚开增值税专用发票罪的指控,具有借鉴意义。

关键词:油票分离;虚开增值税专用发票;逃税

一、案例导入

自然人闫某与多家具有成品油经营资质的贸易公司协商,共同从石化公司

---

* 艾行利,中央民族大学2021级法学博士研究生,主要从事刑事辩护。

购买成品油。具体交易模式为:闫某按照当日挂牌价向贸易公司支付"油钱",贸易公司加上税点后公对公转账 Z 石化公司;Z 石化公司开具贸易公司为抬头的增值税专用发票;闫某以贸易公司名义前往 Z 石化公司提油,并将取得的增值税专用发票邮寄给贸易公司。

交易模式中,闫某以不含税的价格取得低价成品油,加价后以低于门市价的价格对外出售;贸易公司获得增值税专用发票,用来抵扣其他无票交易成本。双方各取所需,持续合作直至案发。侦查机关认定闫某团伙以"油票分离"的形式累计虚开增值税专用发票价税合计 8000 余万,累计虚开税额近千万元,造成国家税款损近千万元。

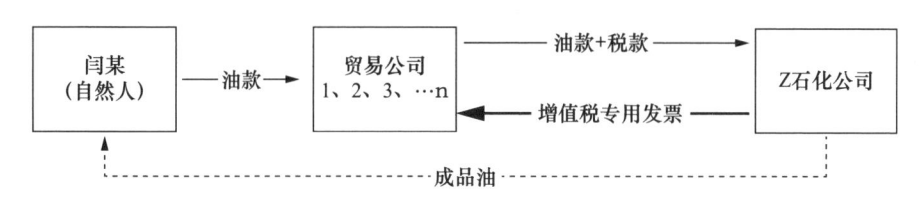

图 1 本案"油票分离"交易模式

二、不构成虚开的定性分析

从计税原理上说,增值税是对商品生产、流通、劳务服务中多个环节的新增价值或商品的附加值征收的一种流转税,实行价外税,也就是最终由消费者负担,有增值才征税没增值不征税。增值税专用发票具有增值税普通发票和其他发票不具有的税款抵扣功能。

增值税的应缴税额 = 销项税额 – 进项税额,减少销项税或增加进项税都可以达到少缴税款的目的。虚开增值税专用发票罪的受票方一般是将没有真实交易、非法取得的增值税专用发票用于进项税抵扣,主要危害行为是"申报抵扣",增加进项税额导致应纳税额减少进而导致国家税款损失。

(一)贸易公司与石化公司具有真实交易

虚开增值税专用发票的虚开行为,主要是指没有真实的交易而开具增值税专用发票。企业之间是否具有真实的交易,是判断是否虚开的重要标准,传统上一直把"三流一致"作为真实交易的认定标准。一般虚开案件的资金流、发票流在形式上往往是相符的,对货物流是否存在及真实性的审查成为重中之重。

本案中,闫某与贸易公司有成品油买卖合同关系,闫某向贸易公司提前支付了货款;贸易公司与石化公司具有成品油买卖合同关系,贸易公司向闫某等人提供了资质证明及授权文件,闫某持有贸易公司出具的资质证明文件、以贸易公司的名义向石化公司购买成品油;石化公司按照贸易公司授权文件向闫某供油并向贸易公司开具增值税专用发票。闫某收到石化公司成品油之后,石化公司向贸易公司完成交付,贸易公司向闫某完成交付,两个交易同时存在、同时完成。

这种末端买受人直接从源头出卖方提货的交易模式,在大宗商品贸易中非常普遍。《民法典》第227条将这种常见的票货分离交易方式明确规定为"指示交付"。本案中,石化公司基于贸易公司的授权将成品油交付给闫某,贸易公司通过"指示交付"方式实现了对闫某的交付,闫某基于与贸易公司的买卖关系直接从石化公司油库提货,均具有合法的依据,石化公司、贸易公司、闫某之间发生了真实的货物流转,不属于没有真实交易的虚开。

(二)闫某、贸易公司主观上不具有骗取国家税款的目的

虚开增值税专用发票罪的构成要件行为是虚开,单纯从《刑法》第205条的字面表述看,似乎只要有虚开行为就构成虚开增值税专用发票罪。实践中,随着国家对保护民营企业、民营企业家的日益重视,为了避免这一动辄10年以上有期徒刑的罪名打击面过大,最高人民法院、最高人民检察院通过发布案例的方式对该罪进行了"目的性"地限缩。将在形式上具有虚开的外观,但是主观上没有骗取国家税款的目的或者在客观上没有造成国家税款损失的危险的行为,不认定为虚开增值税专用发票罪。

根据《刑事审判参考》第110号芦某兴虚开抵扣税款发票案观点,虚开增值税专用发票罪的责任形态为故意。成立本罪要求行为人具有骗取税款的目的,此处"骗取税款的目的"进一步解释为"用于抵扣税款的目的",包括主观上想用于和客观上实际用于,但不包括虽然可以用于但行为人主观上不想用于、客观上也没有用于,也不能将行为人使用发票意图不明的视为准备用于。

《人民法院报》刊登了《如何解读虚开增值税专用发票罪的"虚开"》,最高人民法院发布保护产权和企业家合法权益典型案例(第二批),都对虚开增值

专用发票罪之实行行为进行了目的性限缩,将该罪的"虚开"范围限定为以骗取税款为目的的行为,而将不具有该特定目的的"虚开"行为排除在本罪实行行为之外。

结合本案,贸易公司之所以与闫某合作是因为将成品油卖给闫某不需要开具发票,贸易公司主要是通过少开具发票从而减少销项,其主观上最多具有"逃税故意"(应缴税款而未缴,使得国家应征税款未能实现),而不具有"骗取税款的目的"(不应抵扣而抵扣,使得国家原有税款遭受损失),因而不构成虚开。

闫某通过具有购油资质的贸易公司购入石化公司的成品油,目的是拿到无票油,低买高卖实现销售利润,其主观上也不具有利用虚开发票"骗取税款的目的",因此也不构成虚开增值税专用发票罪。

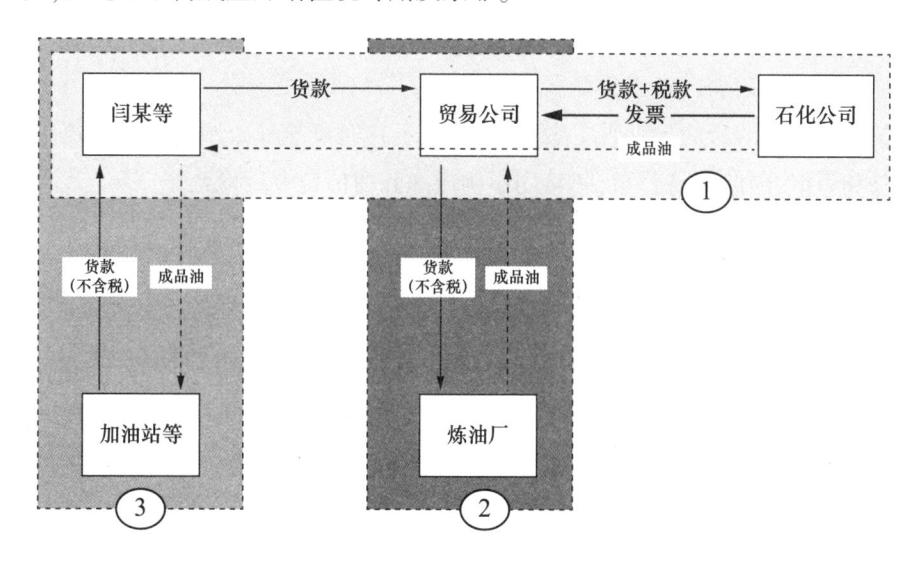

图 2　本案完整交易流程

（三）本案的交易行为不会造成国家增值税款的损失

从本案的贸易公司、闫某全部贸易流程来看,可以分为三个部分的贸易关系:①部分为闫某向贸易公司买油并支付货款,贸易公司向石化公司买油并支付货款,石化公司向贸易公司交付成品油并开具发票;②部分为闫某等人从石化公司取得贸易公司指示交付的油后,向加油站无票销售;③部分为贸易公司向炼油厂购买无票油并出售。如认定本案存在"虚开","虚开"行为只存在于

①部分,石化公司开具增值税专用发票、贸易公司进行抵扣就已完成了"虚开"的实行行为,②部分和③部分则属于贸易公司和闫某实施的其他行为。

从计税原理而言,增值税是对商品生产和流通各个环节的新增价值或商品附加值进行征税,属于流转税,道道计征,但不重复计征。虚开的主要危害行为是"申报抵扣",人为地增加或延长抵扣链条,通过增加进项税额导致应税数额减少进而导致国家税款损失。在前述成品油流转链条①部分行为中,贸易公司如实缴纳了税款并收到增值税专用发票,石化公司向贸易公司正常开具了发票,相关人员均不具有"骗取"国家税款的目的,也不会造成国家增值税款的损失。

本案的危害行为主要在②部分、③部分交易中,贸易公司向闫某销售成品油、炼油厂向贸易公司销售成品油的过程中,贸易公司、炼油厂均不开具发票,从而通过减少销项以实现少缴税款的目的,其本质是贸易公司、炼油厂另外实行的一种逃税的行为。纵观本案交易模式,不存在可能导致国家增值税流失的危险和可能,因此贸易公司、闫某均不构成虚开增值税专用发票罪。

(四)闫某与贸易公司形式上、实质上均符合国税总局认可的"挂靠"情形

按照2014年《国家税务总局关于纳税人对外开具增值税专用发票有关问题的公告》(国家税务总局公告2014年第39号),只要有实际货物的销售和经营,挂靠方以挂靠形式向受票方销售货物,被挂靠方向受票方开票的,不属于虚开。

闫某不具有成品油经营相关许可资质,借用贸易公司资质购买成品油,这种交易模式与税法认可的"挂靠"无异。本案交易模式存在多层次买卖关系,货物的所有权实际发生了流转,亦未出现票货流转方向不一致,不应认定贸易公司、闫某为虚开。

国税总局办公厅在2015年7月15日《关于答复河北省石家庄市中级人民法院有关涉税征询问题的函》中,就与本案交易模式完全一致的吴某、夏某虚开增值税专用发票一案作了明确答复,认为吴某、夏某与河北恒瑞阳光医药有限公司之间的关系,符合前述39号文的解读中第2条中第一种挂靠情形。吴某、夏某是挂靠人,恒瑞公司是被挂靠人。石家庄中院据此判决吴某、夏某不构成

虚开增值税专用发票罪。

以挂靠方式开展经营活动在社会经济生活中普遍存在,国家税务总局在前述 39 号文中明确,挂靠情形不属于对外虚开增值税专用发票。闫某和贸易公司之间的关系与吴某、夏某和恒瑞公司之间的关系完全相同,闫某和贸易公司之间系国税总局认可的挂靠关系,本案不具备虚开增值税专用发票罪的定罪基础。

三、问题实质:将一般逃税行为错误认定为虚开

虚开增值税专用发票罪存在四种表现形式,即为他人虚开、为自己虚开、让他人为自己虚开、介绍他人虚开。本案交易模式下,石化公司、贸易公司、闫某行为均不符合四种行为模式,不构成虚开增值税专用发票罪,国家税款的损失主要体现在其他交易环节存在的逃税行为。

(一)石化公司

本案开票方石化公司开具的发票与实际经营业务相符,交易内容、数量、金额完全一致,货、票、款手续清楚,开票方不构成虚开,也不存在逃税行为。

(二)受票方贸易公司存在逃税行为但不构成虚开

本案受票方贸易公司实际经营成品油业务,本案也发生于成品油购销过程中,虽然涉案的成品油没有实际进入贸易公司的仓库,但不能据此认定贸易公司让石化公司出具了与实际业务不相符的发票。贸易公司实际支付了与石化公司交易中的全部增值税款,其将取得的发票进行抵扣,国家增值税款没有任何损失。

贸易公司在将成品油销售给闫某时,未向闫某等购买方开具增值税专用发票,以应开票而不开票、隐匿真实收入、减少销项税额的方式,达到逃税的目的,符合《刑法》第 201 条第 1 款"纳税人采取欺骗、隐瞒手段进行虚假纳税申报或者不申报",从而逃避缴纳税款的规定,其本质是一种逃税的行为,而非虚开行为。

另外,根据贸易公司相关人员的供述,其取得的增值税专用发票均用于冲抵从炼油厂购买的低价无票油。在这一环节中,炼油厂作为售卖方具有开具增值税专用发票的义务,其为了逃税,而没有向贸易公司开具增值税专用发票。

贸易公司与炼油厂之间存在真实的成品油交易,贸易公司将从石化公司获得的增值税专用发票抵扣已经真实发生的进项支出。因客观上存在真实交易,虽然真实交易与发票载明的交易内容不符,但在税法上的抵扣金额是一致的,贸易公司主观目的不在于骗取抵扣税款,客观上不会导致增值税款损失,不构成"虚开"。

(三)闫某存在逃税行为但不构成虚开

闫某作为自然人,不是增值税专用发票的开票方,也不是增值税专用发票的受票方,本案侦查机关认定闫某属于介绍贸易公司到石化公司的介绍人,其属于介绍他人虚开的介绍人。

介绍他人虚开是在开票方和受票方没有实际货物交易的情况下,经介绍人通过联系、沟通等方式使得双方最终开具内容不实的发票以骗取国家抵扣税款。构成"介绍"型虚开犯罪的前提是开票方、受票方没有真实交易,开票方、受票方均构成虚开。如前所述,石化公司与贸易公司、贸易公司与闫某之间分别存在买卖关系,石化公司、贸易公司不存在"虚开"行为,闫某客观上也不可能存在介绍他人虚开增值税专用发票的行为。前述图2第②部分交易中,闫某从石化公司拿到成品油后,以低于门市价、高于无票价的价格低买高卖,将成品油卖给不要票的私营加油站、个体油罐车司机等赚取利润。在这个环节中不涉及虚开的问题,不是"不应开票而开票"的虚开,而是出售成品油时"应该开票而不开票"的逃税,应当按照逃税处理。

网络犯罪

"电信网络诈骗犯罪"的概念争议与界定

薛莉萍　吴加明[*]

摘要："电信网络诈骗犯罪"在实践中被广为使用，但各类规范性文件中称谓不统一、含义也不明确，由此导致其与传统诈骗犯罪难以区分，并导致模糊焦点、选择性办案等实践问题。为方便使用和精准识别，应统一称谓为"电信网络诈骗犯罪"。应将此类犯罪概念界定为：行为人以非法占有为目的，通过短信、电话、网络工具等手段，非接触式对不特定人虚构事实、隐瞒真相使其陷入认识错误，并最终诱使被害人交付财物的行为。广义的包括与之相关联的上下游犯罪。主要犯罪环节并非通过电信网络手段实施的、对象特定的、涉及罪名明显不属于诈骗罪的，应排除在此类犯罪之外。网络电信诈骗犯罪与套路贷是不同概念，也不属于黑恶势力犯罪。

关键词：电信诈骗；网络诈骗；套路贷；黑恶势力

"电信网络诈骗犯罪"一称由来已久，并在司法实践中被广泛使用，成为约定俗成的称谓。但纵观各类规范性文件、法律文书，以及新闻媒体的相关报道可发现，理论界和实务界对此类新型犯罪的称谓可谓五花八门、各行其是，"电信诈骗""电信网络诈骗""网络电信诈骗""短信诈骗""虚假信息诈骗""电信欺诈犯罪""网络电信新型违法犯罪"等均被用来指称此类犯罪。除了称谓的混

---

[*] 薛莉萍，上海市黄浦区人民检察院第六检察部副主任，检察官；吴加明，上海立信会计金融学院法学院讲师，法学博士。

乱,实践中对此概念的具体含义也莫衷一是,例如与普通诈骗的区别为何、是否包括诈骗罪以外的其他罪名、是否应涵盖侵犯公民个人信息罪等上下游犯罪罪名等等,这些问题均亟待明确。虽然近期,最高人民法院、最高人民检察院、公安部又颁布了《关于办理电信网络诈骗等刑事案件适用法律若干问题的意见(二)》,对电信网络诈骗的认定、惩处等问题均作了更为细化的规定,但概念不明的问题仍未在司法解释中得到解决。

称谓的混乱与概念的不明导致实践中该概念被不当扩大或限缩,并与"套路贷"、"黑恶势力"等简单等同,违背罪刑法定原则,也有违刑法的科学性和精确性。因此,有必要对此概念的形成过程进行梳理,并科学界定其内涵以确定其范围、明确其外延以区别于其他关联概念,从约定俗成到规范科学,从含糊其词到名副其实,为此类犯罪的研究奠定话语体系基础。

一、问题的提出:称谓混乱与概念不明及其导致的后果

"电信网络诈骗"及其类似称谓在各种规范性文件中被广泛使用,却称谓各异。在实践中也形成了约定俗成的语境,但细问其内涵和外延,很多人无法精准回答,处于"不问还知道,问了却不知道其含义"的尴尬境地。

(一)各类规范性文件中的不同称谓和概念界定

近年来,公安部、高检、高法等部门先后制定颁布了诸多关于电信网络诈骗的规范性文件、典型案例,笔者梳理并总结归纳如下:

表一 各类规范性文件中关于"电信网络诈骗"的不同称谓

序号	时间	名称、文号	称谓
1	2016年9月	银监会、公安部《电信网络新型违法犯罪案件冻结资金返还若干规定》银监发(2016)41号	电信网络新型违法犯罪
2	2016年3月	公安部《公安机关侦办电信诈骗案件工作机制(试行)》公传发(2016)130号	电信诈骗
3	2016年9月	最高法发布六起惩治电信诈骗犯罪典型案例	电信诈骗
4	2017年1月	两高《关于适用犯罪嫌疑人、被告人逃匿死亡案件违法所得没收程序若干问题的规定》法释(2017)1号	电信诈骗

续表

序号	时间	名称、文号	称谓
5	2016年12月	两高一部《关于办理电信网络诈骗等刑事案件适用法律若干问题的意见》法发(2016)32号	电信网络诈骗
6	2016年9月	最高法、最高检、公安部、工信部、人行、银监会等六部门《关于防范和打击电信网络诈骗犯罪的通告》	电信网络诈骗
7	2018年11月	最高检《检察机关办理电信网络诈骗案件指引》高检发侦监字(2018)12号	电信网络诈骗
8	2016年3月	最高法发布九起电信网络诈骗犯罪典型案例	电信网络诈骗
9	2019年11月	最高法发布十起电信网络诈骗犯罪典型案例	电信网络诈骗
10	2021年6月	两高一部《关于办理电信网络诈骗等刑事案件适用法律若干问题的意见》法发(2021)22号	电信网络诈骗

表二 规范性文件中关于电信网络诈骗的定义

序号	时间	名称、文号	定义	备注
1	2011年2月	两高《关于办理诈骗刑事案件具体应用法律若干问题的解释》法释(2011)7号	第五条 利用发短信、拨打电话、互联网等电信技术手段对不特定多数人实施诈骗……	未明确概念
2	2017年1月	两高《关于适用犯罪嫌疑人、被告人逃匿死亡案件违法所得没收程序若干问题的规定》法释(2017)1号	第三十条 本机制中的电信诈骗案件是指通过电话、短信、网络等方式诈骗公私财物的案件	
3	2016年12月	两高一部《关于办理电信网络诈骗等刑事案件适用法律若干问题的意见》法发(2016)32号	近年来,利用通讯工具、互联网等技术手段实施的电信网络诈骗犯罪活动持续高发……	未明确概念
4	2016年8月	银监会、公安部《电信网络新型违法犯罪案件冻结资金返还若干规定》银监发(2016)41号	第二条 本规定所称电信网络新型违法犯罪案件,是指不法分子利用电信、互联网等技术,通过发送短信、拨打电话、植入木马等手段,诱骗(盗取)被害人资金汇(存)入其控制的银行账户,实施的违法犯罪案件	

由上述表格可见，不同规范性文件中对电信网络诈骗的称谓不一，且未形成统一的概念，更未形成明确的内涵和外延。

(二)理论争议和实践分歧

称谓的各异和概念的不明，导致实践中关于此类案件的适用范围存在分歧，理论上关于此类案件的界定和特征总结也存在争议，主要有几方面：

1. 范围是否包括诈骗罪以外的其他罪名

在中国法院裁判文书网、北大法律信息网等数据库中，以"电信诈骗"、"电信网络诈骗"为关键词搜索发现，此类行为涉及罪名主要是：诈骗罪、信用卡诈骗罪、盗窃罪、招摇撞骗罪、敲诈勒索罪、妨害信用卡管理罪、侵犯公民个人信息罪、扰乱无线电通信秩序罪和掩饰、隐瞒犯罪所得罪等。可见，实践中对此类行为涉及罪名的范围并不统一。

问题在于，对于诈骗以外的罪名是否应纳入电信网络诈骗犯罪范围，如果是，如何弥合超出语义射程范围的硬伤？如果仅局限于狭义诈骗罪，如何解决范围过窄、无法涵盖上下游相关罪名的矛盾？① 这是亟待解决的问题。

2. 与传统诈骗犯罪如何区分

根据相关司法解释规定，电信网络诈骗的处罚重于普通诈骗，而且帮助信息网络犯罪活动罪等关联犯罪的成立还需要以电信网络诈骗的认定为前提，也即，是否属于电信网络诈骗还关系到下游犯罪是否成立、成立何罪的问题。换言之，是否属于电信网络诈骗不仅关系到量刑结果，还可能涉及罪与非罪、此罪与彼罪的认定。那么，如何区分传统诈骗与电信网络诈骗？是否只要与电话、短信、网络有关的诈骗犯罪就是电信网络诈骗犯罪？

上述分歧广泛存在于司法实践中，突出表现为很多案例检法两家在是否认定为网络诈骗上认识不一，导致诉判不一；还突出表现在很多案例一审与二审法院认识不一，导致二审改判的问题；甚至还存在因为认识不一出现罪与非罪争议的问题。因此，准确认定电信网络诈骗对于正确定罪量刑，实现刑法的罪责刑相适应原则至关重要。②

---

① 高尚宇. 电信网络诈骗独立成罪问题探析[J]. 财经法学,2018(1).
② 李铁,远桂宝. 网络诈骗犯罪的司法认定难题探解[J]. 犯罪研究,2020(1).

3. 模糊打击、分散焦点、选择性办案

众所周知,电信网络诈骗犯罪侦办过程中面临取证难、抓捕难、追赃难等重重困境,而各级党委、政府又十分重视,因而层层下达任务要求必须加大打击力度,这些任务传递到司法一线就是各种考核、层层指标。

上述概念不明的现状还可能导致一种畸形现象:实践中各级司法机关(尤其是公安机关)为了完成考核指标,就可能出现明知案件不属于电信网络诈骗,只要有些因素与网络沾边就仍勉强列入并上报、凑数;而对典型的电信网络诈骗犯罪,则因为侦破难度大而选择性"忽视"。[①]

换言之,为了完成考核指标等法律外因素有意识地选择性办案,这样的模糊打击、分散焦点导致真正的电信网络诈骗案件被搁置,这就恰恰违背了考核的初衷和集中打击的意图。

4. 与"套路贷"、"黑恶势力"等概念的混淆

"套路贷"与电信网络诈骗存在一定的交叉,其行为方式也往往依托网络、电话等手段,比如前期吸引客户的时候,需要通过发短信、发布网络广告、打电话等方式广而告之,与电信网络诈骗雷同。二者都是约定俗成而未能明确定义的事实概念,又是当前社会关注的焦点,出于考核扒分或其他原因,可能出现"一案两用"的情况,即同一案件既作为电信网络诈骗案、又列入套路贷案予以上报,而导致两者的混淆。

另一方面,2019 年全国扫黑除恶工作开展以来,有电信网络犯罪被认定为"黑恶势力",特别是利用网络手段的敲诈勒索、强迫交易等犯罪,[②]从而面临更为苛严的刑罚后果。当然,也有认为电信网络诈骗犯罪不构成"恶势力"的判例。[③] 换言之,实践中对此问题存在分歧。事实上,电信网络诈骗犯罪能否认定为黑恶势力,还吻要回归黑恶势力的构成要件,依据司法解释严格认定,不能简单等同。

---

① 孙少石. 电信诈骗犯罪治理及其研究[D]. 中南财经政法大学,2018:89-92。
② 参见吉林省通化市中级人民法院(2019)吉 05 刑终 5 号刑事裁定书,安徽省萧县人民法院(2019)皖 1322 刑初 132 号刑事判决书,河南省内乡县人民法院(2018)豫 1325 刑初 848 号刑事判决书,甘肃省白银市白银区人民法院(2019)甘 0402 刑初 94 号刑事判决书。
③ 参见吉林省珲春市人民法院(2019)吉 2404 刑初 6 号刑事判决书,吉林省集安市人民法院(2018)吉 0582 刑初 121 号刑事判决书。

综上所述,对"电信网络诈骗犯罪"概念进行科学、精准的界定,并明确其内涵和外延,以区别于其他概念,能为今后的理论研究统一话语基础,并为实践运用提供科学、规范的指导。

二、正本清源:称谓的统一及概念的界定

称谓的统一既要考虑长期以来形成的习惯,最大程度方便识别和使用,又要精准反映其含义,以免分歧和误用;而概念的界定,要从其本质特征出发,界定其核心内涵并合理划定其外延。

(一)应统一称为"电信网络诈骗犯罪"

笔者认为,鉴于2016年9月,最高人民法院、最高人民检察院的司法解释将此类犯罪明确称为"电信网络诈骗",这是最高司法机关唯一专门针对此类犯罪的司法解释,且该称谓已在实践中被广为使用并长期沿用,因此首先应统一并固定此称谓。

1. "电信诈骗"的称谓已落后于时代且不够全面

"电信诈骗"与"电信网络诈骗"称谓的差异就在于是否包括网络手段,显然"电信诈骗"之称谓已落后于时代。

电信诈骗于上世纪九十年代初在台湾地区发端,之后逐步发展壮大,并于2003年前后登陆大陆。① 从犯罪手段看,其经历了从"电信"为主,到"电信""网络"并行,再到"网络"为主、"电信"为辅的不同阶段。2015年之前,打电话、发短信为主要手段;2015年-2018年,电信手段与网络手段基本并行,网络慢慢超越电信成为主要手段;2019年,网络手段成为主流,微信、QQ、支付宝成为此类犯罪主要工具。② 时至今日,如果还不把网络手段明确囊括进来,那显然已经与现实严重脱节,且无法涵盖此类犯罪的客观现状。

---

① 唐丽娜,王记文. 诈骗与信任的社会机制分析——以中国台湾跨境电信诈骗现象为例[J]. 学术论坛,2016(5).

② 中国法院网.《最高法发布网络犯罪大数据报告以及电信网络诈骗犯罪典型案例》[EB/OL]. [2020-4-9]. https://www.chinacourt.org/article/detail/2019/11/id/4644045.shtml,访问日期2020年4月9日。

2. "电信网络新型违法犯罪"的称谓过于宽泛

值得注意的是,"电信网络新型违法犯罪"的称谓也屡见报端,如银监会等部门发布的规范性文件,类似的还有"国务院打击治理电信网络新型违法犯罪工作部际联席会议",而 2020 年中央政法工作会议中也有"关于打击网络电信新型违法犯罪"的提法。

笔者认为上述称谓适用的场合不同,含义过于宽泛。银监会等部门的职责范围决定了其更关注的是资金查询、冻结等方面,而不在于违法与犯罪、此罪与彼罪的区别;而中央政法工作会议是宏观的、整体上的定调和明确方向,并不从微观上区分违法与犯罪。国务院综合治理机构的定位和职责也是如此,其主要从综合治理、打击防范等角度入手。因此,上述语境中的称谓都是宽泛的,至少还包括电信网络违法、电信网络其他犯罪,并不单指电信网络诈骗犯罪,二者是包含与被包含的关系。

综上所述,电信网络诈骗犯罪并非法律上的规范概念,而是针对实践中多发的犯罪手法、犯罪现象的一种约定俗成的称谓,并可能随着形势的变化而更新,"电信网络诈骗犯罪"宜作为统一称谓。

(二)从本质特征界定电信网络诈骗犯罪的概念

电信网络诈骗的本质特征在于手段而不在于罪名,即"电信""网络"手段是其区分与传统犯罪的核心所在。

其一,利用电信网络手段完成犯罪的全部或主要环节。与盗窃、抢劫等财产犯罪一样,诈骗罪是一项古老而传统的罪名,随着网络时代的到来,人类的生产、生活方式发生了翻天覆地的变换,从居家生活到婚恋交友、从商品交易到订单支付均可以在线完成。中立的网络技术一旦为犯罪所利用则可能产生变异和颠覆,传统诈骗行为与网络电信技术的结合正是如此。

电信网络诈骗的最主要特征就是全部或主要环节均通过电信、网络手段完成,从信息的寻获、信息的发布到被害人的锁定,从诈骗行为的着手到深入,从被害人转账交款到行为人转移赃款,各个环节均在虚拟空间中完成,双方不需要见面接触,不受时间和空间的限制,这是此类犯罪的根本特征,也是其区别于传统诈骗的核心之处。"远在美洲秘鲁指挥中心的核心人物,指挥身在台湾的下属,通过显示为"021"座机的号码联系远在上海的被害人,诱骗其将钱款汇入某安徽籍人员在贵州某县城开户的银行卡。瞬即,钱款被转移到若干个小城市商业银行账户,而后若干名'车手'在全国各地的银行 ATM 前将钱款取走。"这样的场景,就是典型的电信网络诈骗犯罪。

其二,犯罪对象的不特定性,呈现以点对面、以一对多的局面。传统诈骗行为的虚构事实、隐瞒真相并诱使被害人转移财产的过程,是针对特定人的"点对点"接触的过程,例如"丢包诈骗""棋局诈骗""吊模斩客诈骗"等,寻找目标、实施诈骗行为、产生的危害后果均局限于特定时空范围。而电信网络诈骗则呈现"以点对面""以一对多"的局面,即广撒网寻找目标、重点关注缩小范围、逐个突破下手诈骗。这种随机、随意地撒网式犯罪造成的危害后果连行为人本人都无法预料。①

其三,犯罪空间的虚拟性,行为人与被害人没有现实接触。传统诈骗犯罪往往需要一定的现实场所,这种场所可以是室内、室外公共场所等,犯罪行为人不能离开特定空间场所进行作案。② 行为人与被害人之间通常会有面对面的直接交流,犯罪现场也往往留存有痕迹物证,是一种"人——人""人——案"或"人——物"的犯罪模式。而电信网络诈骗犯罪则存在于虚拟空间,行为实施地和犯罪结禁地往往是分离的,财物的转移和收付也是在虚拟空间中几秒内完成。犯罪行为人与被害人之间没有直接现实接触,而是通过网络数据进行非接触式地联系,是"人——数据——人""案——数据——案"的模式。③ 因此,电信网络诈骗犯罪不受时间、空间限制,行为人与被害人无须物理接触,具有操作远程性、人员分散性、身份匿名性等特征。④

其四,对于"诈骗"应从事实层面宽泛理解,而非法律层面的严格限定。传统领域,诈骗与盗窃等相邻罪名区分相对较为清楚,两罪各行其道、互不混淆。而电信网络领域,盗骗交织现象十分常见,两罪区分不再泾渭分明,尤其是支付宝、二维码支付的等新型结算载体的出现,盗窃与诈骗的争议难解难分。在界定概念时宜从外在事实层面对诈骗宽泛认定,只要某一环节可能构成诈骗即

---

① 戴长林. 网络犯罪司法实务研究及相关司法解释理解与适用[M]. 人民法院出版社,2014:52 - 53.
② 王浩. 侵财犯罪的网络化对侦查工作的挑战及应对[D]. 中国人民公安大学,2019:31 - 32.
③ 王燃. 大数据侦查[M]. 清华大学出版社,2017:99 - 101.
④ 王浩. 网络语境下侵财犯罪的演变、异化与趋势分析[J]. 犯罪研究,2018(5).

可,至于最后是否定性为诈骗则在所不问。换言之,电信网络诈骗中的"诈骗"并非要求典型意义上的狭义的诈骗行为,只要在犯罪环节中有"骗"的外在表现,即使最后获得财物并非"被害人自愿处分",也不妨碍将其纳入此类犯罪。例如,行为人通过网络发布虚假信息,骗取被害人银行卡账号、密码等信息,后再通过盗刷、汇款、转账等方式获取钱款,此行为最后的定性可能是盗窃,但不妨碍将其作为"电信网络诈骗犯罪"纳入。

另外,基于犯罪共生的现状及其长期以来形成的约定俗成的语境,与此类犯罪密切关联的上下游犯罪,如侵犯公民个人信息罪、掩饰、隐瞒犯罪所得罪等,也应纳入。

综上所述,本文对电信网络诈骗犯罪概念界定如下:

行为人以非法占有为目的,通过短信、电话、网络工具等手段,非接触式对不特定人虚构事实、隐瞒真相使其陷入认识错误,并最终诱使被害人交付财物的行为;广义的电信网络诈骗犯罪还包括与之相关联的上下游犯罪,如侵犯公民个人信息罪、掩饰、隐瞒犯罪所得罪等。

三、反面观之:不宜作为电信网络诈骗犯罪认定的

前文已述,电信网络诈骗的概念模糊可能导致实践中的含混适用,将传统诈骗作为此类犯罪予以认定和打击,有违罪刑法定和罪刑相适应原则,更可能导致模糊焦点、分散注意力和选择性执法。

从反面看要反对几种倾向:一是只要犯罪事实跟电信、网络手段相关的,都视为此类犯罪;二是明显不属于诈骗的也纳入此类犯罪认定;三是将此类犯罪与"套路贷"等关联概念简单混淆。

(一)主要环节并非通过电信、网络手段实施的

当前环境下,任何犯罪都难免与电信、网络技术相关,但不等于只要与之沾边就可以纳入此类犯罪。

例如,通过网络学习诈骗经验但到现实生活中实施诈骗,或者只是在网上推广犯罪信息后回归传统诈骗手段,或只是通过网络购买作案工具、进行销赃,抑或只是以电信网络作为团伙联系的手段等等,这些都是诈骗犯罪的辅助行为。整体犯罪或者其主要环节并非通过电信网络手段完成的,均不宜

纳入。

(二)犯罪对象实际特定的也不宜纳入

例如,某甲(女,无业)现实生活中认识某乙(男,富豪),得知乙丧偶后一直单身的信息后,甲意欲以恋爱为名诈骗乙的财物。之后,甲通过渠道获取了乙的微信并成功加他为好友。甲隐瞒真实情况,将自己包装成年轻貌美的大学生,与乙在微信上恋爱,关系日渐暧昧。乙男陷入情网后,甲女陆续以买衣服、交学费、父母治病、报培训班等名义向乙索要资助共计数万元。乙多次要求与甲见面,但总以各种理由被拒绝,遂产生怀疑后报警。

该案中,甲虽然通过网络手段与乙聊天并骗取财物,表面上符合网络手段、非接触特征,但甲乙彼此在现实生活中是认识的,甲的犯罪对象是固定的,不符合"不特定性"之要求。

(三)行为性质明显不属于诈骗类犯罪的

基于语义解释的基本原理以及约定俗成的称谓,还应从反面将明显不属于诈骗的案件排除在外。

典型的如电信网络盗窃,一是网上银行盗窃类,即利用网上银行登录被害人的账号密码进而窃取账户内资金。二是第三方支付账户盗窃类,即犯罪行为人通过补办手机卡、窃取账号等形式进入第三方支付平台,进而窃取被害人存放在第三方支付平台内的资金。三是网络有偿服务盗窃类,即行为人盗用他人的网络服务、电信服务,进而导致被害人费用的损失。四是虚拟财产盗窃类,即行为人通过非法途径入侵被害人的虚拟账户,将其中的虚拟财产进行售卖,然后再提现。

另外,利用网络裸聊录制被害人视频后敲诈勒索的,以及利用网络空间开设赌场进行网络赌博的,分别可能涉及的是敲诈勒索罪、赌博罪,行为性质均明显区别于诈骗,也不宜纳入此类犯罪范围,但可以纳入"网络电信新型违法犯罪"范围。

四、外延界定:与套路贷、黑恶势力等概念的区分

除了从正面限定电信网络诈骗犯罪的范围,以及反面排除不适用的情形之

外,还需要注意与关联概念的区分。

(一)电信网络诈骗与套路贷的区分

众所周知,套路贷的实施与网络电信手段密不可分:首先需要广撒网即推广贷款信息,不论是"校园贷"还是"美容贷"抑或"车房贷",行为人往往都是通过网络、短信等渠道展开行动;此外,威逼骚扰被害人还款时,行为人往往有部分行为也是通过网络、电信手段实施的,如打电话威胁被害人、向被害人亲戚朋友群发短信、在网络上公开不雅信息等。

但需要说明的是,上述两个环节均只是套路贷的辅助环节而非核心行为。套路贷的实施关键环节之一在于诱使被害人签署了真实的民事协议,这是后续开展系列威胁、骚扰行为的基础,也是被害人敢怒不敢言的关键。而这个环节往往是面对面完成的,也是网络电信技术无法取代的。另外,后续的迫使或诱骗被害人交付财物的环节也是通过现实手段实施的,而非在虚拟空间中完成。

因为这两个关键环节并未通过电信网络手段实施,本文认为,套路贷类犯罪不属于网络电信诈骗犯罪。换言之,电信网络诈骗的根本特征在于手段的虚拟性和对象的不特定性,而套路贷的核心在于"以合法外观掩盖非法本质",[①]二者苛责点有所不同。个别地方司法机关为了迎合打击热点、完成考核任务的需要,硬是将套路贷案件等同于网络电信诈骗类犯罪,并作为典型案例大加宣传的行为,值得商榷。

(二)电信网络诈骗与黑恶势力的区分

近年来,电信网络诈骗犯罪也呈现一定的组织性,一改以往单枪匹马或草台班子的临时组合,而呈现分工严密、层级分明、流程有序的公司化营运模式。另外,黑恶势力犯罪也呈现网络信息化的新特征,即利用网络进行寻衅滋事、敲诈勒索、强迫交易、发布虚假恐怖信息等犯罪。[②] 换言之,电信网络诈骗的组织化与黑恶势力犯罪的网络信息化,使得二者出现交叉和混淆。

---

① 吴加明.刑事实质何以刺破"套路贷"民事外观之面纱[J].江西社会科学,2019(5).
② 参见《最高人民法院、最高人民检察院、公安部、司法部关于印发〈关于办理利用信息网络实施黑恶势力犯罪刑事案件若干问题的意见〉的通知》(2019年7月)。

根据上文定义，笔者认为，电信网络诈骗犯罪不应认定为黑恶势力犯罪。

其一，行为特征不符合"公然性"的要求。不论是黑社会性质组织犯罪，还是恶势力犯罪，其构成要件之一都包含"公然性"要求，即称霸一方、公然为非作歹、欺压百姓，使广大民众心生畏惧而敢怒不敢言，这样的特征离不开现实的暴力、胁迫等手段。而电信网络诈骗犯罪是单纯牟利性犯罪，通过虚拟空间实施的，根本特征决定了其不存在"公然性"的特征，既没有传统的暴力、胁迫行为，也不符合"软暴力"①的特征。两高两部《关于办理恶势力刑事案件若干问题的意见》(2019年4月)第3条也明确：单纯为牟取不法经济利益而实施的"黄、赌、毒、盗、抢、骗"等违法犯罪活动，不具有为非作恶、欺压百姓特征的……不应作为恶势力案件处理。

其二，罪名特征不符合。前文已述，电信网络诈骗犯罪涉及罪名主要是诈骗罪(盗骗交织型的可能还涉及盗窃罪)，属于平和型侵财犯罪。而黑恶势力犯罪的行为特征决定了其涉及的罪名主要是"非平和型"的，如抢劫、敲诈勒索、强迫交易、寻衅滋事等。一般情况下，二者没有交集，不应混淆。换言之，电信网络诈骗犯罪充其量是骗子，而不是黑恶势力，把一个或一群骗子认定为黑恶势力有违一般人的认识标准，也与法律规定不符。

---

① 《关于办理实施"软暴力"的刑事案件若干问题的意见》(2019年4月)第一条明确规定："软暴力"是指行为人为谋取不法利益或形成非法影响，对他人或者在有关场所进行滋扰、纠缠、哄闹、聚众造势等，足以使他人产生恐惧、恐慌进而形成心理强制，或者足以影响、限制人身自由、危及人身财产安全，影响正常生活、工作、生产、经营的违法犯罪手段。

电信网络诈骗犯罪综合治理对策研究

吴加明　薛莉萍[*]

摘要：电信网络诈骗犯罪具有时空无限性、证据电子化、运营组织化、链条产业化等特征，实践中治理电信网络诈骗类犯罪尚存如下困境：一是受制于此类案件本身的特殊性和公安机关自身的局限性导致电信网络诈骗类犯罪侦破难度大；二是多部门综合协调以及公安机关内部协同支持等方面均存在瓶颈；三是法定刑设置的"先天不足"以及司法实践的"后天未补"，导致惩罚威慑力度弱。对此，应从行为人犯罪原因和被害人受害成因入手改进完善治理对策，提高犯罪成本、降低犯罪收益，并全方位强化被害人的事前预防和事中阻断工作；要实现"从被动打击到主动治理""从末端惩罚到前端预防""从局部出击到整体协作"等多方面转变。

关键词：电信网络诈骗类犯罪；综合治理；前端预防；整体协作

诈骗仍然是当今社会最常见的犯罪类型，而电信网络诈骗类犯罪又是诈骗犯罪的最典型代表。具体而言，是指利用电信通信、计算机互联网手段实施诈骗犯罪的行为。行为人通过电话、网络和短信等电子信息方式，以非法占有为目的，编造虚假信息，设置骗局，对受害人实施远程、非接触式诈骗，诱使受害人实施打款或转账的犯罪行为。这是犯罪手段与罪名的结合，是传统诈骗罪与网

---

[*] 吴加明，上海立信会计金融学院法学院讲师；薛莉萍，上海市黄浦区人民检察院第六检察部副主任。

络、电信这样的新型信息化手段结合而成的犯罪类型,是一段时间以来犯罪治理的重中之重。严格意义上而言,电信网络诈骗之称谓并非典型概念,而是根据实践中的特别受到关注的一类案件总结出来的称法,且为司法解释、人大立法等官方文件所沿用,其内涵与外延均有特殊内容。

一、电信网络诈骗类犯罪的特征表现

(一)时空无限化

传统诈骗犯罪中,行为人与被害人之间通常会有面对面的直接交流,犯罪现场也往往留存有痕迹物证,是一种"人——人""人——案"或"人——物"的犯罪模式。而在网络电信诈骗犯罪中,犯罪行为人与被害人之间几乎不直接接触,而是通过网络数据进行非接触式地联系,是"人——数据——人""案——数据——案"的模式。①

网络电信诈骗犯罪不受时间、空间限制,行为人与被害人无须物理接触,具有操作远程性、人员分散性、身份匿名性等特征。② 我们可以回顾一下这样并不少见的场景:远在美洲秘鲁指挥中心,指挥身在台湾的行为人,通过显示为"021"座机的号码联系远在上海的被害人,诱骗其将钱款汇入某安徽籍人员在贵州开户的银行卡。瞬即,钱款被转移到若干个小城市商业银行账户,而后若干名"车手"在全国各地的银行 ATM 前将钱款取走。这就是远程指挥、分散各地、匿名操作的综合体现。如将传统诈骗手法比喻为在地上走,而网络电信诈骗则是在天上飞,以传统侦查手段侦破此类犯罪无异于"你在天上飞,我在地上追"。③

(二)证据电子化

传统的诈骗犯罪往往发生在一定物理空间内,行为人一旦实施犯罪必定留存有物理证据,例如书面承诺、诈骗道具、逃脱路线等书证或物证,在摄像头遍布大街小巷的环境下,还难免留下视频记录。公安机关日后侦查破案可以按图

---

① 王燃. 大数据侦查[M]. 清华大学出版社,2017:99 – 101.
② 王浩. 网络语境下侵财犯罪的演变、异化与趋势分析[J]. 犯罪研究,2018(5).
③ 喻海松. 网络犯罪二十讲[M]. 法律出版社,2018:5 – 7.

索骥或顺藤摸瓜。而网络电信诈骗犯罪则完全不同,没有传统的物理空间,没有客观的书证、物证,有的可能只是远在境外某角落的一台服务器、手机或电脑,留下的证据充其量就是一堆通话记录、聊天记录、短信记录、转账记录等等。这就使得公安机关日后的侦查破案困难重重,无骥可索,甚至是被烟雾弹所迷惑而一筹莫展。

(三) 营运组织化

如果说前期的网络电信诈骗犯罪是单枪匹马式的简单操作,中期的网络电信诈骗是"草台班子"式的随机组合,那么经过数年进化的网络电信诈骗模式已经升级为分工严密、层级分明、流程有序的公司化营运模式。

以某典型网络电信诈骗案为例:首先需要根据诈骗剧本购买精准信息,例如学生、业主、老年人等特殊群体的信息;其次需要搭建诈骗所用的电话或其他信息平台,如可随意更改来电显示号码的 VIOP 电话;再次需要招募人员并组织培训、具体实施拨打电话等工作;然后一旦诈骗款项进入账户后,则需要快速通过网络银行、第三方支付、游戏卡券买卖等渠道转移资金;最后,资金进入最后指定账户后还需要"马仔""车手"迅速将钱款取出套现。综上所述,一套完整的网络电信诈骗从信息准备到技术支持,从具体实施到资金转移,从隐匿证据到资金套现,都有着严密而分明的组织分工。[①]

(四) 链条产业化

围绕电信网络诈骗犯罪,一系列黑灰产业链应运而生,并形成大量上下游关联犯罪,成为犯罪发展蔓延的催化剂和助燃剂。上游有侵害公民个人信息、虚假网站、手机黑卡、虚假身份证、银行卡套卡、改号软件、网络电话等产业链,下游有洗钱、赌博、销赃等产业链。以网络诈骗猖獗的广西宾阳地区为例,盗号木马、诈骗剧本、作案用银行卡、第三方平台洗钱、跑腿取款等流程都形成了上下游式或一条龙式的专业分工。[②] 甚至有专门的软件公司和技术人员为网络犯

[①] 人民网江苏视窗. 电信诈骗犯罪公司化运作 四层级成员分工合作 [EB/OL]. [2022 - 2 - 12]. http://js.people.com.cn/html/2012/05/24/111353.html,访问日期2022年2月12日.

[②] 陈刚. 侦查前沿论坛. 第三卷 [M]. 中国人民公安大学出版社,2017:73 - 75.

罪所需的网站、平台、APP等提供搭建等技术支持,价格并不高。犯罪分子只需"购买服务",就可以"傻瓜式"操作。这种全链条产业化犯罪包括以下具体手法:专业"软件商"提供"搭建平台"等技术服务;"作案工具"买卖有"成熟市场";有专门培育"诈骗对象"的"菜商";"跑分平台""水房""地下钱庄"等提供洗钱服务;虚假身份信息和受害者数据找"卡商";部分新技术成为犯罪"黑科技";"犯罪套路"也能购买。网络犯罪分工的日益精细化,导致一些农民工、大学生等弱势群体成为犯罪的"工具人",沦为犯罪"帮凶"。[①] 但上下游产业链与网络电信诈骗实施者之间并不是典型的共同犯罪关系,而是彼此独立的,这也为后日后的侦查取证、司法适用带来了难题。

二、当前电信网络诈骗类犯罪的治理困境

网络电信诈骗类犯罪的上述特征,使得以传统犯罪治理模式为基础的治理体系面临着巨大挑战。尽管2015年"部际联席会"运行之后网络电信诈骗类犯罪打击成效有所改观,然而与杀人、抢劫等传统犯罪以及盗窃等侵财犯罪相比,网络电信诈骗发案数仍居高不下。更值得关注的是此类案件破案率畸低,[②]追回赃款的案件更是少之又少。

(一)案件侦破难度大

一方面,此类案件中犯罪分子与被害人没有物理接触,远程操作,人员分散且匿名,各个环节单独存在,完全有别于传统的存在于特定物理空间的犯罪行为。这就导致通讯流跟踪难、资金流查控难以及抓捕嫌犯难等一系列现实困境的出现。而另一方面,受制于公安机关自身的局限,也导致此类案件侦破难。众所周知,当前承担主要刑事案件侦查任务的主要是县(区)级公安机关,按照

---

① 孙亮全,李金红.起底电信诈骗:"零门槛"入行,"傻瓜式"作案[N].经济日报,2020-11-24.
② 笔者未能在官方公开文件中查阅到网络电信诈骗犯罪的破案率数据,但是从大量的新闻媒体报道的中间接引用得知、以及笔者与一线公安民警的访谈印证,不难得出此结论。新浪网.六问网络电信诈骗 破案率为何这么低[EB/OL].[2022-2-12].http://finance.sina.com.cn/chanjing/cyxw/2016-09-12/doc-ifxvukuq4200117.shtml? t=1473644801640,2022年2月12日最后访问;中国法院网.电信诈骗破案率不足1% 警方提醒切莫相信"天上掉馅饼[EB/OL].[2022-2-12].https://www.chinacourt.org/article/detail/2015/01/id/1544347.shtml,访问日期2022年2月12日;刘雅菲.去年电信诈骗案破案率不到5%[N].齐鲁晚报,2017-1-5(C04).

"条块结合、以块为主"的管理体制,县(区)级公安机关管辖本行政区划范围内的刑事案件侦查。对于传统犯罪手法而言,犯罪行为地、结果地或者嫌疑人所在地分离的情况较少,即使部分分离也基本不妨碍侦查工作的开展,但网络电信诈骗犯罪犯罪时空的无限性往往导致多地公安机关均有管辖权,具有管辖权的任何一个公安机关却又均因经费不足、警力不足等局限而面临着侦破的极大困难。

(二)部门协作瓶颈多

公安机关侦办电信网络诈骗犯罪案件离不开部门协作,包括外部与银行、通讯营运商等部门的协作,以及公安机关系统内部的相互协同支持,而实践中这样的协作面临多重瓶颈。

一是多部门的综合协调存在瓶颈。打击电信网络诈骗犯罪,公安机关只是其中一个环节,还要涉及多部门协调配合。换言之,此类犯罪的打击治理不是公安机关一家能够胜任,也不是哪一条线能够独担的,而是一项综合系统工程,缺了哪个打击效果都将大打折扣。二是公安机关的内部协同支持存在瓶颈,包括获得上级公安机关的协同支持和跨区域的横向协同。此类犯罪的侦办首先离不开情报收集、线索分析、技术侦查等环节,而这些工作单靠基层公安机关是无法完成的。尤其是技侦工作,能且只能向市级以上公安机关请求支持,上级公安、兄弟部门能否全力支持是制约案件能否办成的关键因素。而对于异地抓捕嫌犯的情况,则极易受到当地行政力量的影响,当地公安机关的配合和支持就尤为重要。

(三)惩罚威慑力度弱

一方面,法定刑设置的"先天不足"。从我国当前立法及司法解释可知,立法、司法部门已经关注到了电信网络诈骗案件的特殊性,并采取了应对措施。然而,相较于此类犯罪发展形势的突飞猛进、犯罪气焰的甚嚣尘上、手法变化的日新月异、危害的日趋严重,诈骗罪的法定刑设置与司法适用显得"和风细雨"、谨小慎微。总体而言,以传统诈骗手法为基础设置的诈骗罪法定刑,尽管经过司法解释的修补和改良,但在适用于网络电信诈骗时仍存在问题:一是主刑处罚偏轻,起点刑"3年以下"裁量幅度巨大,为多数案件轻纵罪犯提供了空间;二是罚金刑力度较弱,对于这种贪利型犯罪应明确采取"最低数额+犯罪数额比例"的模式,从经济上进一步威慑惩罚;①三是欠缺再犯预防制度设计,如职业禁入、禁止使用网络电信工具等。另一方面,司法实践的"后天未补"。有资料将2010年-2016年公开的关于此类犯罪的646份判决书做了整理分析,从最终认定的犯罪数额看,3万元以下的157件次,占比约24%;3万-10万的340件次,占比约48%;10万以上的149件次,占比约28%。② 对此,笔者有两个判断:一是实际案件数与最后判决案件数存在较大差距;二是实际涉案金额与最后判决认定的金额存在较大差距,尤其是涉案金额10万元以上的案件。综上分析,网络电信诈骗类犯罪存在较大"犯罪暗数",而得以侦办的案件最后认定的数额也与实际金额存在较大差距,刑罚结果存在较大不确定性,这将大大助长犯罪分子的侥幸心理,而最终总体较轻的量刑结果也使得刑罚的威慑力、打击效果大打折扣。③

三、新形势下电信网络诈骗类犯罪的综合治理对策

综合上述犯罪现状、特征总结及治理困境的分析,立足于前期打击和治理工作的经验和教训,笔者认为,应从行为人犯罪原因和被害人受害成因入手改进完善治理对策,提高犯罪成本、降低犯罪收益,并全方位加强被害人的事前预防和事中阻断工作。要实现"从被动打击到主动治理"、"从末端惩罚到前端预防"、"从局部出击到整体协作"等多方面转变。与此同时,2022年4月中共中央办公厅、国务院办公厅印发的《关于加强打击治理电信网络诈骗违法犯罪工作的意见》(以下简称两办《意见》),是关于打击治理电信网络诈骗违法犯罪工作的重要规范性文件,《意见》明确提出了打击这类犯罪的根本性对策理念,如

---

① 张景星、陈同鑫. 电信诈骗犯罪的刑罚应对——基于成本收益模型的实证分析[J]. 净月学刊,2016(4).

② 腾讯网. 电信诈骗犯罪是怎么被抓住的[EB/OL]. [2022-2-13]. https://news.qq.com/cross/20161123/4DLT7V72.html, 访问日期2022年2月13日。

③ 有论者以"无讼案例网"所登载的部分裁判文书为研究样本(时间跨度:2009.1.1—2017.3.1),在标签"电信网络诈骗犯罪"一栏下,对符合条件的案例共计1275例的案例判决结果进行分析,进而得出"由于我国对于电信网络诈骗没有单独规定罪名,往往以诈骗罪定罪处刑,因此,存在处罚较轻的情况,并且缓刑、附加刑适用率占比较大。"该分析路径与结论与本文基本一致,特此说明。参见王珊、黄太云:《电信网络诈骗犯罪的成因及防治对策》,载《天津法学》2017年第3期。

强调从强化技术反制、预警劝阻、宣传教育等三个方面落实"防范为先"的理念，成为打击治理工作的根本遵循。

(一)行为人角度：提升犯罪成本、降低犯罪收益

"低成本、高收益"是电信网络诈骗类犯罪屡禁不绝、日渐猖獗的根本原因，因此，打击治理此类犯罪首要的就是要提高犯罪成本、降低犯罪收益。为此，提高犯罪成本、降低犯罪收益可以从几方面加强治理：

1. 加大力度打击上下游产业链条

2022年4月两办《意见》明确提出，政法机关要依法严厉打击幕后组织者、出资人、策划者，为实施电信网络诈骗违法犯罪提供转账洗钱、技术平台、引流推广、人员招募、偷越国(边)境等服务的组织和人员，以及买卖银行卡、电话卡、公民个人信息、企业营业执照信息等关联违法犯罪。近几年司法数据显示，与网络电信诈骗犯罪关联的网络黑产犯罪上涨较快，主要涉及帮助信息网络犯罪活动罪，掩饰、隐瞒犯罪所得、犯罪所得收益罪，侵犯公民个人信息罪，买卖国家机关公文、证件、印章罪，偷越国(边)境罪等。其中，2021年起诉帮助信息网络犯罪活动涉案人员近13万人，同比上升超8倍，位居各类刑事犯罪的第3位。

公民个人信息泄露问题也较突出。2021年，检察机关起诉侵犯公民个人信息涉案人员9800余人，同比上升64%，公民个人信息泄露成为电信网络诈骗犯罪的源头行为。2021年，检察机关起诉泄露公民个人信息的"内鬼"500余人，涉及通信、银行、保险、房产、酒店、物业、物流等多个行业。①

提高此类犯罪经济成本，就要减少乃至杜绝犯罪工具、犯罪条件，全面提高犯罪"准入门槛"，使其望而却步。这就要加大对上游产业链条的治理和打击，使网络电信诈骗犯罪成为"无源之水、无本之木"。正所谓"兵马未动、粮草先行"，网络电信诈骗犯罪首先首先需要准备犯罪工具，例如手机卡、网络服务器、个人信息、银行卡、诈骗剧本等。每一项犯罪工具均涉及一个行业、一条产业链，并呈现日新月异、更新迭代之趋势。这就要求我们一定要转换思路，将目光从诈骗行为本身移开，而关注"冰山一角之下的根基"，从技术特征、犯罪手法、

---

① 张昊.打防管控一体推进严惩犯罪，去年全国检察机关起诉电信网络诈骗犯罪4万人[N].法治日报，2022-3-3(3).

法律漏洞、衔接流程等角度予以研究,并提出治理对策。

2. 更加注重追赃和挽损

2022年4月两办《意见》要求,"健全涉诈资金查处机制,最大限度追赃挽损"。对网络电信诈骗提高打击成效的一个重要方面就是,要及时追回赃款、挽回损失。因此,侦办此类案件中应该更加注重追赃和挽损,甚至将其摆在抓捕和取证工作之前。

一是进一步优化银行及第三方支付机构在资金查控、止付、冻结等方面的配合流程。作为金融主管部门,人民银行近年来单独或牵头颁布了多项规范性文件,在打击此类犯罪中起到了至关重要的作用,尤其是在配合公安机关查询、资金止付、冻结等方面出台了诸多行之有效的措施,[1]为有效追赃和挽回被害人损失提供了技术支持。但从打击网络电信诈骗犯罪的实践来看,还有若干需要优化的地方,例如扩大撤销转账的适用。利用ATM以外的方式转账的,也可以设置冷静期、赋予转让人撤销权,尤其是网银转账;对特殊人群增设转账前的确认手续。对于开户人为学生、老年人等被诈骗高发群体,或者经大数据分析可能存在异常转账的人员,增设"要求其监护人或紧急联系人确认"的程序;设置紧急情况的"先支付后补手续",进一步便捷查询和支付流程。被害人向公安机关报案被电信诈骗的,公安机关可以立即将相关信息转达给银行,银行应当立即执行,相关书面手续可以后续再补足。

二是参考逃税罪中"初犯免刑"规定,对此类犯罪设置"退赃轻罚或免刑"的规定。除了从技术上加强资金查控和止付,追赃和挽损另一个重要渠道就是鼓励犯罪分子主动退赃,必要时可以让渡部分刑罚惩罚权。本文认为,为了最大限度挽回损失,可以参考逃税罪中"初犯免刑"的规定,设置"行为人主动退赃挽回被害人损失的,可以视其退赃金额、退赃时间等情节减轻或从轻处罚,全额退赃且未造成严重后果的,可以免除刑罚。"在资金确已被行为人转移无法追回的情况下,最大限度减少被害人损失。需要说明的是,这个退赃时间点可以在一审判决之前的任何时间点,包括被立案前、立案后被抓捕前以及侦查、起诉、

---

[1] 例如,《中国人民银行关于加强支付结算管理防范电信网络新型违法犯罪有关事项的通知》(银发〔2016〕261号);《中国人民银行、工业和信息化部、公安部、国家工商行政管理总局关于建立电信网络新型违法犯罪涉案账户紧急止付和快速冻结机制的通知》(银发〔2016〕86号);《中国人民银行关于进一步加强支付结算管理防范电信网络新型违法犯罪有关事项的通知》(银发〔2019〕85号)。

一审各阶段,以最大限度挽回损失。

3. 在重点地区重塑惩恶扬善的社会风气

除了技术防范、法律规定等层面的治理,我们还要反思,为什么此类犯罪会形成聚集效应?使得一批又一批的青年人员"前仆后继",且不以为耻反以为荣?因此,我们还需要将目光放到犯罪亚文化层面的治理。

有论者经过深入电信诈骗重点地区的"田野调查"发现,此类犯罪"并非我们想象中的高技术存在,参与人员绝大多数都是普普通通的农村青年,年少辍学、无所事事、四处游荡,渴望赚快钱、挣大钱,容易被蛊惑被诱导"。① 该论者进一步分析认为:"电信诈骗从一个侧面说明的是长期积累的农村年轻人教育和失业问题正在以犯罪的形式让全社会买单,犯罪作为社会内源现象的属性会越来越显现。因此不妥善解决那两个原点性问题,打击犯罪很可能蜕变成为另一种意义的回避和拖延"。②

笔者非常认同这样的观点。因此,要坚持政府主导,多元治理,铲除电信网络诈骗犯罪产业链的生存土壤。

首先,应当正本清源,重塑正当的经济利益观和法治观。当地政府需要派驻工作组进驻这些重点地区的乡镇、自然村,通过工作组、政府驻村干部进行反诈骗工作,加强村干部反诈骗队伍建设,宣传反诈骗法律法规,协助发布电信网络诈骗犯罪悬赏公告等,工作到村、到户,重点从思想观念上端正经济利益观、法治观。其次,加大对当地经济产业扶植的力度。政府要下力气改变地域性职业犯罪乡镇为经济特色乡镇,鼓励其积极创新、创业,并从政策上、资金上进行支持,从根本上铲除电信网络诈骗犯罪发生的土壤。再次,鼓励其他组织参与治理电信网络诈骗犯罪,实行多元化治理。积极鼓励公益组织、社会团体、志愿者等民间力量投入反诈骗宣传、防范工作。对从事电信网络诈骗犯罪的人员进行摸排,建立数据库;建立地域性职业犯罪群体的个人信用数据库,进行个人征信记录;重点从经济、教育、就业、观念等环节进行诈骗环境治理,通过广泛的案例和法律宣传,纠正扭曲的致富观,营造宏观的法治环境以及营造不易、不愿、

---

① 孙少石. 电信诈骗犯罪治理及其研究[D]. 中南财经政法大学,2018:21-22。
② 孙少石. 电信诈骗犯罪治理及其研究[D]. 中南财经政法大学,2018:31-33。

不敢实施电信诈骗的宏观社会氛围。①

(二)被害人的角度:全方位预防、阻断措施的落实

与杀人、伤害等传统犯罪及盗窃、抢劫等其他侵财犯罪相比,网络电信诈骗犯罪完全不同的明显特征之一是"应和式"。具体言之,这种配合包括主动配合,即不愿面对被骗的事实、一厢情愿认为事情会好转继而一步一步被骗;也包括被动配合,即因为畏惧、内疚、厌讼、好面子等心理,不愿意为他人所知并听进他人劝告,因此被骗的境况不断加深、持续。② 如果不是被害人的配合,此类犯罪无法完成。因此,充分重视对被害人的预防,使其尽不愿相信骗局、早识破骗局、完全摆脱骗局,对于此类犯罪的治理具有重要作用。

1. 事前的预防宣传和教育

预防电信诈骗,宣传教育很重要,亟待构建"全警反诈、全民反诈"新格局。2022年4月两办《意见》要求,强化宣传教育,建立全方位、广覆盖的反诈宣传教育体系,开展防范电信网络诈骗违法犯罪知识进社区、进农村、进家庭、进学校、进企业活动,形成全社会反诈的浓厚氛围。

实际上自2020至2021年,公安机关一直在通过创新宣传形式、丰富传播载体,将防诈知识送入千家万户,进一步营造全员反诈氛围,共同筑牢反诈"防火墙"。2021年4月,中央宣传部、公安部在京联合启动"全社会反诈总动员"全国反诈防诈系列宣传活动。为此,主张"建立反电信诈骗全民皆兵的机制与格局"。③ 具体说来,可以从主观上的预防意识和客观上的预防技能两方面着手:一是要宣传注重个人信息的保护,从个人角度主要是不要因为贪小便宜而轻易泄露个人信息;二是要宣传各种骗术、话术及典型案例,让民众能够及时识破骗局;三是对于重点人群,如老年人、在校大学生、家庭妇女等有针对性地开展反骗常识宣传,如保健品销售的渠道和法律规定之与防范保健品销售诈骗,民间借贷纠纷的法律规定和救济渠道之与防范套路贷诈骗等。

---

① 徐永胜,徐公社,韩冰. 地域性职业电信网络诈骗犯罪及其侦防对策研究[J]. 山东警察学院学报,2018(1).
② 王洁. 电信网络诈骗犯罪的独特属性与治理路径[J]. 中国人民公安大学学报,2019(4).
③ 金泽刚. 打击电讯诈骗不妨群防群治[N]. 光明日报,2021-5-6(2).

2. 事中的阻断和隔离

在被害人陷入骗局时,要及时阻断制止其走向转账的最后一步。当然,此时的劝阻、教育往往无济于事,此时更需要的是技术上的强力阻断。对此,国外的经验可资借鉴:

2005年,VISA即宣称已经实施可以从两个主要维度监测银行卡使用的先进自动系统,该系统可以比对该卡新近使用和历史使用情况,也可以比较在相近时间本卡与他卡的使用情况,寻找可能导致电信欺诈的诸多指标。美国还采取同伴团体(Peer Group)分析法,即根据持卡人财富、消费习惯等指标将持卡人分成不同的同伴团体,目标账户的未来行为将与将来同时发生的同伴团体成员的行为进行比对,以判断是否出现了异常消费。日本近期推出反诈骗ATM,一旦发现使用者汇款时用手机通话,ATM就会发出警告,提示停止交易;如果发现使用者取款时戴着口罩或墨镜,则会要求其摘下,否则将直接终止交易。

总之,数据可视化、模糊逻辑、社交网络分析、数据挖掘、加密、动态账户建模等技术的发展,为银行和支付机构准确、及时地发现可疑交易提供了条件,使银行和支付机构有可能实现"自动止付",从而起到"防微杜渐"的效果。[①]

综上所述,针对被害人存在的"贪婪、胆小、善良、自大、好面子"等各种不同的心理状态,要从心理、技术等方面激发并训练事前识破骗局的能力,事中摆脱骗局的能力,事后坦然面对、及时报案并做好配合工作。

(三) 综合治理的角度:党委、政府领导下公安机关的内外协作

针对电信网络诈骗犯罪发展趋势,原则上要坚持"全链条打击、精准化预防、一体化治理"的系统论思维,既要加强公安机关内部统筹协作,又要健全公安机关与外部多单位多部门的协同配合机制,还要为反诈工作赋予更多科技能量,积极营造"天下无诈、全民反诈"的良好环境,实现"有诈必抓,有诈必罚"的社会效果。两办《意见》强调,各级党委和政府要加强对打击治理电信网络诈骗违法犯罪工作的组织领导,统筹力量资源,建立职责清晰、协同联动、衔接紧密、运转高效的打击治理体系。

---

① 刘进一. 支付结算视角下的电信诈骗预防[J]. 金融法苑,2019(1).

1. 加强公安机关内部统筹协作

电信网络诈骗是一种利用电信、互联网等技术进行的犯罪,跨区域、跨部门是其重要特点。就跨部门来说,需强化基层派出所、经侦、刑侦、治安、网安等内部各警种、各层级的合作。具体来说,一是建立诈骗账户、电话号码等线索数据库,打破各相关警种存在的信息壁垒,建立情况通报与会商机制,畅通协调渠道,为串并案件侦查提供支撑;二是建立扁平化指挥机制,构建"以快制快"的合成作战警务模式。在侦办电信网络诈骗过程中,办案人员要跨越多个省区调查取证,不仅浪费大量警力资源,而且侦办效率低下,需要异地公安机关的侦查协作,甚至跨国警务协作。

因此,公安部(及其厅、局)应建立跨区域打击电信网络诈骗犯罪的协作制度机制,上级公安机关要督促下级公安机关破除地方保护主义,主动配合,通力协作;对案件特别复杂、管辖不明确的,应及时向上级公安机关请示汇报,由上级公安机关来指定管辖,建立起配合紧密、信息顺畅、反应迅速的案侦工作机制。

2. 健全公安机关与外部多单位多部门协同机制

电信网络诈骗往往涉及银行、电信等多个部门,技术也越来越成为犯罪的"帮凶"。一旦网络技术被用于犯罪,就降低了犯罪的"门槛"。犯罪团伙通过技术外包、购买技术服务等形式,加强犯罪的"技术对抗"。一些技术公司、技术人员违背行业规范和职业准则,对服务对象和项目不加辨别,非法提供技术支持,放任危害结果发生。这也增加了网络黑产犯罪数量。这就进一步扩大了诈骗涉及面,亟待多单位多部门协调治理。

公安、金融、网络、通信等相关部门整体联动、合力治理电信网络诈骗犯罪,关键在于构建协同机制,打破"各家自扫门前雪"条块分割的格局,使司法机关与电信运营商、银行、互联网企业等形成联动机制,形成全社会共同参与反电信网络诈骗工作的高效格局。

从实践中看,"跨界合作平台+联席会议制度"是保证协同治理切实落到实处的有效模式,重点是打造公安、金融和电信网络防控的"铁三角"。如深圳市在全国首创跨界合作平台,在市政法委领导下,建立由公安局牵头、相关部门参加的反信息诈骗犯罪专项行动领导小组,领导小组下设办公室。办公室设综合保障、防范宣传、合成打击、电信网络工作协调、银行工作协调等5个工作小组;①厦门实行"公安、银行、电信运营商、互联网企业"四方合署办公,"打击、止损、防范"一体化运作,形成了"跨界联动、无缝衔接、以快制快"打击防控诈骗犯罪的新格局。② 广西按照"跨界联动,合成打击"的理念,在南宁市应急联动中心设立反虚假信息诈骗中心,从公安机关、通信运营商及银行抽调工作人员进驻合署办公,设受理组、研判组、处置组、电信组、金融组、宣防组和保障组共7个部门联合开展工作。③ 同时,建立起联席会议制度,由公安部门牵头,统筹协调各方力量,落实任务和责任,切实做到紧急止付快、打击破案快、防御阻截快。

3. 为反诈工作赋入更多科技能量

2022年4月的两办《意见》要求,坚持科技支撑,强化技术反制,运用科技信息化手段提升技术反制能力,"建立对涉诈网站、APP及诈骗电话、诈骗短消息处置机制;强化预警劝阻,不断提升预警信息监测发现能力,及时发现潜在受害群众,采取劝阻措施"。从某种程度讲,反诈工作与电信网络诈骗也是科技的较量。既然电信网络诈骗犯罪分子会不断升级技术手段,增加诈骗行为的隐蔽性、迷惑性,那么在依法打击电信网络诈骗时,也要不断强化最新技术成果的运用,为反诈工作注入科技能量。只有形成法治保障、科技支撑、标本兼治、协同联动的长效机制,才能有力遏制电信网络诈骗犯罪高发多发态势。2021年7月14日,工信部联合公安部举行新闻发布会,宣布正式启用12381涉诈预警劝阻短信系统。此系统可根据公安机关提供的涉案号码,利用大数据、人工智能等技术自动分析发现潜在受害用户,并通过系统端口第一时间发送预警短信,实现了对潜在涉诈受害用户的实时预警。据悉,工信部此前联合公安机关通过对49批、1.8万余个涉案号码进行研判,分析出潜在预警号码48.9万个,成功劝阻了近30万用户,有效率超过60%。通过在实践中不断提升该系统预警的准确率、及时率和覆盖率,一定能构筑起一道反诈"防火墙"。④

通过诈骗App实施电信网络诈骗,是电诈犯罪分子惯用伎俩。诈骗App多由诈骗网站制作而成,一些技术开发人员在非法利益驱使下沦为诈骗团伙帮凶。从编写程序代码,到租用服务器、购买域名、域名解析,再到App封装和分

---

① 孙沛斌.深圳市电信诈骗协同治理机制研究[D].深圳大学,2017:31.
② 佚名.反诈骗暗战,厦门"奇兵"制胜[N].厦门日报,2015-9-25(5).
③ 莫水土,农媛.广西成立反虚假信息诈骗中心[N].人民公安报,2016-5-7(2).
④ 马树娟.为反诈工作注入科技能量[N].法律日报,2021-7-16(8).

发等,已形成分工明确的专业化犯罪链条,其中域名解析技术含量高、隐蔽性强,是犯罪链条的关键一环。对此,公安机关应进一步加强犯罪动向的分析研判,对域名解析、App 技术开发、虚拟币洗钱等黑灰产等关键环节进行破解研究,以遏制电信网络诈骗犯罪多发高发态势。

(四)刑事规制角度:"电信网络诈骗"应独立成罪

前文已述,电信网络诈骗有别于传统诈骗,既侵害不特定人或多数人的财产权法益、也对信息安全造成严重危害,适用普通诈骗罪无法周延评价,而且可能带来罪刑失衡等后果。因此,有必要在刑法中对此类犯罪单独予以规定,实践中也曾有人大代表提过此类建议。①

1. 电信网络诈骗单独成罪的必要性与可行性

电信网络诈骗单独成罪,既有罪刑均衡的刑事司法现实需求,也符合当前从严打击的刑事政策精神,还有域外经验可资借鉴。②

首先,现有罪名无法精准、完整评价电信网络诈骗。一方面,传统诈骗罪无法精准、完整评价电信网络诈骗。有别于传统诈骗,电信网络诈骗主要环节利用电信网络手段完成,且针对的是不特定人,因此,电信网络诈骗侵害的不是特定人的财产权法益,而是不特定人的财产安全,以及信息安全、信息环境以及信息资源法益,③也即双重法益。不特定人的财产安全,意味着广大民众随时可能遭受财产损失,无论时间、地域、年龄、职业、国别,无论高低贵贱,也无论是否有过错,无差别地均可能遭受财产侵害,其危害之大、影响之广,远非普通诈骗罪所能及;同时,电信网络诈骗的产生和泛滥,使广大公民不断受到虚假信息的骚扰,对自己的信息安全产生了严重怀疑,不敢接听陌生人电话、不敢回复商业邮件、不敢点击购物链接,正常的信息管理和运行秩序受到严重侵害,这是传统诈骗罪所没有涉及的,也无法评价的。可见,电信网络诈骗侵害的是财产权和信息安全双重法益,传统诈骗罪无法完全涵盖。

---

① 浙江新闻网. 两会声音丨郑杰:电信诈骗应单独设罪 提高量刑标准[EB/OL]. [2022 – 2 – 16]. https://zj.zjol.com.cn/news/581047.html,访问日期 2022 年 2 月 16 日。
② 吴照美. 电信网络诈骗犯罪的境外考察[J]. 武汉公安干部学院学报,2020(2).
③ 合肥市人民检察院课题组. 信息时代诈骗犯罪防治及立法思考[J]. 中国检察官,2019 年(8)(上).

另一方面,与信息网络相关的罪名也无法适用于网络电信诈骗。无论是第287条之一非法利用网络信息罪,还是第287条之二帮助信息网络犯罪活动罪,亦或第288条扰乱无线电通讯管理秩序罪,这些罪名都只符合网络电信诈骗的手段,而无法评价其非法占有他人财物的目的。因此,从刑事立法角度来看,增设"电信网络诈骗罪"是刑事立法科学化,完善严密法网的必然要求。

其次,应以刑事立法作为定纷止争和定罪量刑的权威依据。现行刑法尚无关于电信网络诈骗的相关规定,2016年意见从立案追诉标准、量刑标准、共同犯罪的认定、案件管辖、证据收集判断、涉案财物的处理等方面,为司法实践中准确处理电信网络诈骗犯罪做出了明确指引,是当前办理此类犯罪的直接依据。

需要说明的是,从性质上看,2016年意见并非司法解释,而只是规范性文件。因为《最高人民法院关于司法解释工作的规定》(法发[2017]12号)第6条明确,司法解释的形式分为"解释""规定""批复"和"决定"四种。换言之,上述四种以外的文件均不属于司法解释。2017年1月19日,最高人民法院刑三庭在关于2016年意见的解读中也明确提出,该意见并非司法解释,虽具有法律效力,但不得引用作为判决的法律依据。可见,2016年意见的法律效力等级低于法律规定和司法解释。这导致在司法实践中对该意见的适用存在争议,仍存在是否认定电信网络诈骗、如何适用法律等诸多不统一。[①]

因此,亟待将电信网络诈骗写入刑法单独成罪,以期为此类犯罪的定纷止争和定罪量刑提供权威、统一的规范依据。

2. 在刑法第266条诈骗罪条文后增设一款

立法上,可以修正案模式在刑法第266条诈骗罪之后增设"网络电信诈骗罪",作为特殊类型的诈骗,并设置更严苛的法定刑。

首先,电信网络诈骗还是应归类于财产犯罪。有论者认为,电信网络诈骗在法益侵害方面具有特殊性和严重性,宜将电信网络诈骗视作行为犯,且其侵害的法益主要是社会公共秩序,因此该罪应纳入"妨害社会管理秩序罪"的章节之中。[②] 我们认为,电信网络诈骗罪侵害的主要法益还是财产权,该罪名应归类于财产犯罪。首先,从行为人角度看,通过诈骗非法占有财物才是目的,电信网

[①] 叶威."电信网络诈骗罪"的立法问题研究[J].产业创新研究,2019(9).
[②] 高尚宇.电信网络诈骗独立成罪问题探析[J].财经法学,2018(1).

络只是手段和方式,手段服务于目的;其次,相关章节中已有相关罪名。刑法分则第六章"妨害社会管理秩序罪"中第一节"扰乱公共秩序罪"已有第287条之一"非法利用信息网络罪",该罪罪状中明确了"为实施诈骗等违法犯罪活动发布信息的",实际上已涵盖了电信网络诈骗中的一部分行为,若将电信网络诈骗罪放在本处,则与该条重复并难以区分。最后,从语义解释角度以及适用的稳定性角度看,电信网络诈骗应属于特殊手段的诈骗,也一直被归类于财产犯罪中,不应贸然将其调整至其他类罪,否则可能引起体系的混乱与适用的无所适从。因此,应当在刑法第266条诈骗罪之后增设"网络电信诈骗罪",作为之一。

其次,网络电信诈骗罪的刑罚设置。主刑方面,鉴于网络电信诈骗罪远比普通诈骗罪社会危害性大、侦破难度高,因此该罪法定刑应重于普通诈骗。综合比较其他特殊诈骗罪名,可以将电信网络诈骗罪的法定刑设置在五年以下、五到十年、十年以上有期徒刑或无期徒刑三档。至于量刑依据,参考2016年意见相关规定,除了以诈骗数额较大、巨大、特别巨大为依据外,还应设置情节严重、情节特别严重作为依据,并将拨打电话次数、传播信息条数、信息浏览数、诈骗对象、诈骗手段等作为量刑情节因素。附加刑方面,一是对于罚金刑的设置可以考虑"倍比加金额"模式,即以犯罪分子最后被认定的诈骗金额为依据,按照一定比例科以罚金并限制最低金额,以确保罚金刑的效果进一步发挥;二是增设"资格禁入"的附加刑规定,进一步剥夺犯罪分子再犯的可能性,即行为人因此类行为被判处刑罚的,从其刑满释放之日起一定时间或终身不得使用或借用他人网络、电信设备。当然,这样的规定执行起来似乎有较大难度,但执行层面的难度不应成为制度设计的阻却理由,一项制度一旦确有必要并下决心推行,执行的问题必然可以得到解决,酒驾的治理就是最好的例证。

另外,为进一步追赃挽损,可以参考"初犯免刑"设置"退赃轻罚"条款。追赃挽损的一个重要渠道就是鼓励犯罪分子主动退赃,必要时可以让渡部分刑罚惩罚权。我们认为,为了最大限度挽回损失,可以参考逃税罪中"初犯免刑"的规定,设置"行为人主动退赃挽回被害人损失的,可以视其退赃金额、退赃时间等情节减轻或从轻处罚,全额退赃且未造成严重后果的,可以从宽甚至是免除刑罚"。在资金确已被行为人转移无法追回的情况下,最大限度减少被害人损失。需要说明的是,这个退赃时间点可以在一审判决之前的任何时间点,包括被立案前、立案后被抓捕前以及侦查、起诉、一审各阶段,以最大限度挽回损失。

当前网络犯罪的新趋势

孟永恒[*]

摘要：虽然学界和实务界对网络犯罪的界定存在着巨大的争议，但存在一个共识，即网络犯罪是近些年来增长最快的一类犯罪，而且一直缺乏较为有效的打击和预防策略，这一点在执法环节体现得尤为突出。为走出这一困境就必须对网络犯罪的发展趋势和特征做一个比较准确的预测，以及时采取有效的预防和打击措施。就目前而言，网络犯罪具有犯罪主体多元化、犯罪手段专业化两个核心发展趋势，网络犯罪的预防和打击需要着重考虑这一趋势。

关键词：网络犯罪；犯罪预防；犯罪化

虽然学术界和实务界对网络犯罪的界定存在着众多的分歧，但是在网络犯罪的普遍性、多样性和危害性等方面还是存在一般共识的。[①] 然而，除了以上特征外，网络犯罪还有一个容易被忽视的特征（趋势），即快速进化性。这一特征表现为犯罪行为人以最快的速度应用最新的网络科技去改进犯罪手段、创造新的犯罪工具，使得犯罪侦查手段基本处于落后状态，使得执法、司法和立法部门多处于打击困难尴尬的境地，其中最典型的就是金融犯罪，由于涉及非常专业的知识和工具，传统的侦查手段在此类网络犯罪面前往往很难奏效，甚至包括一些过去很有效的技侦手段，例如，在高度加密的海量数据流面前，监听、监控

---

[*] 孟永恒，法学博士，北京德恒律师事务所律师。

[①] Chawki Mohamed, Darwish Ashraf, Khan Mohammad Ayoub, et al. *Cybercrime, Digital Forensics and Jurisdiction*. Springer International Publishing, 2015. pp. 3 – 4.

变得十分困难,在军事级加密的数据面前,如果犯罪嫌疑人销毁了密钥,犯罪嫌疑人自己也几乎没有能够解密的可能性。可见,过去的"人海战术"对命案为代表的传统大要案侦破来说往往是有效的,"命案必破"的目标也基本能够达到,然而对于网络犯罪来说,如果采取类似的策略,无论是在成本上、技术上和效果上显然都是不可取的,此外,即使抓到了犯罪嫌疑人,但是往往由于证据不足而无法向检察机关移送起诉,以至于嫌疑人逍遥法外,使得侦查机关及其人员打击此类犯罪的积极性受到影响。

虽然执法机关所面临的以上困难在全世界均具有普遍性,但是由于监管不力、立法后滞、侦破力量薄弱等原因,这些困难在我国显得十分突出。在我国,网络犯罪已经渗透到社会生活的各个领域,从传统犯罪到金融犯罪到恐怖主义犯罪,几乎无所不包的程度,众多传统犯罪借助网络更新了犯罪手段,给立法、司法和执法机关的工作带来了巨大的挑战,执法机关每天都可能会遇到新的网络犯罪问题,问题的解决又必须依法进行,这就给司法和立法机关带来巨大挑战。准确地判断网络犯罪的趋势是解决所有这些问题的前提,否则一直会落后于网络犯罪嫌疑人的脚步。基于以上考虑,本研究将从网络犯罪概念的演变、犯罪主体的多元化、犯罪对象与手段的变化、责任认定的变化等四个方面探讨网络犯罪的新趋势及相应的对策。

一、网络犯罪是个动态、开放式的概念

关于网络犯罪的界定,传统上一般分为狭义和广义两类,然后两种分类内部又划分出诸多不同的观点,查看国内外相关文献数百篇后发现,在国外的文献中几乎没有完全相同的观点,为此,有研究者认为对网络犯罪的界定应该持一种开放式的态度,在做分类的时候,保留根据形势发展需要增加新类型的空间,类似于我国立法技术中常用的"兜底条款"。[1] 而国内的观点则相对比较集中,相互引证的情形比较多,这与我国关于网络犯罪的研究基本上是从刑法而非犯罪学的角度有关,刑法的研究一般依据法律规范进行,犯罪学则直接取材于犯罪学意义上的犯罪现象进行研究,立法和司法上的实际操作性较为缺乏,

---

[1] Gordon Sarah, Ford Richard. On the Definition and Classification of Cybercrime. *Journal in Computer Virology*, 2006, 2(1). pp.13–20.

但是可以为刑法学提供鲜活的研究素材,推进相关立法的步伐。

从近十年来比较有代表性的数十篇论文和几部专著来看,国内对网络犯罪的研究较为务实,与网络犯罪发展的开放性相适应,主流观点采取了广义的网络犯罪界定模式,①在经历了"硬件——软件——网络""单机——局域网——互联网"的历程之后,实际上,无论是立法者还是学者,都已经意识到仍然将网络犯罪严格限定在直接针对网络及其载体本身进行犯罪的话,无论对于理论还是实务都是有害的。早在 2001 年,就有学者采纳了广义说,认为"在互联网上运用计算机专业知识实施的犯罪行为,为网络犯罪",并且认为网络犯罪主要有隐蔽性强、危害性大两个主要特点。②该观点的主要依据应该是 2000 年 12 月 28 日第九届全国人大常委会第十九次会议通过《全国人民代表大会常务委员会关于维护互联网安全的决定》(以下简称《决定》),③用列举的方式对利用互联网进行犯罪的行为进行了细化,使《刑法》相关规定能够较好地落实。本文赞同这一立法以及以上学者的观点,二者都具有高度的前瞻性,同时也认为根据近些年来网络犯罪出现的新情况,对这一立法界定及学者所总结的网络犯罪特征做出必要的补充。例如,对于"互联网"的界定,在早期的互联网世界,接入的设备主要有两类,一类是主要用于数据服务的服务器,另一类是作为终端的计算机,因此"在互联网上运用计算机专业知识实施的犯罪"成为网络犯罪的典型特征,然而时至今日,接入互联网的手机等终端数量已经超越电脑,④网络犯罪的主体也从专业的黑客变为普通人,在硬件、软件高度模块化的今天,人们可以随时在网络黑市定制能够实现某些特定犯罪目的的软件或者配套的设备,⑤不一定再需要计算机专业知识作为网络犯罪的前提。

---

① 刘守芬,房树新. 八国网络犯罪立法简析及对我国立法的启示[j]. 法学杂志,2004(05):17 – 19.
② 刘守芬,孙晓芳. 论网络犯罪[J]. 北京大学学报(哲学社会科学版),2001(3):114 – 122.
③ 该《全国人民代表大会常务委员会关于维护互联网安全的决定》在 2009 年 8 月 27 日被全国人大常委会修订,对部分内容进行了修改和补充。
④ 明宇. CNNIC:手机上网用户比例首超 PC 达 83.4% [EB/OL]. [2022 – 7 – 1]. http://www.techweb.com.cn/internet/2014 – 07 – 21/2057891.shtml,访问日期2022 年 7 月 1 日。
⑤ Tripwire Guest Authors, Hidden Tear Project:Forbidden Fruit Is the Sweetest, https://www.tripwire.com/state – of – security/security – data – protection/cyber – security/hidden – tear – project – forbidden – fruit – is – the – sweetest/,另参见该软件开源项目 https://github.com/goliate/hidden – tear.

因此，对于网络犯罪的界定不应再加入对主体或者对象上的具体限定，这些都是易于变化的要素，而是应当从行为和手段的角度进行界定，使网络犯罪从一个教条式的概念转化为对执法、司法和立法机关来说具有可操作性的概念。① 据此，此处采用广义的网络犯罪概念，将其界定为利用网络空间进行的犯罪，既包括对网络及其相关设施本身的犯罪，也包括利用网络进行的各种传统和新型犯罪。只有如此，才能适应网络犯罪快速进化的特征。

二、犯罪主体的多元化

犯罪主体的变化在网络犯罪中体现得十分显著，而且一直在变化之中。对于计算机的非法使用和滥用，始发于20世纪40、50年代，当时的计算机主要用于改进军需品以及为火箭提供导航，当时还没有网络，因此这些由内部专业人员实施的相关行为充其量为"大型计算机犯罪"（mainframe computers crime），虽然这些所谓的"大型计算机"的CPU性能远远低于如今的百元手机；现代意义上的互联网出现在60年代，当时美国军方建立了阿帕网络（Advanced Research Project Agency Network），由于阿帕网络的性质，针对其以及利用其所进行的"网络犯罪"主体一般为内部人员；进入70年代中期以后政府和研究部门开始注意到网络犯罪问题，但是还没有将这些行为犯罪化；② 进入80年代后，事情发生了变化，1986年位于伯克利的劳伦斯国家实验室研究人员偶然发现并追踪侦破了一起利用网络进行间谍活动的案件，该案件中嫌疑人通过卫星和电话系统侵入了该实验室，窃取情报并出卖给克格勃。从此网络犯罪开始正式进入人们的视野，犯罪的主体和方式都有了新的变化，网络使得计算机及其数据不再安全，"鼹鼠"们不再需要亲自潜入机房拷贝数据。③ 两年后出现的"莫里斯蠕虫"更使人们认识到通过网络病毒破坏计算机系统的严重性，前者是职业间谍，后者则是一位康奈尔大学的研究生，且该病毒仅有99行，莫里斯因为"莫里斯蠕虫"成为根据1986年美国《计算机欺诈及滥用法案》而被定罪的第一人，被判处3年缓刑。不过莫里斯的职业生涯依旧辉煌，最后成为马萨诸塞理工学院

---

① Brenner, Susan W. *Cyberthreats*, Oxford University Press, 2014. p. 36.
② Samuel C. McQuade III. *Encyclopedia of Cybercrime*. Greenwood Press, 2009. Introdution p. xii.
③ See Stoll, Clifford. *The Cuckoo's Egg : Tracking a Spy Through the Maze of Computer Espionage*, Doubleday, 1989.

的计算机科学教授;[①]1991年,真正意义上的互联网即万维网诞生,1994年4月20日我国正式联入万维网,成为国际互联网的一部分。互联网逐渐成为普通人获取信息的主要来源,后来发展成为人们之间进行及时沟通的工具。时至今日,互联网已经成为人们生活中的一部分,大量的通讯和交易通过手持终端及时完成,便利是巨大的,风险也随之而来。各种利用网络进行的犯罪蜂拥而至,以个人信息被盗被利用而精准投放的诈骗行为为例,每天都有大量的被骗信息出现在报警平台,然而侦破十分困难。对于传统意义上的网络犯罪者,如骇客(cracker)、病毒制作者等,一旦侦破,也就意味着犯罪行为及其后果的基本终结,进入2010年以后,尤其是最近几年,一个网络犯罪的侦破,背后往往会牵扯出一个复杂的灰色和黑色利益链条,即使被打击,也往往只是处于链条最底端的实际执行者承受,利益链的上层由于相关犯罪规定的模糊甚至没有规定,往往逍遥法外,最多受到行政处罚,致使网络犯罪的打击效果十分有限。

  从以上梳理可以看出,网络犯罪主体的演化经历了一个从内部人员、专业人士到外部人员、非专业人士的演变,并且有着四类人士分工协作共同完成犯罪,且犯罪多元化的趋势。如同多个厂商协作,提供各自的产品和技术,联合起来不断开发出迎合市场的产品一样。这样就导致网络犯罪失去了门槛,犯罪主体的范围几乎可以扩大到涵盖每一个人,并且产生了复杂精密的犯罪分工。以一起信用卡诈骗为例,一个犯罪团伙从境外骇客手中购买了大量的国外信用卡信息,该信息被转手到一个拥有获得该类信用卡空白卡渠道的犯罪团伙,该团伙将信用卡信息出售给一个专门进行信用卡诈骗的集团,并提供了空白卡的购买渠道。由于该类卡在国内必须通过特定的可以离线刷信用卡的终端进行消费,该诈骗集团联络到北京某一商人,该商人决定花数千万元租赁一个能离线刷该类卡的经营场所。为了犯罪顺利进行,甚至请了一位大学期间专业学习信用卡工作原理的应届毕业生做助手。后来一夜之间利用伪造的信用卡诈骗到人民币1亿多元,事发后,该案的上游核心人员由于侦查线索中断等原因未能抓获,作为犯罪发起者的国际骇客更是无影无踪,继续危害社会。可见,骇客不

---

① John Markoff. Computer Intruder Is Put on Probation And Fined $10,000, http://www.nytimes.com/1990/05/05/us/computer – intruder – is – put – on – probation – and – fined – 10000.html May 5, 1990; Robert Morris. https://www.csail.mit.edu/user/972.

再孤独地躲在阴暗的角落以反社会或者恶作剧为目的进行网络破坏,而是充分利用自己的专长从网络犯罪中获取金钱为主的利益,从而成为网络犯罪组织中的核心角色,协作的各方也不同程度地从中获取非法利益。

随着大数据的发展和实名制的推进,企业尤其是大型的互联网、物流相关企业正在成为掌握人们核心个人信息的主体,对于这些数据的管理和使用既是机会更是挑战,稍有差错可能就会导致海量公民信息泄漏。这些信息如果被犯罪分子用来犯罪,后果十分严重。例如顶级互联网和物流企业对个人信息的掌控已经从有限的、静态的信息到全面的、动态的信息,例如手机 app 中的软件定位信息,又如各种共享经济过程中企业收集到的信息,移动支付留下的信息等等,所有这些信息汇集起来,基本上可以使一个人透明化,或者说是增加了被害人被害的机率,成为潜在的网络犯罪被害人。

从最近两年来看,大型企业和组织对此类信息的搜集愈演愈烈,为了获取这些信息,以大数据的名义不惜暂时性的巨大亏损,不断地改进信息搜集的技术和条款,可以说已经到了值得警惕的程度。由于此类信息搜集得越来越广泛,越来越私密,这就使犯罪分子一旦获得这些信息后,找到犯罪机会的概率大大增加,例如这些信息可以用在传统和非传统手段的各类犯罪中,例如诈骗、敲诈勒索、盗窃等等。然而,也不能排除这些掌握庞大个人信息资源的企业和组织故意犯罪的可能,这也是资本逐利的本性所决定的,需要在立法上做出前瞻性的规定。

三、犯罪手段的专业化

网络科技以惊人的速度发展,提高了生产效率、便利了人们生活的同时,也催生了犯罪手段的不断更新。以诈骗手段为例,出生在 20 世纪 60 年代和 70 年代的人们应该还对"健力宝"有奖销售记忆犹新,从 90 年代开始风行了近 10 年,同时也催生了形形色色以中奖为主题的各类诈骗。电影《疯狂的石头》中,三宝顺手拿了道哥房间中的一罐可乐,打开后看见拉环上写着"特奖五万元",三宝欣喜若狂,去北京领奖,但最后发现拉环上的奖实为假货,是道哥他们一开始为了向公众骗钱所印。而在当时的现实生活中,以转让中大奖产品包装的案件高发,以至于泛滥成灾,①后来手机短信出现以后,各种中奖诈骗又演化为以短信为平台,早期仍以中奖诈骗信息为主,后来开始多元化,有冒充公安司法机关查封冻结资产的,有冒充熟人求助汇款的,有冒充卖家退款的,等等。不但有文字信息,而且有音视频辅助,最为严重的是这些诈骗投放十分精准,指名道姓,时而畅叙旧情,时而侃侃而谈,时而可怜楚楚,致使一些人,尤其是分辨能力较弱的群体难辨真伪,以致受骗。此外还有即时通讯软件信息、钓鱼链接诈骗、电子邮件诈骗等等,随着骗术和手段的升级,比如近年来骇入公司内网,冒充工作人员乃至高管进行诈骗的案件频频发生,受骗的对象也从一般民众扩大到"精英"群体,例如,据《华尔街日报》报道,华尔街高管高盛全球董事长兼CEO劳尔德·贝兰克梵(Lloyd Blankfein)成为了最新一位欺骗邮件的受害者,匿名恶作剧者假扮成该银行高管发送了电子邮件,劳尔德·贝兰克梵认为是真实员工的邮件,进行了回复,②虽然没有造成实质性的损失,但这一事件表明网络骗局的高度风险性,因为银行业的风险防控能力是一般行业所不能及的,个人的防范能力就更弱了。

从上述分析可知,单一的计算机类犯罪或者直接针对网络实施的犯罪无论是在规模上还是后果上,都是十分有限的,而利用网络"升级"传统犯罪的行为越来越多,造成的后果也越来越严重。例如诈骗、敲诈勒索、盗窃、传播淫秽物品等,通过网络更新了自己的犯罪手段,借助匿名、无痕、即时、远程等特征,使得对网络犯罪的打击和防范变得极为困难。所以仅仅依靠传统的犯罪打击力量已经力不从心,公安司法机关应当创新网络犯罪的打击防范新模式,考虑与社会力量合作,提高打击防范的效率。

四、对策与建议

网络犯罪随网络科技的发展而快速变异,未来数年网络犯罪在主体和手段方面会有较大的变化,网络犯罪的主体将从个人和松散的团伙转向企业,犯罪

---

① 王为哲. 天上不会掉馅饼[J]. 公安月刊,1997(7):30.
② Liz Hoffman, Telis Demos. Goldman's Blankfein, Citi's Corbat Duped by Email Prankster: The trickster appears intent on embarrassing top bankers but incidents suggest some basic cybersecurity gaps may exist, https://www.wsj.com/articles/goldmans-blankfein-citis-corbat-duped-by-email-prankster-1497297211.

的手段也将更加精巧。问题解决的关键在于立法,立法不先行,司法和执法缺少依据,无法联动。因此,在立法方面,应当体现出相当的前瞻性,在合法权限内给最高司法机关留出司法解释的空间。现行《刑法》关于计算机和网络犯罪的规定有 7 条,这些条文用列举的方式,涵摄了大部分相关犯罪行为。例如,《刑法》第 287 条之一规定的非法利用信息网络罪采用列举的方式规定了三种利用信息网络实施的行为,导致大量的其他非法利用信息网络的行为被排除在外,属于典型的"头痛医头、脚痛医脚"式的立法。列举式立法模式是针对法律的调整对象,具体规定各种特定法律事实的法律后果,其本身具有明确性、对等性等优点,是一种常用的立法模式,便于修订,尤其适用于新法的制定。但是作为基本法律的刑法,其立法成熟度不是一般法律所能及,其修订也需要十分慎重,更重要的是,网络犯罪的手段变化很快,用列举的方式难以满足打击此类犯罪的需要。因此,针对网络犯罪,必要时应当考虑采用概括式立法,既可以避免频繁修订相关条文,也可以避免出现打击无依据的尴尬情形。总之,刑法立法必须建立在对犯罪规律的认真研究之上,在此基础上作出科学的立法回应。

论非法控制计算机信息系统罪的控制行为

李诗蓓[*]

摘要: 控制行为具有两个显著特征:一是对象上,作为本罪实行行为的控制行为,必须指向计算机信息系统,只有这样才能使该系统处于行为人的支配操控之下;二是形式上,作为控制的效果,有关程序的运行或者指令,必须是计算机信息系统来完成,从而表明了计算机信息系统被控制后按照行为人的指令运行的状态。因此,刑法意义上作为本罪核心要素的控制行为,不是生活意义上"受到外力影响、干扰"的行为,具有特定性。

关键词: 非法控制;计算机信息系统;抢票软件

随着计算机信息技术的不断发展,危害计算机信息系统安全犯罪也呈现出新的形式和特点,特别是当前黑客攻击破坏活动非常猖獗,危害计算机信息系统安全犯罪已经逐步形成涵盖信息系统各个环节的利益链条。[①] 面对这一复杂的犯罪形势,虽然刑事立法不断修订,使得该类犯罪的刑事治理体系趋于完善,但客观上对于这些犯罪类型的理解却存在较大差异,即便在司法解释层面对于特定行为方式的解释也是不够的。这里又以非法控制计算机信息系统罪最为典型。非法控制计算机信息系统罪,是指违反国家规定,侵入国家事务、国防建设、尖端科学技术领域以外的计算机信息系统或者采用其他技术手段,对该计

---

[*] 李诗蓓,上海锦天城(北京)律师事务所律师。
[①] 陈国庆,韩耀元,吴峤滨. 关于办理危害计算机信息系统安全刑事案件应用法律若干问题的解释[J]. 人民检察,2011(20).

算机信息系统实施非法控制,情节严重的行为。作为本罪的客观行为表现,是指违反国家规定,侵入特定领域以外的计算机信息系统或者采用其他技术手段,对其实施非法控制,情节严重的行为。其中"非法控制"是构成这一犯罪的关键所在。但是最高人民法院、最高人民检察院《关于办理危害计算机信息系统安全刑事案件应用法律若干问题的解释》(2011年8月1日)(以下简称"计算机解释")并没有对这一行为方式作出明确解读,而是采取模糊性的处理方式,由此也导致如何理解控制行为在理论与实务中争议颇大,甚至导致相同类型的案件得出了不同的结论。鉴于此,有必要对"非法控制"尤其是"控制"行为的结构特点加以分析,阐释其基本内涵,这也是明确其与破坏计算机信息系统罪中"破坏"行为的界限之基本前提。

一、司法实践关于控制行为的不同阐释

可以说,司法解释的回避和刑法规范的模糊性,为法官在审理形态迥异的网络犯罪案件时布下一个又一个审判难点。[1] 比如,在"抢票软件案"中,被告人刘某军为提高挂号率,要求被告人孙某辰为其制作空军总医院APP、肿瘤医院挂号平台、"114"挂号平台等软件,后利用上述软件长期大量抢占中国医学科学院肿瘤医院等医院的挂号资源并有偿向他人提供,违法所得至少人民币39万余元。经鉴定,上述软件均具有破坏性。法院认为,被告人刘某军、刘某义、刘某虎、刘某海、于某军无视国法,违反国家规定,对计算机信息系统实施非法控制,其中,被告人刘某军、刘某义、刘某虎、于某军属情节特别严重,被告人刘某海属情节严重,其行为均已触犯了刑法,构成非法控制计算机信息系统罪。[2] 而在另一起媒体报道的案件中,乌鲁木齐铁路公安局民警在查获的网络倒票案件中发现,数个倒票团伙均是从网上购买"加密狗"抢票软件,并利用该抢票软件在网上抢票后加价倒卖。根据该线索,警方分别在浙江杭州、广东佛山将制作并贩卖"加密狗"抢票软件的莫氏兄弟控制。铁道部公安局还就此成立专案组,对购买和使用"加密狗"抢票的线索逐条核实,通过客票调查对高价倒票信息逐条倒查。据统计,目前该团伙已销售"加密狗"软件1011个,并利用"加密

---

[1] 刘畅,吴倩. 非法控制计算机信息系统罪的构成[J]. 人民司法(案例),2021(23).
[2] 参见北京市朝阳区人民法院刑事判决书(2021)京0105刑初3068号。

狗"软件在12306网站订票信息3827条,已核实高价倒票1777张,非法获利140余万元。范围涉及全国29个省份。莫某以涉嫌破坏计算机信息系统罪、倒卖车票罪、伪证罪被报捕,但目前检方尚未批准逮捕。①

该两起案件的行为方式较为相似,都属于行为人制作抢票软件来谋取利益的情形,但是一起案件被认定为非法控制计算机信息系统罪,但是另一起案件被认定为破坏计算机信息系统罪。事实上,对于抢票软件,人们并不陌生,经历过春运抢票之痛的人们大多对360等公司开发的抢票软件钟爱有加,但是鲜见对于此类行为按照刑事处理的情况。比如,2013年1月17日,针对2013年出现的猎豹、Firefox等浏览器抢票插件现象,铁道部约谈金山网络,因为越来越多的浏览器通过内置抢票插件来借机推广,加剧了12306网站的服务器带宽压力。即便如此,媒体也只是担心国内针对12306的抢票版浏览器可能面临集体被叫停的情况。② 从这些信息来看,对于开发抢票软件的行为该如何定性,其实上述案件已经透漏出对于非法控制计算机信息系统罪与破坏计算机信息系统罪的不同理解。

所谓抢票软件,其原理和功能其实并不复杂,就是互联网公司根据用户买票难的问题而研发的一种网络产品,是一款基于浏览器的插件。它提供了自动登录12306网站、自动刷新查询、筛选车次席别、预订失败时自动重试等功能。这样大大缩短了网上购票的程序,大大节省了网上购票的时间,因此被称为"抢票软件"。③ 就此而言,抢票软件只是将手动登录、手动刷新等人工操作改变为自动操作,而且自动操作的指令也并非由安装插件的系统来操作,即没有改变点击对象所在系统的运行模式。也正是在这个意义上,有观点认为,抢票软件没有非法入侵购票网站,也没有破坏购票电脑系统,本身也不是电脑病毒,更没有阻止他人的正常购票行为,因此不是违法行为。④ 而坚持该行为属于非法控制计算机信息系统的观点则认为,这种行为构成了对计算机信息系统的控制,具有破坏性。这里同时用了控制性和破坏性的概念,但是既没有说出如何实现

---

① 张太凌,安颖. 抢票软件开发者涉嫌倒卖车票被抓,检方暂未批捕[N]. 新京报,2013-2-7.
② 郭儒逸. 消息称铁道部约谈金山 抢票版浏览器或集体被叫停[EB/OL]. [2022-8-31]. https://business.sohu.com/20130118/n363872863.shtml,访问日期2022年8月31日。
③ 王鹤鸣. 走好春运回家路,打好隐私保卫战[J]. 信息安全与通信保密,2013(3).
④ 王鹤鸣. 走好春运回家路,打好隐私保卫战[J]. 信息安全与通信保密,2013(3).

对计算机的控制,同时也没有表明对计算机的破坏性有多大。事实上,在破坏性与控制性之间,破坏计算机信息系统罪的量刑更重,如果认定具有破坏性,似乎认定为该罪更为合理。不过,在笔者看来,这类案件的处理,恰恰表明了办案机关对于非法控制计算机信息系统罪的行为方式的理解存在偏差,而如何把握这一问题,有必要进一步的予以规范解析。

二、关于控制行为的规范解读

在理论层面,也不乏观点认为,对于上述情况,"不仅要处罚提供侵入、非法控制计算机信息系统程序、工具的人,也要处罚购买这种侵入、非法控制他人计算机信息系统的'黄牛'软件并多次使用,且谋取巨大违法利益的人,对其以《刑法》第285条第二款所规定的非法控制计算机信息系统罪论处"。① 不过,在笔者看来,使用这些软件谋取非法利益固然有害,但这种有害性是否侵害了非法控制计算机信息系统罪所保护的法益,符合其法益侵害性的本质,则不无疑问。因此,有必要对此加以梳理。

在本质层面上,有观点认为,危害计算机信息系统犯罪中规定的"侵入""控制""获取"和"破坏"计算机信息系统的行为,必须具有侵害或威胁到具体公共计算机信息系统安全(如金融信息系统安全)或整个公共网络系统正常运行的性质,才能将危害行为判定为本类犯罪。否则,不成立犯罪或只成立他种犯罪。② 应该说,这一说法是很有道理的,不过,侵害具体网络系统的方式有很多,控制如此,破坏行为也是如此。那么,控制行为的实质内涵是什么,则直接影响控制行为与破坏行为的界限。对此,有观点主张,所谓非法控制,即行为人通过上述手段,使他人计算机信息系统受其掌控,接受其发出的指令,完成相应操作,达到非法控制计算机信息系统以获取该系统中存储、处理或传输的信息数据的目的。这里的非法控制,依程度不同可包括完全控制,也包括部分控制,部分行为人不仅可以非法获得该被控制计算机系统的完全控制权,甚至会获取超级用户权限,即对整个网络的绝对控制权。③ 概括

---

① 周光权. 通过刑罚实现积极的一般预防[J]. 中国法律评论,2018(2).
② 先德奇. 论危害计算机信息系统犯罪——基于刑法规范的类型分析[J]. 政法学刊,2015(1).
③ 周道鸾,张军. 刑法罪名精释(第四版)[M]. 人民法院出版社,2013:705.

起来，非法控制，是指通过侵入或者其他技术手段，使计算机信息系统处于其掌控之中，能够接受其发出的指令，完成相应的操作活动。① 据此，控制行为强调的是其行为特性，这一点与破坏行为强调结果属性有显著差异，也是区分二者的关键。

笔者也赞同上述观点，即将"控制"理解为以实力对计算机信息系统进行支配，使其处于自己的占有、管理或影响之下。按照这一论点，在控制行为的语言逻辑中，存在行为人、行为对象、对象行为三个视角。即行为人对行为对象（计算机信息系统）进行某种影响，从而使该对象进行特定的行为。这样一来，该控制行为具有两个显著特征：一是对象上，作为本罪实行行为的控制行为，必须指向计算机信息系统，只有这样才能使该系统处于行为人的支配操控之下；二是形式上，作为控制的效果，有关程序的运行或者指令，必须是计算机信息系统来完成，从而表明了计算机信息系统被控制后按照行为人的指令运行的状态。因此，刑法意义上作为本罪核心要素的控制行为，不是生活意义上"受到外力影响、干扰"的行为，具有特定性。也正是在这个层面上，司法实践中对于游戏外挂等向计算机信息系统安装插件的行为，不会被认定为非法控制计算机信息系统，因为他没有改变游戏系统本身运行状态，仍然遵循该系统基本的运行环境与技术逻辑。这一点，正如最高人民法院研究室法官、刑法处处长喻海松博士在其专著《网络犯罪二十讲》中所提到的，"外挂程序通过破坏网络技术的技术保护措施，进入游戏服务器系统，其虽未达到控制计算机信息系统的程度，但干扰了游戏系统的正常运行……"。② 这里就很明确地指出了这一点，安装插件等外挂程序的行为，可以认定为干扰行为，而不是刑法意义上的控制行为，因为其没有达到控制计算机信息系统的程度，干扰不是控制。

按照上述分析逻辑，在抢票软件案件中，抢票软件或者插件即便被植入计算机信息系统中，其行为也不构成对该计算机信息系统的非法控制。如前文所述，该类软件只是实现自动登录12306网站、自动刷新查询、筛选车次席别、预订失败时自动重试等功能，并不是通过改变12306网站本身的代码等，

---

① 周光权. 刑法各论（第4版）[M]. 中国人民大学出版社，2021：404.
② 喻海松. 网络犯罪二十讲[M]. 法律出版社，2018：197.

由网站信息系统主动购买车票——其行为方式只是提供了抢票、刷新的效率,由手动改为自动,所以并没有改变12306网站平台本身抢票的控制力。也正是在这个意义上,抢票软件本身不构成对网站的控制,相应的,该行为也不构成犯罪。

帮助信息网络犯罪活动罪与近似罪名介分

韩卓然[*]

摘要: 帮助信息网络犯罪活动罪作为《刑法修正案(九)》新增的罪名,经过短短几年的发展,已成为各类刑事犯罪中起诉人数排名第三的罪名,仅次于危险驾驶罪和盗窃罪。同时,该罪也成为目前起诉人数增长速度最快的犯罪。作为打击信息网络犯罪链条的关键罪名,其适用固然起到了在末端截断信息网络犯罪的工具输送渠道的重要作用,但是也在一定程度上存在滥用风险。在网络犯罪的立法中表现最为突出的是帮助行为正犯化的立法。[①] 因为帮助信息网络犯罪活动罪是将帮助行为正犯化的典型罪名,所以行为人实施上述行为,既可能同时构成上游犯罪的共犯,比如易与诈骗罪、非法经营罪等发生竞合,也可能与掩饰、隐瞒犯罪所得罪等产生混淆。在当前的审判实践中,倾向于采纳本罪优先适用而非共犯优先适用的立场,造成了帮助信息网络犯罪活动罪作为"口袋罪"的过度适用,既不利于准确评价犯罪行为,也不利于精准区分罪责刑。为此应对帮助信息网络犯罪活动罪与其他部分相近罪名进行比较分析,厘清帮助信息网络犯罪活动罪与其他犯罪的法律界线。

关键词: 帮助信息网络犯罪活动罪;掩饰、隐瞒犯罪所得、犯罪所得收益罪;诈骗罪

---

[*] 韩卓然,中国政法大学证据法学研究生。
[①] 陈兴良. 共犯行为的正犯化:以帮助信息网络犯罪活动罪为视角[J]. 比较法研究,2022(2):44-58.

在进行分析之前,笔者先对帮助信息网络犯罪活动罪(下文简称"帮信罪")的构成要件进行梳理,并对几个近似罪名的犯罪客体进行概括分析。根据《刑法》287条之二第一款的规定,帮信罪的构成要件为:明知他人利用信息网络实施犯罪,为其犯罪提供互联网接入、服务器托管、网络存储、通讯传输等技术支持,或者提供广告推广、支付结算等帮助,情节严重的行为。其法律后果为三年以下有期徒刑或者拘役,并处或者单处罚金。该条第三款规定,同时构成其他犯罪的,依照处罚较重的规定定罪处罚。帮信罪的犯罪客体是信息网络安全管理秩序,也可能会蔓延至毒品、淫秽物品、洗钱、知识产权等不特定领域,危害相关领域的管理秩序。掩饰、隐瞒犯罪所得、犯罪所得收益罪侵犯的则是司法机关正常查明犯罪,追缴犯罪所得及收益的活动。诈骗罪的客体是公私财产的所有权。而非法经营罪侵犯的则是金融管理秩序。

一、帮信罪与掩饰、隐瞒犯罪所得、犯罪所得收益罪的介分

根据《刑法》第312第一款的规定,掩饰、隐瞒犯罪所得、犯罪所得收益罪是指明知是犯罪所得及其产生的收益而予以窝藏、转移、收购、代为销售或者以其他方法掩饰、隐瞒的行为。该罪的法定刑期有两档,分别是三年以下有期徒刑、拘役或者管制,以及三年以上七年以下有期徒刑。从法定刑设置来看,该罪的罪责重于帮信罪。两罪的混淆主要发生在为上游犯罪提供资金结算帮助的场景中。

(一)主观故意的表现方式不同

掩饰、隐瞒犯罪所得、犯罪所得收益罪的行为表现是积极追求并实施掩饰隐瞒的行为,行为人往往对掩饰隐瞒行为是持有直接故意。而帮信罪虽然也对于上游存在信息网络违法活动具有明知,但行为人主观上对上游违法结果的扩大及灰黑产的流向往往是持放任态度。在行为人并未参与上游违法的主要行为也未有共同的意思联络的情况下,可以推定行为人仅具有间接的、概括的故意,其主观方面持有的是间接故意。

(二)主观故意的产生时间不同

掩饰、隐瞒犯罪所得、犯罪所得收益罪是一种典型的事后犯罪,行为人对于

上游犯罪的实施不存在事前通谋,"犯罪所得"中的"犯罪"应该是已经既遂或者虽然未遂但已经终结的犯罪,否则将构成上游犯罪的共犯。2015 年最高人民法院发布的《〈关于审理掩饰、隐瞒犯罪所得、犯罪所得收益刑事案件适用法律若干问题的解释〉的理解与适用》第 5 条第一款对此已有明确规定。该条规定,"事前与盗窃、抢劫、诈骗、抢夺等犯罪分子通谋,掩饰、隐瞒犯罪所得、犯罪所得收益的,以盗窃、抢劫、诈骗、抢夺等犯罪的共犯论处……此时,其掩饰、隐瞒行为就成了盗窃、抢劫、抢夺等犯罪的组成内容。"

而帮信罪作为帮助行为正犯化的罪名,最显著的特征在于行为人的行为属于上游犯罪的帮助行为,其发生在事前或事中,对于上游犯罪的着手、实施存在推动作用,系信息网络犯罪的辅助手段。信息网络犯罪的特点体现为行为人之间的熟悉程度不高,甚至毫不相识,犯意联络不明显。在考察行为人主观上是否与上游违法活动行为人存在意思联络时,应当根据一般人的认知水平和能力,依据经验法则综合判断。

(三)上游违法属性不同

属性不同主要体现在两个方面。一是上游违法程度不同。关于上游违法的程度,帮信罪原则上要求行为人明知上游违法可能达到犯罪程度。但是,最高人民法院、最高人民检察院《关于办理非法利用信息网络、帮助信息网络犯罪活动等刑事案件适用法律若干问题的解释》第 12 条第七款规定,"确因客观条件限制无法查证被帮助对象是否达到犯罪的程度,但相关数额总计达到前款第二项至第四项规定标准 5 倍以上,或者造成特别严重后果的,应当以帮助信息网络犯罪活动罪追究行为人的刑事责任"。由此可见,帮信罪对于行为人对所帮助对象的行为,只要达到违法的程度即可。反观掩饰、隐瞒犯罪所得、犯罪所得收益罪,要求行为人必须认识到涉案财物系犯罪所得而予以窝藏或转移。二是上游违法性质不同。帮信罪的上游犯罪范围仅限定于信息网络犯罪。而掩饰、隐瞒犯罪所得、犯罪所得收益罪的上游犯罪范围更加宽泛,行为人所帮助掩饰、隐瞒的财物可能来源于信息网络犯罪,也可能来源于信息网络犯罪之外的犯罪。

二、帮信罪与诈骗罪帮助犯的介分

最高人民法院、最高人民检察院、公安部《关于办理电信网络诈骗等刑事案件适用法律若干问题的意见》第 4 条对构成电信诈骗共同犯罪和主观故意的认定问题进行了规定,"明知他人实施电信网络诈骗犯罪,提供信息卡、资金支付结算账户、手机卡、通讯工具的行为,应当以诈骗罪共同犯罪论处。"从上述意见不难看出,在电信诈骗活动场景中,帮信罪与电信诈骗的共犯有诸多交叉之处,诈骗共犯的行为表现方式与帮信罪有较多重合,如在客观方面都实施了帮助行为,在主观方面都明知他人实施电信诈骗犯罪等。特别是在提供支付结算帮助行为模式中,两罪更难区分。

(一)客观方面的行为表现不同

帮信罪的行为表现限定于提供互联网接入、服务器托管、网络存储、通讯传输、广告推广或支付结算等特定帮助行为,除了出租、出售信用卡等行为模式以外,主要表现出需要较高技术支持的特点。而电信诈骗的共犯行为表现范围更广,包括了其他一般性帮助行为,如提供场所、资金支持、支付账户、通讯工具,以及其他未达到技术支持的严重性和决定性程度的行为。[①] 与帮信罪主要提供技术支持的特点不同,电信诈骗的帮助犯更符合传统意义上帮助行为的特点,在一定程度上"排斥"了电子信息技术手段的介入。

(二)帮助行为的促成力度不同

电信诈骗帮助行为人在犯罪行为的预备阶段,往往已经知晓了组织、谋划、领导电信诈骗活动的主犯对其确定的分工,帮助行为人以其领受的职责参与电信诈骗犯罪,行为人与诈骗团伙之间形成了一种紧密、长期的合作、分工关系。其参与犯罪的意愿及行为对于主犯坚定犯罪意志、实施电信诈骗在时间上具有同步性,在程度上具有推动性,是整个电信诈骗链条上不可或缺的环节,只是因为帮助行为人不进行决策部署,在共同犯罪中的地位作用较小,被认定为帮助犯更为适宜。而帮信罪对于电信诈骗行为的促成力与帮助力明显更轻,行为人对于上游犯罪是何种性质,具体采用何种行为方式一般了解不深,更不知晓上游犯罪的具体人员和分工职责,往往是在上游犯罪实施过程中参与进来,其行为只是在形式上和实质上对上游犯罪的某一环节具有推动作用。

[①] 宋鹏,杨金玲."帮助"信息网络犯罪活动的界定与甄别[N]. 检察日报,2021-4-21.

(三) 主观明知内容不同

诈骗罪行为人的主观明知内容为他人实施电信网络诈骗犯罪,而帮信罪行为人的主观明知内容是明知他人利用信息网络实施违法甚至犯罪活动。两者的主观明知程度存在清晰与模糊、明确与概括的区别。

上述观点在相关文件的规定中得到了印证。最高人民法院刑三庭、最高人民检察院第四检察厅、公安部刑侦局2022年3月22日联合下发的《关于"断卡"行动中有关法律适用问题的会议纪要》第5条规定,"为实施信息网络犯罪的犯罪行为提供银行卡的,应当根据行为人的主观明知内容和实施的具体犯罪行为,确定其行为性质。(1)明知他人实施电信网络诈骗犯罪,参加诈骗团伙或者与诈骗团伙之间形成较为稳定的配合关系,长期为他人提供信用卡或者转账取现的,可以诈骗罪论处。(2)……。(3)明知他人利用信息网络实施犯罪,仅向他人出租、出售信用卡,未实施其他行为,达到情节严重程度标准的,可以帮助信息网络犯罪活动罪论处。"

三、帮信罪与非法经营罪的介分

根据《刑法》第225条的规定,非法经营罪的罪状为"未经国家有关主管部门批准经营……或者非法从事资金支付结算业务的",构成非法经营罪。帮信罪与非法经营罪的罪状中,均有关于"支付结算"的表述,但是非法经营罪的法定最高刑为十五年有期徒刑,远重于帮信罪。

我们以一件非法经营案为例,剖析支付结算场景下两罪的异同。深圳某贝信息技术有限公司于2012年10月至2019年7月间,以"聚合支付"为名义,从事非法资金支付结算业务,截留商家资金,涉案金额92亿余元。某贝公司通过注册多家"壳公司"的方式向微信、支付宝等第三方支付机构套取支付通道,再将这些支付通道整合成二维码发送给商家使用。其资金流转方式不同于合规的聚合支付平台,消费者付给商户的钱并没有直接进入到商家的账户,而是先进入某贝公司的账户。某贝公司根据与商家约定的交付款时间,将资金结算给商家,并收取一定的服务费,服务费金额根据客户情况及约定结算时间长短确定。除了"壳公司"以外,某贝信息的商户中,还包括大量非法棋牌类游戏。后某贝公司在资金池内擅自挪用商家的资金,造成至少3000万元资金无法支付给商家。某贝公司在合法资金通道与违法犯罪活动之间搭建"地下通道"和资金池,虚构交易背景,帮助违法犯罪资金逃避监管,且擅自挪用资金池内的资金,严重扰乱了金融市场秩序,危害了支付安全。在该案中,司法机关最终以非法经营罪对某贝公司进行了惩处。

(一)是否依赖上游犯罪不同

这一区别是帮信罪与非法经营罪之间最为显著的不同。帮信罪的成立,前提是有上游犯罪的存在。如果没有上游犯罪,帮信罪自然没有存在的空间,因此帮信罪具有依附性。而非法经营罪的成立,并不依赖于上游犯罪的存在,行为人非法从事资金支付结算业务,达到了入罪标准,即可直接认定为非法经营罪,具有独立性。在案例中,某贝公司在没有上游犯罪的情况下,积极主动采用"聚合支付"方式,注册壳公司,或邀请其他棋牌类商家,进入其开发的平台进行支付结算,独立实施了非法经营行为。

(二)主观故意不同

正因是否依赖上游犯罪存在区别,两罪在主观故意方面亦有不同。帮信罪的主观方面在于帮助上游犯罪的实施,帮信罪行为人在整个犯罪链条中处于最下游。而非法经营罪的主观方面则是通过自身的非法经营行为,非法获取利益,非法经营行为人在整个犯罪链条中处于最上游。

(三)"支付结算"行为的认定标准不同

中国人民银行《支付结算办法》第3条规定,支付结算是指单位、个人在社会经济活动中使用票据、信用卡和汇兑、托收承付、委托收款等结算方式进行货币给付及资金清算的行为。此处的支付结算应当同时包括货币的给付和资金的清算,即应同时具备资金的转入和转出两个环节。

我国法律对于帮信罪中支付结算的概念没有进行规定,一般认为帮信罪中的支付结算是广义的支付结算,即行为人通过结算方式进行货币给付和资金清算,以实现资金从一方当事人向另一方当事人的转移,一般表现为普通的收款、转账、交易,或者出租、出借、出卖银行卡等行为。

而司法解释明确规定了非法经营罪中支付结算的定义。根据最高人民法院、最高人民检察院《关于办理非法从事资金支付结算业务、非法买卖外汇刑事案件适用法律若干问题的解释》第 1 条的规定,以下情形属于非法经营罪中的"非法从事资金支付结算业务":(一)使用受理终端或者网络支付接口等方法,以虚构交易、虚开价格、交易退款等非法方式向指定付款方支付货币资金的;(二)非法为他人提供单位银行结算账户套现或者单位银行结算账户转个人账户服务的;(三)非法为他人提供支票套现服务的;(四)其他非法从事资金支付结算业务的情形。由此可见,非法经营罪中的支付结算,是指开展支付结算业务活动,以营利为目的,针对不特定公众开展频繁的、有计划的货币资金转移服务。在案例中,某贝公司在没有国家授予资质牌照的情况下,积极主动采用"聚合支付"方式,注册壳公司,或邀请其他棋牌类商家使用聚合支付平台,消费者、赌博者、电信诈骗被害者等同时进入其开发的平台进行支付。某贝公司截留上述资金后形成自己的资金池,从中直接抽走手续费后,再向商家结算,进行了"二清"行为,完全符合非法从事资金支付结算业务的特点。

司法实践中,有些案件并没有严格按照非法经营罪罪状要求的"支付结算"特征来区分两个罪名,导致只是提供了资金"收取"服务,但并未实施资金"支付"行为的行为人被认定为从事了支付结算业务,按照非法经营罪定罪处罚,最终造成行为人承担了过重的法律责任。

各科专论

重罪案件落实认罪认罚从宽的路径与完善

贺 卫[*]

摘要：自认罪认罚从宽制度被正式确立至今，其已取得了较为丰硕的成果。但实践中，司法机关还是将重点放在了认罪认罚轻罪案件的探索上，以致当前重罪案件适用认罪认罚的情况并不理想。究其原因，主要包括案件性质因素、被告人因素、司法机关因素以及被害人因素四个方面。通过更新理念、加强沟通、构建重罪案件统一量刑标准和完善配套机制等方式，可以有效帮助检察机关在认罪认罚重罪案件中发挥主导作用，全面推进认罪认罚从宽制度的落实，助力国家治理体系和治理能力现代化建设。

关键词：重罪案件；认罪认罚从宽制度；现实困境；完善路径

2018年10月，随着《刑事诉讼法》的修改，认罪认罚从宽制度在立法层面上被正式确立。随着认罪认罚从宽制度的深入推进，对于认罪认罚案件的探讨已经从开始的框架性思考逐渐转向对细节问题的考察。其中，重罪案件是否适用以及如何适用认罪认罚从宽制度也成为学者和司法实务工作者热议的焦点。虽然当前学界和实务界对于重罪案件适用认罪认罚从宽制度已经没有太大的争议，但是实践中认罪认罚从宽制度的适用大多囿于轻罪案件，重罪案件适用

---

[*] 贺卫，上海市黄浦区人民检察院检察长。
本文系国家检察官学院2020年度科研基金资助项目成果。

认罪认罚从宽制度的情况并不理想。《最高人民检察院工作报告》指出[①]，被判处3年以上有期徒刑的案件占比仅约23%，但这23%却是刑事检察工作中的疑难、关键部分。检察机关作为刑事诉讼中上承侦查下启审判的司法机关，要充分发挥好认罪认罚从宽制度执行中的主导作用，在认罪认罚重罪案件中勇于担当，分析重罪案件适用认罪认罚从宽制度的现实困境，并提出相应的措施来推进认罪认罚从宽制度的全面开展。

在我国的刑事法立法中，没有对重罪与轻罪进行明确的划分，因此，笔者认为，需要先对"重罪案件"进行界定，才能更好地对重罪案件适用认罪认罚从宽制度的相关问题进行深入探讨。关于轻罪与重罪的划分标准，学界存在多种观点。有观点认为从刑法分则的角度出发，"可能判处三年有期徒刑"作为重罪和轻罪的节点，符合刑法总则中一些条款也是以三年为界的做法，并且分则中确实有很多罪名是以三年有期徒刑为分割线[②]；有观点认为可将五年有期徒刑作为轻罪和重罪的划分标准[③]；还有观点认为应当根据罪的量刑以及犯罪行为的社会危害程度进行划分，重罪案件主要包括量刑较重的案件、社会危害性较强的案件以及刑事政策要求严厉打击的案件[④]。笔者赞成以三年有期徒刑作为重罪与轻罪划分标准的观点，理由如下：一是如前所述，在刑法中，无论是总则还是分则，都有大量的条款以三年有期徒刑作为节点，如刑法总则中对于缓刑的规定，就是以三年以下有期徒刑作为界线；二是从程序法角度来看，"可能判处三年有期徒刑"是决定案件能否适用速裁程序、是否适用简易程序、能否由法官独立审判的关键条件，这对于司法机关办案有着重要的参考意义；三是从最高人民检察院工作报告中可以看出，最高人民检察院在阐述犯罪结构的相关情况，得出重罪占比持续下降结论时，是用"判处不满三年有期徒刑及其以下刑罚案件"的占比来说明的[⑤]。综上，笔者认为，无论是从立法角度还是实践角度，以三年有期徒刑作为轻罪与重罪的划分标准具有合理性。

---

① 参见张军在第十三届全国人民代表大会第四次会议上作的《最高人民检察院工作报告》，2021年3月8日。
② 王文华. 论刑法中重罪与轻罪的划分[J]. 法学评论,2010(2).
③ 卢建平,叶良芳. 重罪轻罪的划分及其意义[J]. 法学杂志,2005(5).
④ 汪海燕. 重罪案件适用认罪认罚从宽问题研究[J]. 中外法学,2020(5).
⑤ 同上注①。

一、重罪案件适用认罪认罚从宽制度之基础

(一)法理基础

1. 落实宽严相济刑事政策的重要方式

宽严相济刑事政策是党中央在构建社会主义和谐社会新形势下提出的一项重要政策,该政策在2010年《关于贯彻宽严相济刑事政策的若干意见》中被正式确立,并被赋予了"我国基本刑事政策"的地位。宽严相济刑事政策作为基本刑事政策,在刑事立法中对其没有作出适用方面的限制,说明该政策适用于所有犯罪嫌疑人和被告人,贯穿于刑事案件办理的整个过程中。那么,其在认罪认罚从宽制度中,在重罪案件中自然也都是适用的。重罪案件适用认罪认罚从宽制度,允许和推动被追诉人与国家及被害方达成谅解,控辩双方平等协商的地位给予了被告人充分的知情权与选择权,不仅体现了在"司法领域对人性和多元化价值的尊重"[1],也体现了宽严相济刑事政策中的"宽大""宽缓""宽容"精神。因此,在重罪案件办理过程中适用认罪认罚从宽制度,是落实宽严相济刑事政策的重要方式之一。

2. 契合认罪认罚从宽制度的价值取向

在传统的刑事诉讼程序中,控辩双方处在激烈的对抗模式中,法官需要在控辩双方就定罪量刑等展开的辩论中认定案件事实。这样的方式虽然能够对案件进行充分探讨,但是会占用大量的司法资源,并且形成公诉人与辩护人之间的对立局面,影响社会长久稳定发展。因此,为探索一种非对抗式的诉讼模式,我国构建了认罪认罚从宽制度,以此优化司法资源配置,提高诉讼效率,体现现代司法的宽容性。相较于轻罪案件,重罪案件中被追诉人认罪认罚对于司法机关,尤其是对于公安机关与检察机关而言,具有重大意义。重罪案件中所涉及的案件事实复杂,这一点在共同犯罪案件中尤为明显,因此在办理这类案件时,办案机关所要面临的问题也随之增加,办案难度相对较大。如果犯罪嫌疑人适用认罪认罚可以帮助办案机关迅速锁定侦查的方向,全面收集证据,[2]大

---

[1] 苗生明,卢楠. 重罪案件适用认罪认罚从宽制度的理论与实践[J]. 人民检察,2018(17).
[2] 宋启明,王静. 重罪案件认罪认罚从宽的适用困境及演进展望[J]. 齐齐哈尔大学学报(哲学社会科学版),2020(8).

大减少办案的难度,有效提升效率,节约司法资源,而效率正是认罪认罚从宽制度的主要价值追求之一。以组织领导黑社会性质犯罪为例,这类犯罪的特点是具有高度的组织性,公安机关或检察机关想要获取主犯的信息,想要厘清黑恶组织的主从犯关系,有时就需要以内部人员为突破口。最高人民法院、最高人民检察院、公安部、司法部为此专门发布的《关于跨省异地执行刑罚的黑恶势力罪犯坦白兼具构成自首立功若干问题的意见》中的第1条就强调了促使黑恶势力罪犯坦白、检举的重要性。由此可见,重罪案件适用认罪认罚从宽制度契合其及时有效打击犯罪、提升办案效率、节约司法资源的价值取向。

(二)实践基础

1. 制度规范层面

首先,在我国的刑事立法中,并未对认罪认罚这一从宽情节划定范围,也就是说,适用认罪认罚从宽制度没有被限制或存在例外情形。既然没有作出例外规定,那么刑事立法中的原则性规定适用于所有刑事犯罪,包括重罪案件。因此,重罪案件适用认罪认罚从宽制度是具有法律依据的。在最初的试点文件中,即《关于在部分地区开展刑事案件认罪认罚从宽制度试点工作的办法》中对于不适用认罪认罚从宽制度的情形进行了描述,只排除了不认罪、不认罚或精神病人的案件,并未以重罪或轻罪为标准进行排除。也就是说,从制度设计之初,相关文件就没有将重罪案件排除在认罪认罚从宽制度的框架外。2019年10月,"两高三部"联合发布的《关于适用认罪认罚从宽制度的指导意见》(下称《指导意见》)明确规定:"认罪认罚从宽制度没有适用罪名和可能判处刑罚的限定,所有刑事案件都可以适用"。由此可见,认罪认罚从宽制度适用于所有刑事案件,包括重罪案件。最高人民检察院颁布的《人民检察院刑事诉讼规则》中也规定:"认罪认罚从宽制度适用于所有刑事案件。"2020年12月,最高人民检察院就十三届全国人大常委会对人民检察院适用认罪认罚从宽制度情况报告的审议意见提出28条贯彻落实意见,第1条就指明:"要依法适用、应用尽用。"从最高人民检察院在各种会议中所表明的态度来看,重罪案件适用认罪认罚从宽制度是没有疑问的,最高人民检察院也在积极探索适时出台指导意见和典型案例,帮助下级检察机关推进重罪案件认罪认罚从宽制度的适用。综上,无论是从法律规范的角度,抑或是政策制定角度,重罪案件适用认罪认罚从宽制度

2. 司法办案层面

认罪认罚从宽制度最初的试点探索取得了较好的效果,并为后期的工作累积了经验,说明了其在我国广泛推广具备现实可能性。后来,认罪认罚从宽制度在法律层面被正式确立,全国检察机关开始全面展开认罪认罚从宽制度的适用。截止目前为止,认罪认罚轻罪案件的探索已经比较健全。虽然当前我国对于重罪案件适用认罪认罚从宽制度还存在一些障碍,但前期累积的丰富经验可以帮助检察机关结合重罪案件的特点,不断完善制度架构。此外,有学者对某地区两年内近百起被告人认罪认罚、积极赔偿,得到被害人家属谅解而适用死缓的案件进行跟踪,没有发现判决后出现不良后果,从一定程度上说明了对于重罪案件适用认罪认罚从宽制度,随着人民素质的不断提升,具有了一定的群众基础。[1] 如今,在最高人民检察院的引导下,全国各级检察机关都开始积极探索认罪认罚从宽制度框架下的重罪案件的办理,并尝试细化规则、完善制度,助力全面推进认罪认罚从宽制度。

二、重罪案件适用认罪认罚从宽制度的现实困境与原因剖析

（一）现实困境

从司法实践来看,尽管认罪认罚从宽制度已经实现了适用范围、适用阶段以及适用罪名的全覆盖,但是重罪案件中适用认罪认罚从宽制度的情况仍比较少,适用率不高。[2] 笔者认为,当前重罪案件适用认罪认罚从宽制度的现实情况存在以下几种特点:首先,由于各地的犯罪特点不一致,因此在适用的罪名上可能存在倾向性,集中于某一些特定的罪名。例如,我国毒品主要来自境外,云南是"金三角"毒品主要的渗透入境地和中转集散地,走私、贩卖、运输毒品犯罪多发,因此,在云南地区可能对毒品类重罪的办案探索较多;再如非法吸收公众存款案、非法集资案多发于经济较为发达的地区,这些地区对于此类案件的办案经验可能就比较丰富。其次,除了不同地区的重罪案件的特点有所不同导致各地适用认罪认罚从宽制度的重罪案件类型有所倾向之外,重罪案件本身的特点

---

[1] 胡保钢. 重罪案件认罪认罚从宽制度的适用基础[J]. 人民检察,2018(17).
[2] 周新. 重罪案件适用认罪认罚从宽制度研究[J]. 比较法研究,2021(4).

也会导致适用程度有所不同。在适用罪名方面,呈现出"两个居多"的特点:一是诈骗、盗窃、抢劫等侵害财产权益的案件适用居多;二是毒品犯罪和职务犯罪等无被害人的案件适用居多。[①] 事实上,这样的倾向还是比较容易理解的,财产类犯罪由于案件数量占比较大,财产数额的标准比较容易衡量,且被追诉人退赃退赔的情况较多,因此对于从宽限度的把握各地可以根据实际情况制定相对明确的标准。而无被害人的案件,由于没有被害人这一不稳定因素,使得诉讼的稳定性大幅增强,因此检察机关适用认罪认罚从宽案件所要顾虑的问题减少,制度的适用就比较大胆。最后,对于认罪认罚重罪案件提出的量刑建议以幅度刑量刑建议为主,确定刑量刑建议较少,这与"两高三部"联合发布的《关于适用认罪认罚从宽制度的指导意见》中的"办理认罪认罚案件,人民检察院一般应当提出确定刑量刑建议"似乎存在冲突。

(二)原因剖析

1. 案件性质因素

当前我国认罪认罚从宽制度体系的构建主要围绕三条主线进行,即程序从简、实体从宽和强制措施从缓。但此三条主线均在很大程度上与轻罪案件的基本特点相适应,而与重罪案件契合度并不高。[②] 对于重罪案件,即使被追诉人认罪认罚,但由于案件的线索繁多、事实和证据复杂,司法机关在办案过程中还是较为谨慎。从审判机关的角度来说,其可能不仅需要对被追诉人是否满足认罪认罚从宽制度的适用条件、被追诉人认罪认罚的自愿性和明知性等内容进行审查,为保障判决的正确性,有些法官还会对案件的实质内容进行梳理,反而增加了法官的办案负担,没有真正实现程序从简的目标。在实体从宽方面,有些被追诉人存在从重或加重的情节,或当前的刑事政策要求严厉打击某类犯罪,如"扫黑除恶专项行动",但被追诉人又存在认罪认罚的情形,检察机关需要在从宽处罚与从重处罚之间进行平衡。重罪案件本身具有的复杂性、疑难性等特点使其在适用认罪认罚从宽制度存在困难。

---

① 林晓萌,侯倩. 检察环节重罪案件认罪认罚从宽制度的效益分析与路径优化[J]. 贵州警察学院学报,2020(4).
② 汪海燕. 重罪案件适用认罪认罚从宽程序问题研究[J]. 中外法学,2020(5).

2. 被追诉人因素

就重罪案件中被追诉人一方对认罪认错从宽制度适用的影响因素，主要有两个方面：

其一，是被追诉人认罪认罚态度的不稳定性。由于重罪案件所判处的刑罚较重，需要考虑的情节较多，有时从宽的幅度难以体现。尤其是在可能判处十年以上有期徒刑、无期徒刑或死刑的案件中，被追诉人会认为刑罚重一些或者轻一些对其没有太大的影响，因此被追诉人希望通过不认罪不认罚的方式，获得轻罪甚至无罪判决的机会。除此之外，被追诉人还可能存在认罪不认罚、部分认罪的情况[1]。检察机关在办理认罪认罚重罪案件时，有时会由于量刑建议能力有限或出于提高量刑建议采纳率的心理，提出幅度刑量刑建议，并且幅度还比较大。被追诉人无法明确自己将要承受的刑罚结果时，往往会产生抵触心理，无法认同检察机关提出的量刑建议。

其二，值班律师作为为被追诉人提供法律帮助的重要角色，相关制度落实不到位大大削弱了值班律师的作用。具体表现为法律援助律师的数量紧缺，有的看守所设置的值班律师接待室长期处于空置，有些国家机关没有为值班律师行使权利提供相应便利，甚至出现阻碍值班律师的情况等。究其原因，一是值班律师提供法律帮助具有阶段性、碎片化特征[2]；二是重罪案件由于案情复杂，耗费时间较多，想要在不同诉讼阶段中由同一律师提供法律帮助较为困难；三是律师定位存在争议，值班律师在实践过程中常常不被认可。

3. 司法机关因素

首先，规范供给不足导致重罪案件适用认罪认罚从宽制度难以推进。最为突出的表现就是认罪认罚重罪案件的量刑建议标准和从宽幅度标准的规范缺失。近期，最高人民法院与最高人民检察院联合发布了《关于常见犯罪的量刑指导意见（试行）》，突破了以往由最高人民法院单独发布量刑指导意见的惯例，将检察机关提出量刑建议纳入规范范围。但仔细研究该《指导意见》可以看到，虽然有部分具体规定中涉及到重罪案件的量刑规定，但是重罪案件的量刑规定还是比较粗糙的。因此，检察机关在办理认罪认罚重罪案件时能够参照的细化

---

[1] 胡波. 重罪案件适用认罪认罚从宽制度的障碍及破解[J]. 人民检察, 2018(17).
[2] 陈光中, 张益南. 推进刑事辩护法律援助全覆盖问题之探讨[J]. 法学杂志, 2018(3).

规则较少,这是导致重罪案件适用认罪认罚从宽制度效果不佳的重要原因之一。

其次,司法人员的认识存在偏差。主要表现为两个方面:一方面,法检认识不统一,具体来说,法检对于《刑事诉讼法》第 201 条中的"一般应当采纳"的理解存在差异,法院普遍认为该条为柔性条款,而检察机关则普遍认为该条为刚性条款,由此引发了检察权与审判权间的博弈。尤其是在重罪案件中,法检对于案件的量刑可能存在较大的争议,矛盾会更加激化。另一方面,检察机关还存在一些错误认识,一是对于重罪案件适用认罪认罚从宽制度的重视不够,有些检察官甚至认为认罪认罚的适用是有案件范围的限制的。以毒品犯罪为例,检察官有时会出于惯性和惰性思想,一律实施抓捕,采用一刀切的方式办案,忽视了认罪认罚从宽制度的适用可能性;二是协商理念不足,长期的绝对优势地位让检察机关无法在短时间内转化成平等的身份与被追诉人进行量刑协商。

最后,量刑建议的提出以幅度刑为主。由于之前检察机关主要关注于案件的定性、事实的证明和法律适用的解释等等,对于量刑建议的敏感度并不高,量刑的决定一般都是交给法院。因此,存在检察官量刑建议工作能力不足的情况,加之没有规范的引导,量刑建议工作的展开就显得较为困难。从实践来看,在轻罪案件中,由于案件数量庞大,检察机关工作人员经验丰富,且规范指引相对明确,检察机关对此提出确定刑量刑建议已经逐渐成为常态。但由于重罪案件案件比较复杂,检察机关的量刑建议能力有限,且部分检察官一味关注提高量刑建议的采纳率而忽视确定刑量刑建议提出的重要性,导致在释法说理上不够详细。而粗略的说理和不准确的量刑建议很难说服犯罪嫌疑人、被告人,容易导致协商破灭。

4. 被害人因素

合作性司法理念底蕴不足。在我国传统的刑事诉讼过程中,控辩双方处于一种激烈的对抗模式中。即使在认罪认罚从宽制度推行后,刑事诉讼程序中,检察机关依然处于较为强势的地位并且短期之内难以改变。与西方国家不同,认罪认罚从宽制度是近几年才在我国逐渐推广开来的,协商性司法理念在我国的传播时间非常短暂,传播的范围也比较有限,社会公众对于这一概念的了解还需要较长的一段时间。因此当前我国还没有形成良好的公众基础来支持量刑建议制度的发展。特别是对于重罪案件的被害方来说,面对生命的消逝、身体的严重损伤或财产的巨大损失,认罪认罚从宽制度的协商性对被害人一方意味着会减轻对被追诉人的处罚,这是难以被接受的,社会对此舆论反应也会更加强烈。一些被害人或被害人家属可能会因此提出控告申诉,增加了案件的不稳定性,检察机关出于对被害人因素的考量,在办理认罪认罚重罪案件时,对于量刑建议的从宽也会更加谨慎。

三、重罪案件适用认罪认罚从宽制度的完善路径

(一)更新理念,保障充分沟通

检察机关作为认罪认罚从宽制度的主要推动者,必须要剔除旧有的错误观念,加强对重罪案件适用认罪认罚从宽制度的重视以及相关制度的学习。

首先,要大力宣传重罪案件适用认罪认罚从宽制度的价值,培育重罪案件适用认罪认罚从宽制度的土壤。通过对认罪认罚从宽制度的研究,可以清楚地认识到该制度发展历史是比较短暂的,控辩双方之间的协商常常存在不充分的情况。受我国从古至今的"报应主义"思想的影响,人民群众对于"协商司法"的认同度并不高,尤其是重罪案件的受害人一方,可能会因为控辩双方的协商,认为没有给予被告人相应的惩罚而作出过激行为。想要改善现状,一方面需要从国家层面对于"协商性司法理念"进一步扩大宣传,提高社会群众的法治基础,尤其要重视与被害方的沟通,向其充分说明认罪认罚从宽制度的价值内涵以及检察机关提出量刑建议的依据;另一方面需要检察机关积极作为,保障被追诉人的知情权和选择权,及时向其告知认罪认罚制度的相关规定,在犯罪被追诉人同意认罪的前提下,尽可能全面,充分掌握被追诉人的情况。例如,在考量量刑建议中的刑罚执行方式时,检察机关应当对客观实际情况进行调查,是否有经常居住地、是否适合狱外执行等内容都需要进行了解。检察机关只有对行为人个人情况、社会关系等情况进行充分且详实地了解,方能提高刑罚执行方式的可操作性。[①]

其次,法院对于检察机关与被追诉人在庭审前形成的量刑协商结果有时存在怀疑的态度。因此,检察机关除了与被告人及被害人需要进行充分的交流和

[①] 庄乾龙. 认罪认罚从宽制度中精准化量刑建议[J]. 政法学刊,2020(3).

沟通之外,还应当和法院之间形成相应的交流机制,深化审检共识。对于《刑事诉讼法》第 201 条的规定,应当建立统一的认识。笔者认为,对"一般应当采纳"的理解是建立在"原则上"采纳,"例外情况"不采纳的基础上。这里的"一般应当采纳"的例外情形包括《刑事诉讼法》第 201 条第 1 款规定五种情形以及《刑事诉讼法》第 201 条第 2 款中的"被告人对量刑建议提出异议"的情形。对于"辩护人对量刑建议提出异议"的情况,法院并不是当然地不采纳检察机关提出的量刑建议,毕竟认罪认罚从宽制度也不以辩护人的同意作为适用条件。此外,在办理案件的过程中,审查起诉阶段,检察机关应当将所有证件材料随案移送,尤其是与量刑协商有关的说明文件,如控辩双方协商记录、犯罪嫌疑人或被告人的意见和观点、认罪认罚具结书、案件的定性证据、案件的量刑证据、细节情况说明、被害人谅解书等等。如果有必要,可以让法官参与到协商程序中,在检察机关对于案件的定性或量刑建议的提出有疑问时,可以通过多种方式与法官进行沟通,一方面,可以通过沟通提升检察机关的信心,在向被追诉人进行释法说理时,能够更加全面,提高被追诉人对法律后果的明确性,降低被追诉人的上诉率。另一方面,通过与法院的提前沟通,能够加强法院对检察机关提出的确定刑量刑建议的接受度和信任度,提高量刑建议采纳率。

(二)明确量刑建议标准,分类提出量刑建议

首先,建立统一的重罪案件量刑建议标准。2021 年 7 月,最高人民法院与最高人民检察院联合发布了《关于常见犯罪的量刑指导意见(试行)》(以下简称"指导意见(试行)"),这对于认罪认罚从宽制度的进一步推进具有重要意义。如前所述,该《指导意见(试行)》只涉及 23 个罪名的量刑规范,并且只有部分罪名涉及到重罪案件的量刑规范,相较于刑法 400 多个罪名而言,无法满足司法实践的多样化需求。笔者认为,对于量刑建议的规范可以从以下四个方面着手:一是必须明确减让标准。可以将司法效率与被追诉人教育改造的容易程度作为主要参考因素,越能够体现被告人教育改造容易、越能提升司法效率和节约司法资源的,量刑建议的从宽幅度越大。以当前的"3-2-1"阶梯模式为基础,以被追诉人的悔罪程度作为辅助标准,体现认罪认罚从宽制度的价值追求。二是"两高"可以就部分较为常见的重罪案件入手,例如从涉及财产类犯罪等有较为具体衡量标准的重罪案件切入,总结分析各地相关犯罪的情况,选取

具有典型性、代表性的案件,以典型案例、指导性案例的方式,初步为各级检察机关办理某些特定类型的重罪案件提供有效指引。三是立足于当前的量刑指导规范,将其中涉及重罪的相关条文进行细化,并适当增加《量刑指导意见》中的重罪案件的数量。四是借助智慧检务力量,通过大数据分析,利用信息技术,为重罪案件适用认罪认罚从宽制度提供更多参考。

其次,如何在认罪认罚重罪案件框架下理解"一般应当提出确定刑量刑建议"。笔者认为,可以对重罪案件按照刑期以及是否适用简易程序进行初步分类,结合案件特点分别提出不同的量刑建议。对此,可以将其分为以下四个类别:第一类为可能判处三年以上七年以下有期徒刑适用简易程序的案件。选取三年与七年作为起始点,是因为刑法中有较多的罪名规定以三年或七年作为法定刑升格的界点。这类案件相较于轻罪案件社会危害性大一些,但是总体来说,案情的复杂程度并不高,检察机关对于这类案件的把握还是比较大的。因此,应当主要以确定刑量刑建议为主,小部分幅度刑量刑建议为辅。在这里需要强调的是,在提出幅度刑量刑建议的时候,应当尽可能地缩小幅度,以便法院能够更加准确地进行审查。第二类案件为可能判处七年以上十年以下有期徒刑适用简易程序的案件。这类案件基本上就属于重罪案件,案件较为复杂,事实的认定与证据的串联存在一定的困难,并且,七年至十年的有期徒刑幅度还是比较广的。因此,在这类案件中,笔者认为量刑建议的精准化程度无需过高,建议以幅度刑量刑建议为主,确定刑量刑建议为辅,更加符合司法实践的现实状况。第三类案件为可能判处十年以上有期徒刑适用简易程序的案件。这类案件大多属于重大刑事案件,案件复杂、相关情节的变化也比较多,例如被告人退赃退赔等等,量刑可能随时发生变化。因此,就检察机关目前提出量刑建议的能力,结合案件的困难程度,检察机关应当以提出幅度刑量刑建议为原则。如果案件并没有非常复杂并且办案检察官对于案件的细节有特别准确的把握,也不排除提出确定刑量刑建议的可能性,但是这样的情况出现的几率还是非常小的。第四类案件为普通程序案件。这类案件不要求案件事实清楚,证据确实、充分,也不要求被告人认罪认罚,统一适用普通程序,这类案件的办理难度较大。[①] 虽然目前对于认罪认罚从宽制度的适用没有进行过多限制,普通程序

---

① 李勇. 认罪认罚案件量刑建议"分类精准"模式之提倡[J]. 河北法学,2021(1).

当然也属于可以适用认罪认罚从宽制度的范畴，但是由于这类案件适用认罪认罚从宽制度的关键并非程序的简化，而是实体的从宽，也不主要考虑司法资源的优化配置，因此检察机关一般都应当提出幅度刑量刑建议。

最后，检察机关需要提升释法说理能力。需要加强对检察官法律适用和经验判断的培养，尤其应当增强检察官对案件的说理能力。胡云腾教授认为，精准量刑建议要说清五理，包括：基准刑的说理、从重情节的说理、从轻情节的说理、具体程序的说理以及对社情民意影响的说理。① 实际上胡云腾教授提出的这五个方面，也是审判机关在对案件进行分析时时常用到的角度。笔者认为，检察机关应当在精细说理上下大功夫，重点可以从以下三个方面着手。第一，检察机关对于提出的确定刑量刑建议的基准刑应当予以明确，其依据哪些规范提出的需要指明，选择的量刑档次正确了，量刑公正就有了一定的保障；第二，要对被追诉人的从重情节或者从轻情节进行详细的描述，在认罪认罚案件中，可能有些检察官较为注重对从轻情节的描述而忽视了从重情节，但事实上对于量刑情节的描述应当是尽可能全面完整的；第三，对一些之前予以模糊化的内容尽量做到详细、明确的阐述，如在"因琐事引起纠纷"中，应当对"琐事"的具体内容，"纠纷"的具体方式进行说明，尽量避免虚无空洞的词汇，避免文书书写过于格式化。

（三）配套机制完善

首先，应当探索建立证据开示制度。在与被追诉人沟通的过程中，可以引入证据开示制度，其目的是要打破控辩之间在证据方面的不平衡，确保控辩双方掌握对称的信息，如此才能体现被追诉人的诉讼主体地位，与控方进行平等有效协商。② 我国对于被追诉人的保障机制主要是卷宗制度，但是，如前所述，在认罪认罚案件中，很多案件是由值班律师来进行审前阅卷，其或是提供临时性的帮助，或是怠于行使阅卷权利，使得被追诉人的权利无法得到很好的保障。而证据开示制度，能够将被追诉方的阅卷压力转移到控方证据的开示上，平衡

---

① 胡云腾. 完善认罪认罚从宽制度改革的几个问题[J]. 中国法律评论,2020(3).
② 余鹏文. 认罪认罚从宽制度下的量刑建议——以量刑建议精准化为切入点[D]. 中国政法大学,2021:76.

了双方之间悬殊的力量对比。根据《指导意见》的规定,"人民检察院可以针对案件具体情况,探索证据开示制度,保障犯罪嫌疑人的知情权和认罪认罚的真实性及自愿性"。就证据开示制度的适用阶段,依据《指导意见》的规定,检察机关作为探索这一制度的主体,应将其使用阶段规定在审查起诉阶段。

其次,完善值班律师制度。想要让值班律师在认罪认罚重罪案件中起到切实的作用,需要先从制度层面进行完善,避免在值班律师行使阅卷权等权利时存在阻碍。在认罪认罚制度框架下,尽可能将值班律师权利在法律层面予以明确规定,并且将其地位向"辩护人"靠拢,逐渐实现认罪认罚重罪案件的律师全覆盖。检察机关应当摆正姿态,充分尊重值班律师,保障其依法行使权利,积极向其告知程序进展,听取值班律师的意见并在文书中予以记录。除此之外,可以加强值班律师与法律援助律师的衔接互动,同时探索特殊情形下辩护人转化机制,以加强律师在重罪案件中的全程参与。在物质层面,政府可以设立专门的款项,对值班律师的服务进行购买,并且设立相应的激励制度对于表现良好或作出突出贡献的值班律师予以一定的奖励,从而激励值班律师主动履行职权,帮助认罪认罚案件中的犯规嫌疑人、被告人。

高空抛物行为定性及法律适用问题研究

曹艳梅[*]

摘要:《刑法修正案(十一)》新增设的高空抛物罪明确了一般性的高空抛物行为不具有危害公共安全的属性,情节严重并扰乱公共秩序的构成本罪,但这并不意味着所有的高空抛物行为都不危害公共安全。当高空抛物行为具有致人重伤、死亡或重大财产损失等结果上的开放性和扩散性,且行为人对此具有希望或放任的主观故意时,应当认定为以危险方法危害公共安全罪。此外,不具有危害公共安全的高空抛物行为还涉及高空抛物罪、寻衅滋事罪、故意伤害罪、故意杀人罪、故意损害财物罪、过失致人重伤罪、过失致人死亡罪等罪的区分与竞合,应当合理构建高空抛物行为的刑法体系性适用规则。

关键词:高空抛物;公共安全;公共秩序;实害结果罪名适用

《中华人民共和国刑法修正案(十一)》(以下简称《刑修(十一)》)在《刑法》第291条中增设了高空抛物罪[①],将2019年最高人民法院颁布的《关于依法妥善审理高空抛物、坠物案件的意见》(以下简称《高空抛物案件审理意见》)中对高空抛物行为的主要法益归属由危害公共安全调整为扰乱公共秩序,由此也引发了对高空抛物行为定性及其法律适用上的新的争议。本文拟从高空抛物的属性之争及其刑法规范演进出发,对高空抛物罪进行教义学解读和性质分

---

[*] 曹艳梅,上海市黄浦区人民检察院第二检察部副主任
[①] 刑法第291条之二:从建筑物或者其他高空抛掷物品,情节严重的,处一年以下有期徒刑、拘役或者管制,并处或者单处罚金。有前款行为,同时构成其他犯罪的,依照处罚较重的规定定罪处罚。

析,以期对司法实践中高空抛物行为的定罪量刑有所裨益。

一、高空抛物的属性之争及其刑法规范演进

高空抛物是一种危险系数较高的违法犯罪行为。近年来,各类高空抛物致人伤亡的事故频发,给人民群众生命财产安全带来较大危害,引起社会广泛关注。由于我国刑法条文并未对此类行为进行具体直接规制,为指导司法实践和统一定罪量刑,2019年10月,最高人民法院颁布《关于依法妥善审理高空抛物、坠物案件的意见》(以下简称《高空抛物案件审理意见》),规定故意从高空抛弃物品,尚未造成严重后果,但足以危害公共安全的,依照刑法第114条的规定以危险方法危害公共安全罪定罪处罚;致人重伤、死亡或使公私财产遭受重大损失的,依照刑法第115条的规定以危险方法危害公共安全罪定罪处罚。该规定的出台虽然回应了司法实践中对高空抛物行为定罪处罚和人民群众生命财产安全保障的现实需要,但在法益确立和责任确定等方面却带来了更多的争议。[①]反对性观点认为,高空抛物行为虽然针对的是不特定的人员,但其造成的危害结果有限,一般情况下并不足以危害多数人的生命健康和重大公私财产安全,不能以以危险方法危害公共安全罪定罪处罚。且以危险方法危害公共安全罪以3年有期徒刑为起点,刑罚过重,以该罪定罪处罚容易造成罪刑失当。为有效打击犯罪,避免罪刑失衡,有必要对高空抛物行为单独设立新罪名进行定罪处罚。

基于此,2020年《刑修(十一)》起草时,高空抛物行为成为刑事立法的单独罪名。《刑修(十一)一审稿》在法益归属上延续了《高空抛物案件审理意见》的认定,在刑法第114条之二增设规定"从高空抛掷物品,危及公共安全的,处拘役或者管制,并处或者单处罚金。有前款行为,致人伤亡或者造成其他严重后果,同时构成其他犯罪的,依照处罚较重的规定定罪处罚",将高空抛物行为规定为独立的危害公共安全类危险犯,改变了之前量刑较为严厉的以危险方法危

[①] 该司法解释出台后,高空抛物行为在法益归属上基本上就被定性为一种对公共安全的危害行为,构成以危险方法危害公共安全罪,从而根据具体的损害后果,承担相应的刑事责任。虽然该司法解释在条文中强调了"足以危害公共安全的",但司法实践中往往会忽略这一要求,而是只要有行为就构罪。参见林维:《高空抛物罪的立法反思与教义适用》,《法学》2021年第3期;张明楷:《高空抛物罪的刑法学分析》,《法学评论》2020年第3期。

害公共安全罪的定罪模式,代之以较为轻缓的刑罚责任。因为高空抛物虽然可能造成危害公共安全的严重后果,但其手段本身不能与放火、决水、爆炸等危害公共安全的方法相提并论。① 但这一立法路径仍然没有平息有关法益归属的争议,换而言之,《〈刑法修正案〉(十一)一审稿》仍然将高空抛物行为普遍性地定性为具有危害公共安全危险的行为。但刑法学界更为主流的观点则认为,虽然高空抛物行为并非绝对不能危害公共安全,例如高空所抛之物具有炸裂性,或高空抛物导致的连锁反应使其危害后果具有随机的开放性和扩张性的行为。但典型的高空抛物行为本身其法益侵害性更多地体现为对不特定单一个体的安全性的侵害,缺乏结果扩张意义上的不特定性的特定危险,因此不宜作为危害公共安全类犯罪予以独立入罪。② 因此《刑修(十一)(二审稿)》将高空抛物犯罪行为调整到刑法第291条之二,从而将其行为的主要法益归属从危害公共安全调整为扰乱公共秩序。最终《刑修(十一)》基本维持了该二审稿的条文,通过主要法益的明确定位,提醒司法人员重新审视具体高空抛物行为的性质,避免将高空抛物行为人为拔高认定为以危险方法危害公共安全罪,从而减轻司法压力,防止罪刑之间的不均衡③。

二、高空抛物罪的教义学解读

高空抛物罪是指行为人从建筑物或者其他高空抛掷物品,情节严重,扰乱公共秩序的行为。

(一)"高空"的教义学解读

《刑修(十一)》对"高空"的表述为"建筑物或其他高空"。这涉及的第一个问题,就是"其他高空"与"建筑物"之间是同类关系还是补充关系?所谓同类关系,是指根据同类解释规则,"其他高空"应当是与建筑物同类型的其他高处,亦即固定不动高于地面一定距离的高处,因此从移动的飞行物体上往地面抛掷物品或者从行驶的车内向外抛掷物品的,并不属于这里的高空抛物;所谓补充

---

① 陈兴良.公共安全犯罪的立法思路嬗变:以〈刑法修正案(十一)〉为视角[J].法学,2021(1).
② 林维.高空抛物罪的立法反思与教义适用[J].法学,2021(3).
③ 周光权.论通过增设轻罪实现妥当的处罚[J].比较法研究,2020(6).

关系,是指"其他高空"可以是不固定的或移动的高于地面一定距离的高处,因此从移动的飞行物体上往地面抛掷物品或者从行驶的车内向外抛掷物品的,也属于这里的高空抛物。笔者认为,此处应当采纳第二种解释。虽然一审稿没有使用建筑物这一表述,而最终稿增加了有关建筑物的规定,但其目的只是为了强调和明确建筑物属于高空的概念,而非航空领域的高空概念(我国民用航空领域中,6000米以上才为高空,其余则为低空)。因此建筑物是一种明确和强调,与其他高空是一种补充的概念,其他高空可以是与建筑物同类型的固定不动的高于地面一定距离的高处,也可以是移动的高于地面一定距离的高处,尽管从移动的飞行物体往下或行驶的车内往外抛掷物品可能是危害公共安全的危险方法。

至于"高于地面多少距离"构成"高空",正如上段所述,不同规范有不同的认定,因此有学者指出在一定范围内,高空的标准应当一致:我国刑法第244条之一雇佣童工从事危重劳动罪中也有"高空"的表述,即"高空、井下作业",根据《高处作业分级(GB/T3608-93)》,高处是指离坠落高度基本面2米以上的地方,因此坠落高度低于2米的不宜认定为高空。[①] 此种坠落高度是物品从高处坠落低处的高度差,而非高处与地面或最低处的绝对高度差,因此行为人从18楼往18楼抛掷物品并落在18楼不属于高空,而从18楼往地面抛掷物品并落在地面属于高空。此外,行为人站在低处,通过其他手段辅助例如无人机将物品送到高处然后抛掷落地,其自由落地高度差在2米以上的亦属于高空,但不包括由地面向上抛掷物品,即只包括由上往下抛掷,不包括由下向上抛掷。[②]

(二)行为人主观状态的教义学解读

高空抛物罪为故意犯罪,要求行为人明知其高空抛物行为会产生扰乱公共秩序的结果,却希望或放任该结果的发生。首先,希望或放任的是高空抛物行为会带来的扰乱公共秩序的结果,而不是必须人身伤害或财产损失的实际损害结果,还包括人身伤害或财产损失的具体风险。但如果行为人对高空抛掷物品

---

① 林亚刚. 高空抛物、坠物刑事责任的讨论[J].//赵秉志、刘宪权、梅传强. 现代刑事法治视野下的国家和社会安全[M]. 中国人民公安大学出版社,2020:216.
② 袁彬,刘亚莉. 如何确定高空抛物的高空标准[N]. 检察日报,2021-8-17(3).

具有的人身伤害或财产损失的具体风险都没有认识到,则不能将抛掷行为的存在作为存在高空抛物罪主观故意的成立依据。其次,行为人对实际损失损害可以是故意,也可以是过失。换而言之,行为人可以对高空抛物行为及行为的具体风险持故意的主观状态,但对高空抛物带来的人身伤害或财产损失结果持过失的主观状态。再次,所谓放任,是指对危害社会的结果不管不顾、毫不在乎的心理状态。如果行为人对其高空抛物行为带来的侵害人身安全和财产安全的具体风险进行了合理的控制,例如设置了安全带、安排了人员提醒和疏散过路行人或车辆等,则可以认为行为人不存在高空抛物罪的主观上的故意,如果造成人员伤亡或财产损失,符合其他犯罪构成要件的,则以其他犯罪定罪处罚。

(三)"情节严重"的教义学解读

"情节严重"是对高空抛物行为构罪的限缩性要件,具有限制入罪的功能。换而言之,高空抛物行为包括情节严重的构罪行为和情节不严重的非犯罪行为。因此如何正确理解和认识"情节严重"对于高空抛物罪的认定具有十分重要的意义。高空抛物罪是为了保护人民群众人身和财产的"头顶安全和安宁",因此导致人民群众人身受到伤害(轻微伤以上)或财产损失1万元以上的,构成情节严重。对于没有造成危害后果的,则抛掷的物品必须具有导致人身伤害和财产毁损的风险和可能,形成公众的恐惧感,亦即要考虑高空抛物的冲击力对人身和财产的损害可能性,要结合抛掷物品本身的重量、类型以及抛掷的高度予以测算。如果是从高空抛掷极为轻微的物品,例如一个塑料袋、一张废纸的,不属于情节严重,而抛掷杀伤性物品,例如菜刀、剪刀等利器或石头等重量级物品的,应当认定为情节严重。[①]

此外,抛掷物品的频率、时间和空间亦属于情节严重的考虑因素。例如,偶尔一次在夜深人静的时候,往鲜有人路过的小巷子里抛掷非杀伤性物品的,一般不宜认定为情节严重。有学者提出,抛掷物品的频率不影响犯罪的构成与否,如果一个行为本身不属于构成要件行为,无论实施几次,都不应认定为犯

---

① 张明楷. 增设新罪的原则——对《刑法修正案十一(草案)》的修改意见[J]. 政法论丛,2020(6).

罪。① 笔者对此持不同意见,抛掷物品的频率是否影响犯罪的构成,与其频率是否属于"情节严重"的考量因素有关。如果抛掷的是一张白纸,该行为本身不属于构成要件行为,多次分别抛掷一张白纸不可能构成情节严重,无论实施几次都不影响犯罪的构成与否;但如果抛掷的不是白纸这种无论抛掷多少次都不能满足"情节严重"要求的物品,而是其他介于"情节严重"与"情节不严重"情形下的物品,此时从刑法谦抑性角度出发,偶尔一次为之且有警醒和悔改的行为不宜认定为"情节严重",而经常重复实施的则应当认定为"情节严重"。

(四)"扰乱公共秩序"的教义学解读

高空抛物罪规定在第六章妨害社会管理秩序罪第一节扰乱公共秩序罪中,因此要构成高空抛物罪,行为人的行为必须扰乱公共秩序,没有扰乱公共秩序的高空抛物行为不构成本罪。因此,在未向公众开放的私人院落或停工的建筑工地里高空抛掷物品不构成高空抛物罪,造成人身伤亡,符合其他犯罪构成的,以其他犯罪定罪处罚。

三、高空抛物行为的刑法体系性适用规则

高空抛物罪的设立,对于有效打击高空抛物犯罪、完善打击惩治高空抛物犯罪刑事法律体系无疑具有重要意义。但新设高空抛物罪即意味着刑法对于高空抛物行为提前进行了规制,与寻衅滋事罪、以危险方法危害公共安全罪、过失致人重伤罪、过失致人死亡罪、故意伤害罪、故意杀人罪存在巨大的竞合空间。也正是基于此,刑法第291条之二第2款特别明确:"有前款行为,同时构成其他犯罪的,依照处罚较重的规定定罪处罚。"高空抛物行为的刑法适用是一个体系性问题,必须处理好罪与非罪、此罪与彼罪的区分以及犯罪竞合的关系。

(一)危害公共安全的高空抛物行为的刑法适用

高空抛物行为的独立入罪化表明了从高空抛掷物品的行为并不必然都会危害公共安全,并且一般性高空抛物行为也不是危害公共安全的其他危险方法行为,但这并不意味着所有的高空抛物行为都不会危害公共安全。正如前文所

---

① 林维. 高空抛物罪的立法反思与教义适用[J]. 法学,2021(3).

述,高空所抛之物具有炸裂性或高空抛物导致的连锁反应使其危害后果具有随机的开放性和扩张性的,满足危害公共安全的要求,但需要考虑的问题是,是否危害公共安全的高空抛物行为一定构成以危险方法危害公共安全罪?

有学者认为,高空抛物罪根据具体情况不同,既包括造成不特定人的生命、身体或者财产安全,具有一定程度的危害公共安全性质的行为,也包括对公共安全没有危害但对公共秩序具有一定的破坏性的行为[①];前者行为虽然具有一定的危害公共安全性质,但在手段的危险性上与放火、爆炸、决水等不能相提并论,其对公共秩序的扰乱大于对公共安全的危险,只构成高空抛物罪,不构成以危险方法危害公共安全罪。当特定的高空抛物行为在其手段危险性上以及其导致的对公共安全的危害性上与放火、爆炸、决水等可以相提并论时,则构成以危险方法危害公共安全罪。笔者对此持有不同意见,立法者将高空抛物罪从危害公共安全罪调整到妨害社会管理秩序罪中的扰乱公共秩序罪,说明立法上认定一般性高空抛物行为并不危害公共安全。因此司法实践中需要考虑的问题是特定的危害公共安全的高空抛物行为在手段危险上是否足以与放火、爆炸、投放危险物质、决水等具有相当性。满足危害公共安全的高空抛物行为在危害结果上具有开放性和不特定性,其高空冲击力具备致人重伤、死亡或者使公私财产遭受重大损失的可能性。如果行为人也认识到了此种危害公共安全的严重后果,尚未造成严重后果的,应当认定为刑法第114条的以危险方法危害公共安全罪,造成严重后果的,应当认定为第115条的以危险方法危害公共安全罪;如果行为人没有认识到此种危害公共安全的严重后果,也尚未造成严重后果的,则仅构成高空抛物罪,如果造成严重后果的,则构成过失以危险方法危害公共安全罪。

(二)针对特定人员或特定财物实施的非危害公共安全的高空抛物行为的刑法适用

针对特定人员或特定财物实施的非危害公共安全的高空抛物行为应根据其行为是否扰乱公共秩序以及是否产生危害结果,认定为不同的犯罪。当该行为没有扰乱公共秩序但具有造成致人死亡、重伤或重大财物毁损的实际后果或

---

① 陈兴良.公共安全犯罪的立法思路嬗变:以《刑法修正案(十一)》为视角[J].法学,2021(1).

可能性时,不构成高空抛物罪,仅构成故意杀人罪、故意伤害罪或故意毁坏财物罪(或未遂)。当该行为扰乱公共秩序且具有造成致人死亡、重伤或重大财物毁损的实际后果或可能性时,既构成高空抛物罪又构成故意杀人罪、故意伤害罪或故意毁坏财物罪(或未遂),从一重罪处罚。

(三)未危害公共安全的随意高空抛物行为的刑法适用

未危害公共安全的随意高空抛物行为根据行为人的动机可能会涉及高空抛物罪与寻衅滋事罪的竞合。根据2013年"两高"颁布的《关于办理寻衅滋事刑事案件适用法律若干问题的解释》第1条,寻衅滋事罪的成立一般要求,行为人在主观上是为了寻求刺激、发泄情绪、逞强耍横等,属于无事生非。如果行为人无事生非,明知自己的行为会发生破坏社会秩序的危害后果,出于满足耍威风、取乐等不正常的精神刺激或其他不健康的心理需要而故意随意高空抛物,引起公共秩序混乱的,可以认定其行为构成寻衅滋事罪。但如行为人不具有上述作案动机,符合高空抛物罪犯罪构成要件的,则仅构成高空抛物罪。

此外,造成个别人员伤亡或财产损失的,如果行为人对该人员伤亡或财产损失具有希望或放任的主观故意,则还构成故意伤害罪、故意杀人罪或故意毁坏财物罪,从一重罪处;如果行为人对人员伤亡的结果由于疏忽大意没有认识或虽然认识到了但自信可以避免,则还构成过失致人死亡罪或过失致人重伤罪,从一重罪处。

讯问录音录像审查、质证若干实务问题研究

薛永奎[*]

摘要：讯问录音录像制度在我国司法实践中经过多年的探索后，被《刑事诉讼法》以立法的形式予以确认。讯问录音录像从功能上来看，既可以证明侦查、调查机关取证过程是否合法，也可以证明案件事实本身。讯问录音录像制度实施以来，在保护犯罪嫌疑人合法权益、规范侦查机关取证行为以及排除非法证据方面起到了非常好的促进作用，但也暴露出了一些问题。因此，厘清讯问录音录像的证据属性，加强对讯问录音录像的审查和质证，并对讯问录音录像制度进行优化和完善，对有效保护犯罪嫌疑人合法权益，充分发挥讯问录音录像的立法价值至关重要。

关键词：讯问录音录像；有效审查质证；非法证据排除

讯问录音录像制度在我国司法实践中经过了多年的探索，2012年《刑事诉讼法》第121条以立法的形式确立了侦查讯问录音录像制度，2018年修订的《刑事诉讼法》对该制度进行了确认。该制度的运行对于保护犯罪嫌疑人合法权益、规范侦查机关取证行为、杜绝非法取证等起到了非常大的作用。特别需要指出的是，讯问录音录像制度的规范实施，对于非法证据排除也是一种重要的制度保障。

司法实践中，讯问同步录像制度也暴露出不少的问题，比如讯问录音录像

---

[*] 薛永奎，北京周泰研究院高级研究员，北京市犯罪学研究会商事犯罪研究专委会秘书长。

不完整、纸质笔录记载内容与讯问录音录像供述内容不一致、讯问录音录像不及时移送检察机关或审判机关、辩护人对讯问录音录像查阅、复制困难等,导致讯问录音录像制度不能很好地发挥作用。本文拟从讯问录音录像在证据体系中的功能和地位着手,厘清讯问录音录像的证据属性。在此基础之上,对司法实务中讯问录音录像存在的主要问题进行分析,以辩护人视角谈一谈如何对讯问录音录像进行有效的审查和质证,并提出进一步完善讯问录音录像制度的几点建议,以期使该制度更好地实现规范取证、保护犯罪嫌疑人合法权益之立法目的。

一、讯问录音录像在刑事诉讼中的价值功能和证据属性

(一)讯问录音录像的价值功能

讯问录音录像是侦查机关以及监察机关在讯问犯罪嫌疑人时,采用录音录像设备对讯问过程进行全程、同步客观记录。关于讯问录音录像的价值功能,笔者认为主要有三:

(1)人权保障功能。这是讯问录音录像存在的基本价值功能。鉴于讯问录音录像是对侦查、调查讯问过程的全程、同步音视频记录,可以有效地防止侦查、调查人员以刑讯逼供或者引诱、欺骗、侮辱、疲劳审讯等方式非法取证,充分保障人权。

(2)规范取证功能。讯问录音录像制度实施以来,公安机关、检察机关陆续出台了多份规范性文件,对侦查机关的取证行为进行规范。比如2005年11月出台的《人民检察院讯问职务犯罪嫌疑人实行全程同步录音录像的规定》,不仅严禁以刑讯逼供或者使用威胁、引诱、欺骗等非法方法进行讯问,还对参加讯问人员人数、讯问地点、讯问前告知、讯问过程中物证、书证的出示等,均作出了具体的规定,有效提升了侦查取证行为的规范程度。

(3)诉讼保障功能。司法实践中,部分犯罪嫌疑人为求得司法机关从轻处理的结果,毫无理由或者编造虚假理由翻供,在审判过程中对司法资源造成一定程度的浪费。由于讯问录音录像对讯问过程全程都有录音录像资料,有力地固定了讯问证据,对于犯罪嫌疑人的无理由翻供也是一种遏制。

(二) 讯问录音录像的证据属性

1. 讯问录音录像是刑事诉讼法规定的证据

在刑事诉讼理论界，一种意见认为讯问录音录像记录的是取证过程，证明的是取证过程的合法性，不是案件事实本身，因此不属于刑事诉讼中的证据；第二种意见认为，讯问录音录像不仅记录了取证过程，而且记载了犯罪嫌疑人供述的与案件有关的事实，因此属于刑事诉讼中的证据；第三种意见认为讯问录音录像对于犯罪嫌疑人所涉嫌的犯罪事实而言不是证据，对于证实侦查人员非法取证的犯罪事实而言是证据。

在司法实践中，对讯问录音录像是否属于刑事诉讼中的证据，最高人民法院、最高人民检察院都曾有不同的意见。最高人民法院刑二庭《关于辩护律师能否复制侦查机关讯问录像问题的批复》明确指出：侦查机关对被告人的讯问录音录像已经作为证据材料向人民法院移送并已在庭审中播放，不属于依法不能公开的材料，在辩护律师提出要求复制有关录音录像的情况下，应当准许。最高人民检察院法律政策研究室《关于辩护人要求查阅、复制讯问录音、录像如何处理的答复》(2014年1月)则作出了不同的规定：案卷材料包括案件的诉讼文书和证据材料。讯问犯罪嫌疑人录音、录像不是诉讼文书和证据材料，属于案卷材料之外的其他与案件有关的材料，辩护人未经许可，无权查阅、复制。可以看出，最高人民法院、最高人民检察院在讯问录音录像是否属于刑事诉讼中的证据是有不同意见的。新修订的《刑诉法解释》第54条规定：对作为证据材料向人民法院移送的讯问录音录像，辩护律师申请查阅的，人民法院应当准许。这表明司法解释已经明确采纳了讯问录音录像是刑事诉讼法规定的证据这一观点，为辩护律师对讯问录音录像开展有效审查和质证创造了基础条件。

2. 讯问录音录像属于刑事诉讼法规定的犯罪嫌疑人供述和辩解

从讯问录音录像的内容上来讲，它既可以证实侦查、调查机关取证过程的合法性，也是对犯罪嫌疑人供述内容的客观记录，从这一点上来讲讯问录音录像的作用和纸质笔录的作用是一致的，都是犯罪嫌疑人供述内容的载体。因此，笔者认为将讯问录音录像归到犯罪嫌疑人供述和辩解，更符合讯问录音录像的本质价值，证明取证过程的合法性只不过是讯问录音录像的附加价值。

相关的司法解释和规范性文件的规定也印证了笔者的观点。《人民法院办理刑事案件排除非法证据规程(试行)》第 22 条第 4 项亦规定:"对与定罪量刑有关的内容,讯问笔录记载的内容与讯问录音录像是否存在实质性差异,存在实质性差异的,以讯问录音录像为准。"上述规定从讯问录音录像的本质出发,将讯问录音录像视为审查犯罪嫌疑人供述内容真实性的重要途径,且讯问录音录像的证明力大于纸质讯问笔录。

二、讯问录音录像的审查重点和审查方法

从刑事辩护角度看,讯问录音录像制度的实施,对保护犯罪嫌疑人合法权益,特别是减少刑讯逼供和以威胁、引诱、欺骗等非法方式讯问,起到了非常好的促进作用。对于辩护人来讲,讯问录音录像是发现非法证据线索、提高非法证据排除成功率的重要武器。结合笔者多年的司法实务工作经验,辩护律师应重点从以下五个方面入手,提升对讯问录音录像的审查效果。

(一)审查侦查机关是否依法对每次讯问均制作讯问录音录像

《刑事诉讼法》第 123 条规定:侦查人员在讯问犯罪嫌疑人的时候,可以对讯问过程进行录音或者录像;对于可能判处无期徒刑、死刑的案件或者其他重大犯罪案件,应当对讯问过程进行录音或者录像。刑事诉讼法规定的应当对讯问过程进行录音或者录像,是指对每一次讯问都应当进行录音或者录像。司法实践中,对于一些应当进行同步录音录像的案件,侦查机关仅对个别次的讯问进行了录音或者录像,没有做到对所有的讯问进行录音或者录像。侦查机关这样做既有技术因素等客观的原因,也有选择性录制等主观的原因。作为辩护律师,在审查案件时,应首先核对一下讯问录音录像的数量和纸质讯问笔录的数量是否一致,如果少于纸质笔录的数量,辩护人就可以对未做讯问录音录像的供述的真实性产生怀疑。

(二)审查讯问录音录像是否全程录制

讯问录音录像应当全程制作,从犯罪嫌疑人进入审讯室,到权利义务告知、讯问过程、讯问后核对笔录、签字,最后离开审讯室进入监区,侦查机关要进行全程、不间断的录音录像。2014 年 9 月 5 日公安部印发了《公安机关讯问犯罪嫌疑人录音录像工作规定》，第3条规定：对讯问过程进行录音录像，应当对每一次讯问全程不间断进行，保持完整性，不得选择性地录制，不得剪接、删改。第10条规定：录音录像应当自讯问开始时开始，至犯罪嫌疑人核对讯问笔录、签字捺指印后结束。讯问笔录记载的起止时间应当与讯问录音录像资料反映的起止时间一致。辩护律师在审查讯问录音录像是否全程制作时，应重点审查录音、录像的内容是否完整，是否涵盖犯罪嫌疑人从进入审讯室到离开审讯室的全过程，讯问录音录像记录的时间与纸质讯问笔录记载的时间是否一致；对侦查人员提问以及犯罪嫌疑人的回答是否连贯进行分析，确定是否存在录音录像被剪辑、删减的情况。

(三) 审查讯问录音录像的制作是否规范

《公安机关讯问犯罪嫌疑人录音录像工作规定》对侦查机关如何进行讯问录音录像的录制，制定了非常规范和严格的标准。第11条规定：对讯问过程进行录音录像，应当对侦查人员、犯罪嫌疑人、其他在场人员、讯问场景和计时装置、温度计显示的信息进行全面摄录，图像应当显示犯罪嫌疑人正面中景。有条件的地方，可以通过画中画技术同步显示侦查人员正面画面。讯问过程中出示证据和犯罪嫌疑人辨认证据、核对笔录、签字捺指印的过程应当在画面中予以反映。结合公安机关的规定，笔者认为辩护律师在审查讯问录音录像的规范性时，应重点审查讯问录音录像是否同步显示日期、时间，声音是否清晰、图像能否全面反应讯问的场景、是否存在剪辑、增加、删除等情形，对于因技术故障暂停录制，故障排除后又再次录制的，停止的原因、中断的时间是否在纸质笔录和录音录像中予以显示。司法实践中常见的不规范的情形有讯问录音录像未显示日期和时间，这样就不能排除事后补录的可能性；部分讯问录音录像仅显示犯罪嫌疑人的正面影像，不显示侦查人员的画面，这样不能排除在讯问过程中侦查人员通过肢体语言或者其他方式对犯罪嫌疑人进行威胁、引诱以非法获取供述的可能性。

(四) 审查讯问录音录像与纸质笔录记载是否一致

《公安机关讯问犯罪嫌疑人录音录像工作规定》第13条规定："在制作讯问笔录时，侦查人员可以对犯罪嫌疑人的供述进行概括，但涉及犯罪的时间、地点、作案手段、作案工具、被害人情况、主观心态等案件关键事实的,讯问笔录记载的内容应当与讯问录音录像资料记录的犯罪嫌疑人供述一致。"《人民法院办理刑事案件第一审普通程序法庭调查规程(试行)》第50条规定,"法庭应当结合讯问录音录像对讯问笔录进行全面审查。讯问笔录记载的内容与讯问录音录像存在实质性差异的,以讯问录音录像为准"。上述两个规定,明确规定侦查人员在制作纸质的讯问笔录时,可以对犯罪嫌疑人的供述进行概括,但是涉及案件关键事实的,笔录记载的内容应当与嫌疑人的供述一致,存在实质性差异的,以讯问录音录像记录的为准。这实际上确立了讯问录音录像比纸质笔录更高的证明力,也确立了辩护律师对讯问录音录像内容审查时的标准。因此,辩护律师应认真查阅每一次的讯问录音录像,一是对纸质笔录记载的内容和讯问录音录像记录内容的差异之处进行分析,将对犯罪嫌疑人有利的、与案件事实有关的实质性差异挑选出来,建议合议庭直接采纳;二是审查侦查机关的纸质笔录是否完整记录犯罪嫌疑人的无罪或者罪轻辩解,如果漏记的,可以提请法院直接采信同步录音录像记录的内容;三是审查侦查人员是否没有给予当事人充分时间阅读笔录内容便要求其草草签字,当事人对部分笔录内容提出异议时是否允许其按照真实意思进行修改。

(五)审查讯问录音录像有无刑讯逼供等非法取证行为

《刑事诉讼法》第56条规定:采用刑讯逼供等非法方法收集的犯罪嫌疑人、被告人供述和采用暴力、威胁等非法方法收集的证人证言、被害人陈述,应当予以排除。刑诉法的规定确立了非法证据排除的规则。讯问录音录像是对侦查人员讯问过程的全程、同步、客观记录,可以直观地证明侦查机关的讯问是否存在刑讯逼供等非法取证行为。这也是讯问录音录像存在的基本价值所在。因此,笔者认为讯问录音录像是辩护人发现非法证据线索的重要途径,应当重点审查讯问录音录像中是否存在刑讯逼供等非法取证的行为。

1. 审查讯问地点是否合法

《刑事诉讼法》第85条规定:拘留后,应当立即将被拘留人送看守所羁押,至迟不得超过二十四小时。因此对于被采取拘留、逮捕措施的犯罪嫌疑人,应重点审查讯问的地点是否在看守所,是否存在送看守所后外提进行非法讯问的情形。

2. 审查是否存在疲劳审讯的情形

《人民法院办理刑事案件排除非法证据规程》第 1 条规定：采用下列非法方法收集的被告人供述，应当予以排除：（一）采用殴打、违法使用戒具等暴力方法或者变相肉刑的恶劣手段，使被告人遭受难以忍受的痛苦而违背意愿作出的供述……侦查人员采取的严重的疲劳审讯方式获取的犯罪嫌疑人供述属于上述规定中应当予以排除的非法证据。最高人民法院发布的第 1040 号指导案例（尹某受贿案）的裁判要旨明确指出：侦查机关在初查阶段收集的被告人言词证据可以作为证据使用；侦查机关在初查阶段采取疲劳审讯、威胁、辱骂等方式非法取得的证据应当予以排除。笔者认为，从辩护律师的角度，可以从以下四个方面入手，审查是否存在疲劳审讯的非法取证情形：一是审查讯问录音录像记录的讯问时间和讯问笔录记载的讯问时间是否一致；二是审查讯问的持续时间，在持续讯问超过 6 个小时的情况下，一般会被认定为疲劳审讯；三是审查讯问的起始时间，如果是午夜以后开始的讯问，一般会被认定为疲劳审讯；四是审查犯罪嫌疑人的精神状态，供述内容是否流畅、精神状态是否良好。

3. 审查讯问录音录像是否存在指供、诱供的非法情形

指供和诱供是侦查人员采用引诱的方法，利用犯罪嫌疑人趋利避害或者避重就轻的心理，引诱或者误导犯罪嫌疑人按照侦查人员的意图供述或者作出虚假供述。依据目前的法律规定，对指供、诱供的救济途径比较有限。司法实践中，明显的刑讯逼供或者以威胁的方法非法取证几乎没有。而诱供和指供因欺骗性较强，比较隐蔽，不会对犯罪嫌疑人造成生理上的伤害，发生的几率比较大，且指供和诱供造成的危害后果和刑讯逼供一样，同样可能会造成冤假错案。辩护律师在审查讯问录音录像时，应关注侦查人员的讯问方式。一是审查侦查人员的提问是否有预设的前提或者答案，是否诱导犯罪嫌疑人作出了不利的供述或者推测性供述；二是在讯问中，侦查人员是否对犯罪嫌疑人的回答进行了过度的总结，超出了犯罪嫌疑人的真实意思；三是要注意侦查人员是否在讯问时对犯罪嫌疑人进行了虚假的承诺或者其他的诱导，足以使犯罪嫌疑人可能作出虚假的供述。

三、讯问录音录像的质证策略

对讯问录音录像进行有效审查，是辩护律师发现非法证据线索的重要途

径。针对讯问录音录像审查中发现的不同问题,要采取不同的质证策略,以期达到较好的辩护效果,最大限度地保护犯罪嫌疑人的合法权益。

(一)审查发现侦查人员涉嫌非法取证的,提出排除非法证据的质证意见

辩护律师审查讯问同步录音录像后,发现侦查人员采用刑讯逼供、威胁、引诱等非法手段获取犯罪嫌疑人供述的,应在审查讯问录音录像时记录非法取证在录音录像中出现的准确的时间节点,并要求在庭审中播放非法取得供述的部分,同时提出对非法证据予以排除的质证意见。对于在该次供述之后作出的相同的供述,由于非法取证的手段给犯罪嫌疑人心理上造成的影响在短时间内难以消除,应对之后作出的相同的供述也提出予以排除的质证意见。

(二)提出相关供述笔录不具有真实性,不得作为定案证据的质证意见

辩护律师经审查发现纸质讯问笔录记载的内容和同步录音录像显示的犯罪嫌疑人供述的内容,存在实质性差异的。依据《公安机关讯问犯罪嫌疑人录音录像工作规定》第13条以及《人民法院办理刑事案件第一审普通程序法庭调查规程(试行)》第50条的相关规定,辩护律师可以提出纸质讯问笔录的内容不具有真实性,不得作为认定案件事实的证据的质证意见,同时建议人民法院依法采信讯问录音录像中犯罪嫌疑人供述的内容。

如果经审查发现纸质笔录未记载犯罪嫌疑人无罪或者罪轻的辩解,辩护人在审查讯问录音录像时应当记录犯罪嫌疑人作无罪和罪轻辩解的准确时间节点,并要求在庭审时予以播放,提出法庭应当对讯问录音录像中犯罪嫌疑人无罪或者罪轻的辩解予以采信的质证意见。

(三)侦查机关未依法制作讯问录音录像或者录音录像存在剪辑、删改的,提出排除非法证据或者真实性无法确认、不得采信的质证意见

《刑事诉讼法》第123条规定:对于可能判处无期徒刑、死刑的案件或者其他重大犯罪案件,应当对讯问过程进行录音或者录像。对于上述类型的案件,侦查机关应当对每一次讯问都进行同步录音录像。《刑诉法解释》第74条规定:"依法应当对讯问过程录音录像的案件,相关录音录像未随案移送的,必要

时，人民法院可以通知人民检察院在指定时间内移送。人民检察院未移送，导致不能排除属于刑事诉讼法第 56 条规定的以非法方法收集证据情形的，对有关证据应当依法排除；导致有关证据的真实性无法确认的，不得作为定案的根据。"因此，如果侦查机关没有做到每一次讯问都录音录像，那么对于没有做录音录像的供述，辩护人可以提出排除非法证据或者真实性无法确认、不得采信的质证意见。

如果经审查发现讯问录音录像存在被剪辑、删改的情况，在此种情况下由于无法排除侦查机关非法取证的可能性，辩护律师可以提出排除非法证据或者真实性无法确认、不得采信的质证意见。如果侦查机关出具情况说明对剪辑、删改的原因进行说明，辩护人应提出情况说明不能对讯问录音录像被剪辑、删改的瑕疵进行补正的意见。

（四）侦查机关未规范制作讯问录音录像，提出相关的讯问笔录真实性无法确定，不得作为定案依据的质证意见

辩护律师在审查讯问录音录像时，如果发现侦查机关未严格按照相关规定规范制作讯问录音录像，比如讯问录音录像存在未显示讯问日期和时间、未显示侦查人员画面、未全程制作等等不规范的问题。由于在这种情况下不能排除犯罪嫌疑人在供述时有受到威胁、引诱等非法取证行为的可能性，因此可以提出相关供述的真实性无法确认，不得作为定案依据的质证意见。

（五）讯问录音录像显示侦查人员指供、诱供的，提出相关供述笔录不具有合法性，依法不得采信的质证意见

司法实践中，比较明显的刑讯逼供或者以威胁方法逼取供述已经非常少见了，但是侦查人员对犯罪嫌疑人进行指供、诱供，却时有发生。《刑事诉讼法》第 52 条规定：审判人员、检察人员、侦查人员必须依照法定程序，收集能够证实犯罪嫌疑人、被告人有罪或者无罪、犯罪情节轻重的各种证据。严禁刑讯逼供和以威胁、引诱、欺骗以及其他非法方法收集证据，不得强迫任何人证实自己有罪。《最高人民法院、最高人民检察院、公安部关于严格依法履行职责　切实保障刑事案件办案质量的通知》第 2 条也明确要求"以刑讯逼供或者威胁、引诱、欺骗等非法的方法收集的犯罪嫌疑人、被告人供述、证人证言、被害人陈述，绝

不能作为定案的根据。"如果在审查讯问录音录像时,发现侦查人员在讯问时有指供、诱供情形,可以提出相关的供述笔录不具有合法性,依法不得采信的质证意见。

四、完善讯问录音录像制度的几点建议

依法排除非法证据是预防冤错案件、维护司法公正、提高司法公信力的有效保障,这已然成为司法界的共识。对讯问录音录像开展有效的审查和质证,是辩护律师发现非法证据线索并成功排非的重要途径。司法实践中,讯问录音录像制度对保护犯罪嫌疑人合法权益起到了很好的促进作用,但依然有进一步改进和提升的空间。笔者结合司法实践,从充分保护犯罪嫌疑人合法权益、保障律师辩护权的视角,提出四点完善建议。

(一)辩护律师对讯问录音录像的价值应再认识,提升审查与质证能力

讯问录音录像的基本价值是证明侦查人员取证过程的合法性,保护犯罪嫌疑人的合法权益。在实现这一价值过程中,辩护律师理应发挥更大的作用。在当前的司法实践中,由于部分案件讯问录音录像调取困难、辩护律师的阅卷权保障不充分以及对讯问录音录像充分审查需要花费大量的时间和精力等原因,部分辩护律师并没有充分和有效地对讯问录音录像进行审查和质证。辩护律师应当对讯问录音录像的基本价值进行重新的认识和理解,认识到讯问录音录像在排除非法证据中的地位和作用,扎实提升审查与质证的业务能力,把对讯问录音录像的有效审查与质证做深、做实、做强,这是讯问录音录像制度能够行稳致远并充分发挥保护犯罪嫌疑人合法权益的基本人力保障。

(二)扩大应当制作讯问录音录像案件范围,实现刑事案件全覆盖

《刑事诉讼法》第123条规定了应当制作讯问录音录像的案件范围,即可能判处无期徒刑、死刑的案件或者其他重大犯罪案件,应当对讯问过程进行录音或者录像。针对公安机关办理的其他的刑事案件是否需要做讯问录音录像,刑事诉讼法没有硬性要求。《监察法》第41条规定:调查人员进行讯问以及搜查、查封、扣押等重要取证工作,应当对全过程进行录音录像,留存备查。由此可以看出,监察委办理的全部刑事案件进行讯问时全部都需要进行录音录像。司法

实践中，可能被判处无期徒刑、死刑以及其他重大案件的数量是非常小的，大量的是在无期徒刑以下量刑的刑事案件，且这类案件中认罪认罚的比例较高，侦查机关取证不规范甚至违法的情况时有发生。从充分保障被告人合法权益的角度看，这部分案件也应当纳入应当制作讯问录音录像的范畴。

(三) 明确全部讯问录音录像要随案移送检察机关、审判机关

新修订的《刑诉法解释》第54条规定：对作为证据材料向人民法院移送的讯问录音录像，辩护律师申请查阅的，人民法院应当准许。该条规定明确了辩护律师对讯问录音录像的查阅权。在司法实践中，辩护律师经常会遇到要求查阅讯问录音录像，但公诉机关却没有向人民法院移送的情况，或者侦查机关根本就没有将全部的讯问录音录像移送给检察机关的情况，在这两种情况下辩护律师的阅卷权均难以实现。虽然辩护律师可以向检察机关、审判机关申请调取相关的讯问录音录像，但司法机关是否准许以及准许后调取的效果如何很难保证。从《监察法实施条例》第56条规定来看，监察机关在办理职务犯罪案件时所做的讯问录音录像是要"留存备查"，并不随案移送给检察机关。因此，为充分发挥讯问录音录像的价值功能，有效保障辩护律师的查阅、复制权，建议在立法中明确侦查机关以及调查机关制作的讯问录音录像应当随案全部移送给检察机关，检察机关在提起公诉时也应当全部移送给人民法院。

(四) 明确辩护律师对讯问录音录像的复制权

《刑诉法解释》第54条规定，"对作为证据材料向人民法院移送的讯问录音录像，辩护律师申请查阅的，人民法院应当准许。"这里仅规定了辩护律师的查阅权，对辩护人的阅卷权是一种限缩，没有明确规定辩护律师对讯问录音录像的复制权。司法实践中，讯问录音录像的审查相当耗费时间和精力，不允许辩护律师复制，只允许辩护律师在司法机关办案场所查看，辩护律师很难有充分的时间反复核对、审查。因此，笔者建议在立法中应明确辩护律师对讯问录音录像的复制权，以保障辩护律师对讯问录音录像展开充分的审查，最大限度保护犯罪嫌疑人的合法权益。

浅谈民营企业职务犯罪及治理路径

白超男　王　超　邹　樱[*]

摘要：作为社会主义市场经济的内在要素，民营经济在稳定增长、促进创新、增加就业、改善民生等服务党和国家中心工作中发挥了重要作用。然而近年来随着民营企业的不断壮大，产业多元化发展，因企业内部监督机制不完善、管理不到位，职务犯罪案件逐年呈多发、高发态势，对民营企业及社会主义市场经济造成了恶劣影响，因此，职务犯罪是当前民营企业亟须填补的管理黑洞。本文从实践维度分析诱发民营企业职务犯罪的影响因素，并从事前风险预防、事中风险管理和事后及时整治三个方面探析民营企业职务犯罪治理路径。

关键词：民营企业；职务犯罪；治理

前　言

作为社会主义市场经济的内在要素，民营经济在稳定增长、促进创新、增加就业、改善民生等服务党和国家中心工作中发挥了重要作用。近年来，无论是中央政治局会议，还是民营企业座谈会，亦或是赴各地方考察，习近平总书记都明确强调要鼓励民营企业发展，没有民营企业的发展，就没有整个经济的稳定发展，要持续推动我国民营经济走向更加广阔的舞台。民营经济的"两个健康"发展，对新发展阶段下加快完善社会主义市场经济体制，推动形成以国内大循

---

[*] 白超男，北京本同律师事务所实习律师；王超，北京本同律师事务所高级合伙人；邹樱，北京本同律师事务所高级合伙人．

环为主体、国内国际双循环相互促进的新发展格局意义深远。① 然而,机遇与挑战并存,随着民营企业的不断壮大,产业多元化发展,因企业内部监督机制措施不完善、管理不到位,导致企业员工滥用手中权力,以各种形式侵吞、占用企业财产,损害公司利益,职务犯罪的案件逐年呈多发、高发态势。② 职务犯罪的发生,不仅造成公司财产的大量流失,还会危害企业的健康发展,侵犯社会主义公平竞争的交易秩序,阻碍社会主义市场经济建设进程。因此,职务犯罪是民营企业亟须填补的管理黑洞。

一、我国民营企业职务犯罪概述

(一)民营企业职务犯罪概念界定

1. 民营企业概念界定

"'民营企业'是我国经济体制改革的产物。因此,关于民营企业的定义,学界存在着不同观点,一种观点认为民营企业是民间私人投资、民间私人经营、民间私人享受投资收益、民间私人承担经营风险的法人经济实体。另一种观点认为民营企业是指相对国营经营而言的企业,按照其实行所有制形式不同,可分为国有民营和私有民营两种类型。实行国有民营企业产权归国家所有,租赁者按市场经济的要求自筹资金、自主经营、自担风险、自负盈亏。"③

综上所述,广义的民营企业为非国有独资的企业,狭义的民营企业是指私营企业跟以私营企业为主体的联营企业。本文主要从民营企业狭义概念的角度展开相关论述。

2. 职务犯罪概念界定

"职务犯罪是指具有特定身份的人员实施的与其职务相关联的犯罪。职务犯罪有广义和狭义之分,广义的职务犯罪包括一切与职务有关的犯罪,指国家工作人员和其他社会团体、企业、事业单位中依照法律、法规或者组织章程等从事公务的人员在履行职责过程中,利用职务上的便利条件,或滥用职权,或不正

---

① 贾宇.民营企业内部腐败犯罪治理的体系性建构——以《刑法修正案(十一)》的相关修改为契机[J].法学,2021(05):73-89.
② 梅贤明.民企缘何成为职务犯罪重灾区[N].人民法院报,2006-10-14(003).
③ 浅析我国民营企业员工激励制度[EB/OL].(2019-2-3).http://www.docin.com/p-970134951-f2.html.

确履行职权所实施的违背职责要求的依照刑法规定应受到刑法处罚的行为总称。狭义的职务犯罪,即国家工作人员职务犯罪。"①

以下我们仅讨论广义职务犯罪中民营企业中涉及的职务犯罪部分。

3. 民营企业职务犯罪概念界定

基于上述对"民营企业"和"职务犯罪"的概念阐述,笔者认为民营企业职务犯罪是非国有或非集体所有的公司、企业工作人员在履行职责过程中,利用职务上的便利条件,或滥用职权,或不正确履行职权所实施的违背职责要求的依照刑法规定应受到刑法处罚的行为总称。

(二)我国民营企业职务犯罪涉及的主要罪名

本文以"中国裁判文书网"上传的刑事案件判决书为检索对象,发现今近三年民营企业职务犯罪所涉及的罪名前三位分别是职务侵占罪、挪用资金罪和非国家工作人员受贿罪。

(1)职务侵占罪:公司、企业或者其他单位的工作人员,利用职务上的便利,将本单位财物非法占为己有,数额较大的,处三年以下有期徒刑或者拘役,并处罚金;数额巨大的,处三年以上十年以下有期徒刑,并处罚金;数额特别巨大的,处十年以上有期徒刑或者无期徒刑,并处罚金。

职务侵占罪是民营企业职务犯罪中最常见罪名,危害性最大,且不断涌现新特征,发案率呈逐年上升趋势。

(2)挪用资金罪:公司、企业或者其他单位的工作人员,利用职务上的便利,挪用本单位资金归个人使用或者借贷给他人,数额较大、超过三个月未还的,或者虽未超过三个月,但数额较大、进行营利活动的,或者进行非法活动的,处三年以下有期徒刑或者拘役;挪用本单位资金数额巨大的,处三年以上七年以下有期徒刑;数额特别巨大的,处七年以上有期徒刑。

(3)非国家工作人员受贿罪:公司、企业或者其他单位的工作人员,利用职务上的便利,索取他人财物或者非法收受他人财物,为他人谋取利益,数额较大的,处三年以下有期徒刑或者拘役,并处罚金;数额巨大或者有其他严重情节的,处三年以上十年以下有期徒刑,并处罚金;数额特别巨大或者有其他特别严

---

① 张明楷. 刑法学(第5版)[M]. 北京:法律出版社,2016:115.

重情节的,处十年以上有期徒刑或者无期徒刑,并处罚金。

(三)我国民营企业职务犯罪的现状及特点

1. 涉案罪名集中,企业内部处理普遍

(1)涉案罪名集中。笔者通过中国裁判文书网检索 2020 年 – 2022 年北京地区受理民营企业职务犯罪的案件,发现涉及罪名广泛集中于职务侵占罪、挪用资金罪、非国家工作人员受贿罪、对非国家工作人员行贿罪四项罪名,占案件总量的 97%。其中,职务侵占罪占案件总量的 67.2%、非国家工作人员受贿罪与对非国家工作人员行贿罪共占 21.3%、挪用资金罪占 8.4%。

(2)企业内部处理普遍。经调查了解,民营企业在发现员工违法犯罪行为时,大部分的管理者选择内部追责,诉诸司法程序的占极少数。根据广东省企业内部控制协会 2021 年问卷调查数据显示,在发现员工的违法犯罪行为时,有 32% 的企业未将舞弊者移交司法机关,选择内部处理,其原因除缺乏足够证据外,主要为舞弊者已赔偿损失,管理者担心影响企业声誉和在职员工士气,法律成本太高等。而采取这种"息事宁人"的内部处理方式,往往会促进职务犯罪现象持续的滋生和蔓延。

2. 犯罪主体多元化,犯罪手段多样化

(1)犯罪主体多元化。企业职务犯罪的重灾区为销售与采购环节,因此职务犯罪的涉案人员中采销人员居多。除此之外,挪用资金案件中,涉案人员多为财务人员和能够接触业务款项岗位人员。同时,职务犯罪主体呈现低层化的特征,高层职务犯罪人数虽然不多,但对企业造成的损失重大。

(2)犯罪手段多样化。从犯罪手段看,不仅有传统的犯罪手段,如收入不入账、虚列支出挪用资金,还有利用办公软件伪造银行对账单,配合伪造印章进而挪用资金的现代犯罪手段。同时,在司法实践中发现,当下职务犯罪中行贿行为方式更为隐蔽。为更好地隐藏违法犯罪行为,行贿人常以基于亲情、友情等相互馈赠礼物的名义掩盖其真实主观违法意图,或利用节假日、生日宴等特殊时机行贿,其中利用他人进行行贿方式居多,如通过第三人转交方式行贿。

3. 大要案急剧增多,涉案金额巨大

过去职务侵占、受贿数万元可称为大案,而现在犯罪金额在几十万元、几百万元甚至上千万元的案件频频出现。例如,北京某股份有限公司高管,利用职务便利,14 年间多次收受贿赂共计 500 余万元;某电网企业出纳,利用职务便利及单位财务管理漏洞,多次挪用公司资金用于购买"彩票"、偿还贷款及个人生活开支,累计挪用资金共计 2000 余万元。上述案件涉案金额特别巨大,不仅严重损害了企业利益,破坏了市场经济秩序,更增加了民营企业防范和打击职务犯罪的紧迫性。

二、我国民营企业职务犯罪的原因分析

当前,民营企业工作人员职务犯罪屡犯不止,而且犯罪数量呈上升趋势。一方面,这是由于我国市场经济体制尚不完全成熟,企业内部的管理不完善,相关的法律监管体系尚未能完全跟上市场经济发展的步伐等;另一方面,也是由于个人法制意识淡薄,对法的认识不足等。具体来说,主要有以下几个方面:

(一)员工法律意识淡薄

不少公司企业负责人重工作业绩,忽视教育管理。员工法律意识淡薄,对于与自身职务相关的职务犯罪等法律规定不了解,从而由不懂法、不守法而发展到触犯刑律。如赖某涉嫌挪用资金一案中,赖某在同案蒋某的唆使下,将公司资金 91 万元通过制作虚假银行存单方式转入蒋某的账户。直至案发,赖某还未意识到自己已涉嫌犯罪,认为自己只不过是暂时挪用而已,又没占有该笔资金从而不构成犯罪。有的企业对个别员工的异常情况虽有察觉,但认为其曾为企业的发展做出了贡献,功大于过,往往对他们律之以宽。而员工也认为基于管理者对自己工作能力的认可,可以放松对自己的要求,将原则和法律抛之脑后,最终走上了犯罪道路,这也是导致企业职务犯罪的另一重要因素。

(二)企业内部管理制度不规范

根据舞弊三角理论,压力、机会、借口是舞弊的必要条件,在这三个动因中,机会(包括事前制度不健全、事中内部控制失效以及事后惩罚不严)是诱发企业内部舞弊的最重要动因。职务犯罪属于舞弊类型的一种,因此可以基于舞弊三角理论解释因企业内部管理制度不规范,未能将国家法律与企业管理制度有效相结合,导致企业内部滋生出职务犯罪土壤的后果。如 GT 公司的出纳丁某,利用职务便利,通过虚构公司业务支出项目、伪造印章等方式,多次挪用公司资金

用于个人互联网赌博,涉案金额共计 1100 万元。从该案的发案过程和作案手段分析,GT 公司在财务管理制度上,没能坚持内部控制中的"职务分离"原则,公司的收支业务由丁某一人负责,且审计制度也由其负责。制度上的漏洞使财务监督形同虚设,让财务人员有机可乘,最终致使企业内部发生如此重大的经济犯罪行为。

(三)外部营商环境有待进一步优化

近年来,民营企业的营商环境得到了很大改善,国家出台了一批保障和促进民营企业发展、优化营商环境的法律法规。例如 2019 年出台的党内法规《中共中央、国务院关于营造更好发展环境支持民营企业改革发展的意见》、2018 年出台的行政法规《国务院办公厅关于聚焦企业关切进一步推动优化营商环境政策落实的通知》、2017 年最高人民法院出台的《最高人民法院关于充分发挥审判职能作用为企业家创新创业营造良好法治环境的通知》以及相关的部门规章。虽然在优化民营企业营商环境方面做到了"有法可依",但是目前的营商环境离保障和促进民营企业健康可持续发展还存在一定的差距,如投资和贸易便利化水平仍有待进一步提升;执法存在"一刀切"现象,像一些地方的司法机构在审理民营小微企业贷款业务案件时,受当前对"套路贷"、"职业放贷人"打击政策影响,对政策、法规过度解读,审理案件时带有主观因素,缺乏案件事实还原,给小微企业贷款业务带来诸多困扰,导致立案难,执行难的问题。营商环境对民营企业的不友好便会触发民营企业腐败犯罪的可能性,企业为了获得自身权益的保护,就会求助于权力"寻租",权钱交易滋生腐败。

三、我国民营企业职务犯罪治理路径探讨

(一)事前风险预防

1. 优化治理民营企业职务犯罪的法律体系

法治是最好的营商环境。在众多治理手段中,法治手段是最基本的手段,要充分发挥法治手段的效能,优化治理民营企业职务犯罪的法律体系,为民营企业职务犯罪治理提供完善的法治保障。2022 年 4 月 29 日,最高人民检察院、公安部联合发布了修订后的《关于公安机关管辖的刑事案件立案追诉标准的规

定(二)》(以下简称"《立案追诉标准(二)》"),并于2022年5月15日生效。这是在2010年5月发布原《立案追诉标准(二)》(公通字〔2010〕23号)、2011年11月出台原《立案追诉标准(二)的补充规定》(公通字〔2011〕47号)后第一次的全面修订。《立案追诉标准(二)》对非国家工作人员受贿罪等5种非国家工作人员职务犯罪的立案追诉标准,采用与受贿罪等国家工作人员职务犯罪相同的入罪标准,对国企民企、内资外资、中小微企业等各类市场主体予以同等司法保护,充分体现和落实产权平等保护的时代精神。该规定既是对《刑法修正案(十一)》相关条款的完善,也是对社会公众关切问题的积极回应,对民营企业内部职务犯罪治理具有重要的引领价值与启示意义。

2. 建立完备的企业职务犯罪风险防范体系

职务犯罪相当一部分来源于民营企业内部管理制度的漏洞。合法有效切实可行的规章制度对于企业预防职务犯罪而言至关重要,而事前预防的重点即在此。民营企业应从物质管控、资金控制、责任追究三个方面建立起行之有效预防员工职务犯罪的一系列规章制度,[①]并在落实过程中不断对各项规章制度进行完善,以指引、规范和约束员工的职务行为。同时,建立培训机制,加强宣传和教育,强化员工的法律风险意识。通过定期组织合规培训,弘扬企业"廉洁合规文化",让企业管理者与员工在日常工作中自觉遵守法律法规和企业内部的规章制度。尤其是使民营企业的主要负责人清醒地认识到法律风险对民营企业生存、发展及自身的重要影响,能够及时识别风险、防范风险,在实际工作中依法决策、依法经营管理、依法进行各项业务活动。

(二)事中风险管理

1. 强化监督检查工作

民营企业应充分发挥法律监督、社会监督、舆论监督等作用,形成全方位的监督网络,预防和及时发现职务犯罪行为的发生。如授权法务部或者审计监察部门监督职能,定期对各业务环节开展检查,排查舞弊风险隐患;拓宽检举途径,鼓励员工及业务合作方积极检举揭发企业中违法行为;有针对性的对重点岗位和业务环节完善制度建设,加强权力制约,从而压缩舞弊空间,减少企业的

[①] 毛亚枫. 企业人员职务犯罪预防之制度设计[J]. 河北企业,2020(05):36-37.

职务犯罪。

2. 成立内部专职监督机构

企业内部应该成立专职机构,负责对员工职务犯罪行为进行监督、检查、处理,该部门应具备独立属性,由董事会或者总经理直接管理,确保其不受其他部门的干预,保证监管的公正性。党的十八大以来,在党中央坚定不移推进反腐败斗争的背景下,一些知名民营企业也先后组建了内部反舞弊部门,负责监督和调查企业内部包括职务犯罪在内的相关舞弊行为,如百度的职业道德委员会、阿里巴巴的廉政合规部、腾讯的反舞弊调查部等等,其被授权负责调查企业内部的舞弊工作,可以监督包括 CEO 在内的公司所有员工,这也是新形势下民营企业应对内部职务犯罪的一个创举。

3. 与专业法律机构形成合作机制

除了许多企业并无法律事务管理人员外,那些设了法律事务管理职位的企业,法律事务管理人员往往身兼数职而且工作面狭窄,不仅专业素质及经验积累远远赶不上职业律师,其工作的专一性和工作时间也无法保障。而职业律师具有专业的知识和工作经验,能够及时识别和分析企业职务犯罪风险中复杂、关键的问题,并从法律风险控制的角度设计策略应对问题。因此,企业应建立法务人员、专业律师相互配合、相互合作的机制,共同实施企业职务犯罪风险管理。

(三)事后及时整治

1. 及时开展内部调查,依法依规严肃追责。

企业内职务犯罪的发生造成的危害后果不可估量,与一般民商事纠纷不同,刑事犯罪有着不可比拟的紧迫性。[1] 当发现员工存在职务犯罪的行为时,应立即展开调查,保全证据,防止嫌疑人毁灭罪证。对于疑难案件或者未配置专职机构的企业,可以寻求专业法律机构处理,通过专业的外部律师团队指导和帮助,获取起诉所需的证据,及时依法依规追究当事人的法律责任。

2. 充分延伸检察职能,深入推进企业合规经营。

检察机关要切实做到查办和预防犯罪齐头并进,对排查发现的企业案件背

---

[1] 丁一元. 民营企业家刑事风控对策研究[D]. 厦门大学,2019. DOI:10.

后的社会风险隐患,检察机关要主动提出整改建议,帮助企业最大化减少可能发生的刑事犯罪法律风险。同时,检察机关要发挥资源优势,推动企业合规工作。检察机关要切实紧扣企业发展需求,坚持问题导向,积极回应企业关切,更加精准、高效地提供法律服务,帮助企业建立健全内部管理机制,助推诉源治理。

治理民营企业职务犯罪,任重而道远,需要企业内部和社会各界系统发力,从完善企业风险防范机制、刑事立法和法制宣传等多方面加强对民营企业的引导、监督、管理。以法治思维和法治方式,优化企业内生环境和外部营商环境,保障民营企业在社会主义市场经济中持续健康发展。

后　　记

2019年的金秋时节，出于对犯罪学研究的执着和北京市级犯罪学研究社团组织的缺位，几位志同道合的研究者在畅谈之余萌发了发起成立北京市犯罪学研究会的想法。通过初步论证后得到北京市法学会的认可，正式成立筹备小组启动了研究会筹备工作。筹备工作得到北京大学法学院副院长车浩教授，北京市金杜律师事务所合伙人常俊峰律师，中国政法大学王志华教授等专家学者的鼎立支持。经过筹备小组一年半的艰苦工作，终于迎来了研究会成立的日子，经北京市法学会批准于2021年5月28日召开了北京市犯罪学研究会成立大会，大会审议通过了研究会章程，选举了第一届理事会、监事会以及研究会负责人等。成立大会后，又经过5个月的申报，于2021年10月28日正式取得北京市民政局颁发的社团法人证。

北京市犯罪学研究会作为非营利性专业学术组织，学术活动是研究会的核心工作。为充分利用好研究会学术研究的平台，研究会成立后即积极发起犯罪学领域征稿活动，共收稿30余篇，经专家评审遴选出18篇优秀论文于2021年7月编辑成《犯罪学研究（第一卷）》，本计划实行以书代刊的形式创建研究会学术研究的品牌，但受各种因素影响，第一卷论文集没能正式出版只是印刷成册作为内部资料提供给会员分享。

为做好2022年度的学术活动，新年伊始秘书处即启动了全国性征稿活动，利用研究会微信公众号充分宣传发动。征稿活动得到犯罪学理论研究者和实务专家的大力支持，截至8月底，共收到论文50余篇，作者中既有研究会的会员，更多的是来自犯罪学研究理论与实务界的专家学者。秘书处组织专家对投稿进行认真评审，从中遴选出30篇优秀论文编辑成集，并委托中国出版集团研究出版社正式出版。鉴于第一卷没能正式出版，此论文集命名为《犯罪学研究

（第一辑）》。论文集以年度发展综述开篇，回顾了一年多来研究会发展的历程，以及所举办的各类学术活动。30篇论文分设五个专题，分别为企业合规、金融犯罪、食药环知犯罪、网络犯罪和各科专论等。

  本书的出版离不开各位会员的大力支持，离不开各专委会和会员单位的共同努力，离不开北京市法学会和北京市民政局各位领导的大力支持。市法学会为了推动并促进北京市犯罪学研究会的学术研究工作，专门以"新型敏感犯罪治理理论与实践研讨会"研究课题的形式给予专项经费支持。需要特别提出感谢的是北京市盈科律师事务所、北京德和衡律师事务所和北京周泰律师事务所，他们不仅积极参加研究会举办的各项学术活动，还鼎力支持研究会年会的举办和本书的出版。而本书的出版离不开研究出版社张立明老师的辛苦工作，正是他们大力的推进，才保质保量及时出版了该书，保证了年会能够按时召开，作者和会员们才能第一时间拿到本书。